股市有风险，买卖股票取决于自己的判断，有依据总比盲目好
投资须谨慎，入场交易得有理论傍身，K线博弈论或许是依靠

股市
K线博弈论

雷彦璋◎著

企业管理出版社
ENTERPRISE MANAGEMENT PUBLISHING HOUSE

图书在版编目（CIP）数据

股市 K 线博弈论 / 雷彦璋著 .－－ 北京 : 企业管理出版社 , 2018.11

ISBN 978-7-5164-1455-2

Ⅰ . ①股… Ⅱ . ①雷… Ⅲ . ①股票投资－基本知识

Ⅳ . ① F830.91

中国版本图书馆 CIP 数据核字（2017）第 005894 号

书　　　名：股市K线博弈论

作　　　者：雷彦璋

责任编辑：宋可力

书　　　号：ISBN 978-7-5164-1455-2

出版发行：企业管理出版社

地　　　址：北京市海淀区紫竹院南路17号　邮编：100048

网　　　址：http://www.emph.cn

电　　　话：编辑部（010）68416775　发行部（010）68701816

　　　　　　总编室（010）68701719

电子信箱：qygl002@sina.com

印　　　刷：中煤（北京）印务有限公司

经　　　销：新华书店

规　　　格：710mm×1000mm　1/16　30印张　375千字

版　　　次：2018年11月第1版　2018年11月第1次印刷

定　　　价：79.80元

认清股市本真，不变博弈初衷

进入股市的投资者都应把股市看成一个博弈的局，基于让读者认清股市博弈的初衷，我历经数年研究，写了本书——《股市K线博弈论》。本书有很多全新的内容，如股市的阶段过程原理，股市的博弈理念，股市的资金放大理念，大盘的把握与时机等待，通过纳什均衡掌握股市节奏，亏损的原因分析，等等。

为了写好本书，我倾注了全部精力，在写作过程中既注重对博弈理论的把握，更注重对操盘者操盘心理的剖析，突破了市场上大多数股票类图书注重技术指标推介与分析的撰写方式，将博弈理念、操盘心得、局势判断、趋势分析与感悟等知识融会贯通，以满足不同层次读者的需要。

读完本书，读者心中就有了股市博弈的模型，就可以换一个思维角度看问题，操盘的思路将更加明晰，把握股市的脉络将更加准确，也会突然发现自己的操盘水平上了层次，对股市运行的规律有了新的认识，对过去踩空、套牢或被骗的感悟也将更深刻。简单一句话：认真读完本书后，理解股市问题的症结时会豁然开朗。

本书内容丰富、翔实，多是我个人的切身感悟与思考的结晶。本书融博弈性、技术性、专业性于一体，兼顾趣味性与知识性，重在对K线的趋势把握与图谱识别，注意避忌纯理论性的东西，落笔在务实与技巧，便于读者理解、接受并使用。

本书有较高的专业、实用价值，可供常年操盘的炒股者及期货、证券投资者参考；本书对股市博弈的术语解释浅显易懂，可供新涉足证券市场、期货市场的散户或刚走出校门的金融学子学习使用；本书对 K 线博弈实践具有探索精神，可供操盘老手借鉴、参考，更好地提升自己的实际操盘技能，防范投资风险。总而言之，我相信：《股市 K 线博弈论》的出版、发行会吸引更多的读者参与到股市博弈的研究当中，发现并享受股市博弈的乐趣。

在写作本书过程中，我曾借鉴过众多名家股票类图书之精髓，也包括一些网络博客文章，还有中原证券股票软件的数据指标及走势图截屏，在此深表感谢。如因联系不畅，可能涉及引用了某位作者的劳动成果，请尽快联系我，将予以致谢！

最后，本人对企业管理出版社的编辑和所有为《股市 K 线博弈论》一书出版、发行挥洒过辛勤工作汗水的工作人员的帮助、关心与支持予以真挚的感谢！

雷彦璋

2016 年 12 月于福建省泉州市东海湾御花园

| 目　录 |

第一章　走进博弈：让资源在量价K线中增值

　　"博弈"实质上是指人们在一定规则下进行对弈或竞技。因此，无论是专业的操盘手，还是散户，进入股市之前，如果不研究点博弈论，或者说对博弈理论没有一点基本的理解，就不可能在"股海"生存下来。别说获利，弄不好就是血本无归。

第二章　对立统一：高屋建瓴地把握市场哲学关系

在股市的 K 线博弈中，不仅需要有战略意识、资金运筹能力，更需要投资者高屋建瓴地掌握驾驭市场对立统一的方法，起码要弄清五对辩证的哲学关系，即虚与实、盈与亏、时与空、消与长、进与退。

第三章　逻辑思维：散户战胜庄家的开始

对于大多数散户来讲，总认为炒股就是拼运气：遇上牛股是运气好，被深深套牢或被颠下"黑马"是运气不佳。很多散户都有过与牛股或"黑马"的一面之缘，之所以持不到最后，细细想来，最主要的是没有好的逻辑思维能力，经不得庄家的折腾。所以，散户努力提高逻辑思维能力是战胜庄家的开始。

第四章　蜈蚣博弈：散户注定是庄家盘中的肥羊

庄家在操盘过程中，无不掌握着逆推顺算的主动权，随时掌握着散户的动向，直到把散户套上枷锁，成为盘中之餐，这就是庄家思维。想要了解庄家的逆推思维，就得懂得点蜈蚣博弈的原理，还得知道股市中的几组悖论。

第五章　传统指标：既非鸡肋，也非熊掌

当前，K线博弈的技术指标分析无外乎单一的量价或涨跌天数或资金流向的统计分析，而社会转眼已进入大数据时代，特别是云技术的飞速发展给K线技术派提供了大数据分析的可能。但是，对于传统技术指标的分析，很多成熟起来的散户投资者都会有所领悟，那就是：传统技术指标分析既非鸡肋，也非熊掌。

第六章　波浪理论：股市博弈离不开人气的消长

股市存在波段理论。2000 年，著名经济学家罗伯特·希勒在《非理性繁荣》一书中指出："庄家应当牢记，股市定价并未形成一门完美的科学。"2013 年，瑞典皇家科学院在授予罗伯特·希勒等人该年度诺贝尔经济学奖时指出：几乎没什么方法能够准确预测未来几天或几周股市、债市的走向，但也许可以通过研究对三年以上的价格进行预测。

第七章　空间当量：一块未开发的处女地

作为操作股票多年的"资深人士"，我喜欢盯价格 K 线下方与成交量 K 线上方两者之间形成的空间大小与形状的特殊性。通过量价空间的当量化算法，辅之以空间的形状来分析判断庄家的操盘手法，并指导下一步的买卖行为。

第八章　基本原理：股市博弈的窍门

对于任何一门学问，想有所成就，就必然先掌握其技术的基本原理，这样才能避免走弯路，也避免迷失方向。在本章里，我将通过易理原理，结合股市的量价空间分析总结出一些较为独到、适用的看盘方式、方法，一定会对读者有所益处，特别是对中小投资者的操盘会起到较好的指导作用。

第九章　量价空间：把握股市不同阶段的运行规律

对于操盘手来讲，在K线博弈过程中，一定要懂得股市运行规律。在不同的运行阶段，其量价关系是不同的，一定要做到区别分析、判断。

第十章　步入牛市：要有持股待涨的耐心

　　市场步入牛市，也就是庄家占据乾道。对于散户投资者来说，就必须学会识别牛市中继形段的六个区间，从而把握好牛市中继仓位与操盘策略。

第十一章　陷入熊市：散户要有断腕求生的勇气

　　经过一轮牛市后，股市会进入熊市，庄家要将收益兑现，就要选择占据坤道（熊市中继），大盘以收阴为主。熊市中继形段按照对称原理或回归原理，有点似牛市中继的镜像。

第十二章　量价数据：盘口解密庄家惯用伎俩

这是一个变革时代，是信息时代，是大数据时代。自然，大数据也被应用到股市技术指标的分析上，让技术指标更精确，更具有应用性。很多散户投资者开始自行研发公式、数学模式来洞察庄家的操盘手法，从而敢于与庄家博弈。

第十三章　量价时空：揭示庄家骗人伎俩

研究股市，进行技术指标分析，无不以成交量和价格作为研究对象，但不同的量价在不同的时空具有不同的市场意义。为了揭示庄家骗人的伎俩，我潜心研究量价时空，总结出了判市秘诀及一些综合图解，散户投资者一看就明白。

第十四章　灵活掌握：PVS 线技术合成的关键因素

对于 PVS 线的技术合成分析，主要基于其历史图谱进行分类、归纳与分析，散户投资者要灵活掌握；同时，更多地分析前期属于哪一阶段（泰、乾、否、坤）、哪一区间，从而判断现在走势属于哪一阶段、哪一区间的特征，未来会进入哪一阶段、哪一区间，这样才能正确地指导自己的操盘行为。

第十五章　瞒天过海：探寻庄家骗量的踪迹

庄家由于拥有资金上的优势，对于某一只个股能够达到完全控盘的目的。庄家要想控盘，也是通过做量来与散户周旋。也就是说，庄家总是通过做量来欺骗散户投资者，达到自由进出股市且同时又能获得丰厚利润的目的。本章通过特别原理，专门研究量价时空中庄家操盘留下的痕迹，以此洞察庄家是如何瞒天过海骗过散户的。

第十六章 倍量原理：探寻庄家做量的操盘手法

倍量现象属于庄家实施水力喷射原理而形成，而半量现象是庄家或散户有一方不参与交易而形成。如在相对低部，庄家想吸筹，但却没有散户愿意交出筹码；在相对攀顶，庄家想派筹，却没有散户愿意接盘，成交量自然成半量萎缩。半量萎缩也印证了前期有庄家运用倍量原理导致有虚假成交量参与其中的事实。

第十七章 堰塞湖原理：揭示庄家的造势与徘徊心理

大量资金涌入股市，使得股票价格走势会改变原来的趋势，从而出现一波转势行情。但是，由于获利盘吐出，又会出现一波下跌行情。在个股价格的下跌中，由于亏损盘的补仓，使得某一区域的成交量异常放大。不可否认，大量资金的涌入会使股票价格向上抬升，或者由于获利盘的离场使得股票价格向下探底，或者由于维持原方向的资金量不足使得股票价格在一定范围内波动。但是，不可排除的是有实力的庄家会利用水力喷射原理做反向操作。这样一来，就更加重了资金集中区域的支撑与压力。我通过研究、分析，总结出了股市的堰塞湖原理（或效应），对指导散户投资者的操盘行为具有十分重要的借鉴作用。

第十八章 底部解盘：PVS 技术泰道典型图解

正所谓"柳暗花明又一村"，漫长的熊市过后就是庄家从占据坤道转向占据泰道。"泰者，平安也"。这时，有准备的庄家就会选择有投资价值的个股进行分析、判断，从而借利空打压股票价格来收集筹码，制定自己的坐庄计划。

第十九章 牛市中继：PVS 技术乾道典型图谱

前期低潮期后，人们对股市的信心开始恢复。底部特征已十分明显。PVS56 日线开始向上抬头。庄家从底部转向占据牛市中继。以后，股票价格当然以收阳为主。PVS6 日线、PVS12 日线、PVS23 日线会上穿 PVS56 日线，形成银叉、金叉。乖离率时大时小，但以正乖离为主。这时，有准备的庄家就会借机加大筹码，从而选择有投资价值的个股进行分析、判断，制定自己的震仓计划。

第二十章　顶部解盘:PVS 技术否道典型图解

　　俗话说得好:"散户最难的是卖出,因为散户总认为股票价格还会涨,根本不知道价格总会有到顶的时候。即使明白了股票价格终会回落的道理,也心存侥幸——也许还会上涨。"实质上,无论是散户,还是庄家,把握卖点比买点更重要。因为买点即使是高点,也会因上涨带来利润;而高位没有卖出将后悔莫及。作为散户,就要有逃顶的技巧。

第二十一章　熊市中继:PVS 技术坤道典型图谱解盘

　　熊市中继前期,从股票价格与成交量的不稳定期情形看,人们大多信赖庄家还没有完全退守,认为庄家只是局部打压或震荡。但是,顶部特征已十分明显,PVS56 日线开始低头。庄家从顶部转向占据坤道(熊市中继)的迹象十分明显。以后,股票价格将以收阴线为主。PVS6 日线、PVS12 日线、PVS23 日线会下穿 PVS56 日线,PVS6 日线相对 PVS56 日线的乖离率时大时小,但以负乖离为主。

第二十二章　散户投资者失败的根源剖析

　　散户投资者之所以失败，最根本的原因就是不注意分析庄家的操盘思维和操盘习惯，也不注意与庄家的操盘思维保持一致，没有与狼共舞的胆略。下面，我专门剖析散户投资者在牛市、熊市中常犯的错误，以告诫散户投资者做到"牛市持股不持币，熊市持币不持股"。最终，散户总会有所收获。

第一章

走进博弈：让
资源在量价K线中增值

　　"博弈"实质上是指人们在一定规则下进行对弈或竞技。因此，无论是专业的操盘手，还是散户，进入股市之前，如果不研究点博弈论，或者说对博弈理论没有一点基本的理解，就不可能在"股海"生存下来。别说获利，弄不好就是血本无归。

本章导读

第一节
弄懂K线博弈的实质：零和

我们知道，形成一个博弈起码有6个基本要素：参与者、得益、战略、信息、秩序和均衡。

我之所以将博弈理念植入市场博弈活动，用博弈论来研究股市的K线博弈行为，那是因为在K线博弈中，无论庄家，还是散户，其利益总是对立的，一方的失必然是另一方的得。这就使得股市的市场行为具有了博弈的特点，且符合零和博弈的特征。"零和博弈"就是典型的非合作博弈，它是指博弈各方的所得之和为零。即在特殊情况下两人博弈，一方所得与另一方所失相等。

一、股市玩家与博弈参加者

很多人在研究K线博弈时，通常认为K线博弈由主观要素和客观要素两方面组成，这两个要素相互联系、互为影响。主观要素就是作为K线博弈的各方利益人。监管部门在股市的管理过程中，要维持股市规则的稳定性，但也时而根据具体情况修订博弈规则。从大的方面讲，散户、庄家与金融机构在与监管部门进行博弈。

监管部门在出台或修订规则之前总要摸清以下几个问题。

第一，目前股市的运行是否在政策的可控范围内。

第二，目前股市是否与经济运行相协调，是否足够火爆或足够冷清而影响了其他行业的发展。

第三，是否要重新对股市收益分配系数进行划分，保障经济运行的公平性、公正性。

第四，社会闲散资金与股市资金的充足程度如何，是否需要修改规则以引导资金的流动方向。

不难分析，K 线博弈者在市场博弈就是"零和博弈"中的参加者，大家互有得益，最终因监管部门对游戏规则的修订（如增减印花税）使某一"零和博弈"的格局被打破，从而使市场利诱显示与博弈者的心理一样失去了暂时的均衡。随着时间的推移，都期望着一个新的均衡或另一个子"零和博弈"的再现。

二、玩家买卖价与当天收盘的差额与博弈的得益

K 线博弈的运行规则是保证股市正常运行的前提，在股市开盘的过程中，监管部门不可能临时改变规则，其特点是监管部门在博弈过程中看似始终处于相对被动和消极的中立地位，不参与、不指导任何一方完成交易，每一方的操盘存在相对的独立性。这种在 K 线博弈中予以分析和判断的对象就是个股收盘价位或当天的收盘指数。个股当天的收盘价位是 K 线博弈的直接结果，也是判断其操盘行为好坏的标准。而收盘价位都是随机的，买卖成交也是由电子平台依照事先设定的规则撮合而成，不是规则的制定者可以操控的。

K 线博弈者每一具体的买卖报价，在"零和博弈"中也就是博弈双方的各自得益，它是各方在博弈中所追求的根本目的所在，可以具体地体现

在个股收盘价位之中——既可以是买方价位的高点，也可以是卖方价位的低点。无论哪一方，都有事先设定的期望值。如果与期望值相同或相当，就说明其得益为正；否则，其得益就为负。需要指出的是：散户追求买卖价差最大化的行为并不能导致股市利益最大化，也常常不能保证自身交易成本的降低或博弈目的的完全实现。因为在K线博弈中，一方的收益必定是另一方的损失，不管博弈双方如何买盘、卖盘，最后的社会得益（即博弈双方得益之和）为零。但是，如果考虑双方交易成本的情况下，意味着不同的博弈战略下各博弈方的得益是不相同的。这样一来，虽然大家都认为博弈对双方都是不利的，争斗的结果是两败俱伤，但都愿意去一搏。

三、股市信息与博弈的信息

在K线博弈的过程中，掌握信息较多，并不能保证当天的收益一定满意。知道的信息过多，反而可能影响自己的决策。有时，过多的信息可能是庄家托人散发的，如果依据庄家发布的信息去操作，正中庄家的下怀，更可能形成被套的局面，从而使自己处于不利地位。为了避免不明智的被套，散户最好在做出决策之前甄别信息的真假，哪怕迟一步行动。相反，对于掌握信息较少的散户而言，对股市风险了解甚少，因用不着顾忌后果而掌握了主动，从而能够按照自己的理解果断操作，也可能大获全胜。

一般来说，在各自的博弈过程中，对后行为方是有利的。因为散户可减少决策的盲目性，有针对性地选择合理的行为。从博弈角度讲，无论散户，还是庄家，都可能认为自己的决策是最优化的决策，会认为自己获得的信息越多，收益肯定就越大，这也是大家都千方百计地收集信息的原因。但是，有时却可能忽略了信息来源渠道的合理性，更为严重的是可能忘了信息也会诱导自己犯错误的不利因素。事实上，在股市博弈的过程中，正是因为能够揭示诸如"信息多反而得益少"的表面上不合常规现象的存在及其根源，才使 K 线博弈过程中引入博弈的恰当性得以合理存在。

市场中的 K 线博弈者对信息的收集、整理、甄别、分析与应用，实质上如同"零和博弈"中对博弈信息的掌握与分析。现代信息理论提倡即时理念和对称性理念。即时就是强调信息的时效性，过时的信息不仅无益，反而有害。信息的对称性强调获取信息渠道与信息的真假性。有时，庄家获得的信息是第一手的，而散户获得的信息失真了，有些信息根本就不可能让散户事前获得。同时，对于信息的解读方式、方法、方案不同，其影响行为的结果也大相径庭。

四、买卖、调仓与博弈的战略

在 K 线博弈中，各博弈方在任一初始条件的点位上处于完全平等的买卖关系，战略选择就显得十分重要。当然，如果说战略选择是结果的唯一的决定因素就有点夸大其词了。

在 K 线博弈中，无论是庄家，还是散户，在买卖、调仓（加仓与减仓）操作过程中，不可能是随心所欲的随意行为，肯定是通过深思熟虑的。有的可能通过技术分析，有的可能通过高手的指点，有的可能通过认真的读盘。但是，无论采用什么方式解读大盘或个股，其操作行为必然是有某种假设的，这一假设就是博弈的战略行为。

在 K 线博弈过程中，"战略"与"K 线博弈成本"无不左右着散户、庄家及宏观调控者的思维，K 线博弈者可运用博弈思想以达到得益最大化。当获得某种交易成本低到了 K 线博弈者可以承受的限度时，交易成本可能相对于收益来讲显得较高了，因为通常可用时间造成的机会套利或利用时间开发未使用的资源，时间是很重要的。所以，高位被套所应支付的机会成本也是很高的。散户应当选择在市场熊市进入，其交易成本是很低的，但所支付的机会成本就会很高。在牛市进入，其交易成本虽然很高，但相对机会成本会很低。因此，散户要盈利，还必须懂得交易成本与机会成本的优化组合。

五、买卖与博弈的次序

K 线博弈者在统一的竞卖规则下实施自己的买卖行为，而且，股票交易规则及其配套措施对每个博弈者的行为做了程序性的规定：规定了各方该做什么，不该做什么；规定哪些行为合法，哪些行为是被禁止的。

按照博弈理论和对易经的解读，我们可以将散户的盈利预期按照庄家的操盘线索分为乾道盈利、坤道盈利、否道盈利和泰道盈利四种（将在以后章节详解）。也就是根据对于大盘或个股的判断，依据所掌握的信息，假定大盘或个股处于上升、下降、高位或低位运行阶段，从而决定是进入，还是观望；是加仓，还是减仓；是继续持仓，还是完全退出市场。炒股的时机找准了，就等于盈利有了好开端。很多散户之所以亏损，在很大程度上是介入时机没有选准，也没有顺势而为，而是逆大势所动，最后逐步亏损，最终在较低价位被庄家吸筹，从而得益很少。

我们知道，博弈论的基本前提是某人的行为效果如何有赖于他人的行为。人类属于智慧性群居的高级生物，个体很少不依赖于群体中的其他人的行为而独立行事。在依赖过程中，有时相互合作，有时各自独立，有时强调个人利益而发生冲突，处于非合作甚至对抗的博弈的冲突。在博弈过程中，双方都各自有自己的战略，有其分析问题的模式，并假定对方实现什么样的战略，并以此来修订自己原先的战略。

在 K 线博弈中，K 线博弈者应关注以下几个方面：

第一，寻求理性得益，找准个股进入时机。

第二，把握各方得益，学会甄别信息。

第三，寻求持仓均衡，明了庄家的动向。

第四，力求达到盈利，降低交易成本。

第五，选准进出时机，落袋为安，防控交易风险。

第二节
纳什均衡：“夫妻间的私房钱”的启示

一谈到博弈，就得讲"纳什均衡"，而一谈"纳什均衡"，可能就要讲"囚徒困境"了，由于很多博弈图书都对其有或详或略的叙述，这里就不再赘述了。不过，我最喜欢的还是自己所独创的"夫妻间存私房钱"这个博弈均衡例子，它能够很好说明纳什均衡的道理。下面，我们就谈谈"夫妻间存私房钱"这一博弈行为。

有一对夫妻，其中一方想用货币补贴父母的方式尽孝道，而另一方持反对意见。为了维持夫妻间的良好关系，一般来说，尽孝道的一方就会使用自己的私房钱。如果夫妻都存有相当多的私房钱，妻子反对丈夫对婆婆进行补贴，丈夫就可能瞒着妻子用私房钱尽孝道或维持与父辈的关系，如果被妻子知道了将会处于数倍的处罚，将一部分私房钱拿出来充为夫妻共同管理的财产。同样，妻子也会采取同样战略给自己的娘家进行一定的补贴，丈夫知道了也会同样给予处罚（为分析方便，将隐瞒败露可能损害感情因素都折算成一定数量的货币）。那么，接下来这对夫妻之间就有选择隐瞒和败露的两种可能。这个故事的理性假设是：1. 隐瞒对于每一方都有弥补或维持感情的收益程度，并且认为其收益远大于补贴的支出，要么，彼此都不会隐瞒。2.隐瞒可能败露的概率取决于个人或受益者的保守秘密的程度。显然，对于任何一方，最好的选择是与对方互守秘密，二者才能共同达到最佳效益，如表1-1所示。

表1-1　夫妻间私房钱的纳什均衡表

		妻子B	
		隐瞒	败露
丈夫A	隐瞒	(x, x)	｛(k+1)x, (1-k)x｝
	败露	｛(1-k)x, (k+1)x｝	(-x, -x)

　　在股市博弈中，有很多类似"夫妻间私房钱"的例子。买卖双方总有一方希望引入第三方通过合作与另一方抗衡，而合作方的收益总是要大于单独方的收益。比如招投标行为，招标方随时面临被诸多投标人的串标行为而造成损失很大的情况。因此，在招标中，杜绝与防止串标行为的发生是非常重要的。在K线博弈中，很多庄家会违背规则多开户头或控制多个户头，在某一时刻通过特殊的市场信号（如盘口暗语）来联络自己的利益户，自买自卖，以完成仓位对倒，给其他散户形成交易量上的错觉，从中渔利。于是，可以得出另一个结论：只有每一方都认为隐瞒的收益程度大于对方的败露程度时才会同时选择隐瞒。但是，这个假设还是太过理性。事实上，隐瞒的概率总是大于败露的概率，但也不能说没有败露的时候，因为任何一个人不会任何时候都是理性的。以"夫妻存私房钱"为例，如丈夫酒后向妻子故意败露以示忠心，有时一方出于其他目的而故意讨好对方，或谎言穿帮等。面对每一个人的保密程度只是被对方认可才是有效的，但双方都败露就可能意味着从对抗走向合作了，对双方来说就意味着最小损失，最终符合了帕累托效率准则。

对于每一位K线博弈者来讲，进入博弈市场总表现出以下基本的特征。

1. 理性。任何一位参与K线博弈的个体都是理性的，其决策与选择都是经过深思熟虑的。即便操盘手的失误也不会是感性的行为，其都对大盘进行了较为深刻的分析。同时，作为博弈者也猜测了对手下步的可能操盘行为方向。所以，K线博弈者应当称作理性人。

2. 群体。在一个博弈的市场，任何操盘者的行为不是操盘者一个人的独立行为，K线的运动轨迹是群体共同行为的结果。任何一个人都不可能在短期操纵市场，即便他掌握了数倍于他人的资金。相对于市场的自由度来讲，他不可能是一个独立的个体。否则，就不可称为博弈。

3. 互动。在K线博弈中，K线博弈者的行为呈现互动性，散户的行为相互影响、相互作用。市场价格变动的瞬间都是博弈者互动的结果，任何单独的市场个体都能改变这一结果。

4. 策略。在K线博弈中，每一位K线博弈者都有其各自的策略，即便其没有直接参与市场投资——只是一种旁观。而正是这种旁观，也可说是其一种操盘策略的选择，在某一时段也许就是最好的行动策略。

炒股如同做游戏，十分的真切。这样，理性、群体、互动与策略构成了K线博弈的基本特征，缺一不可。

第三节
股市本质："一对多"的博弈

在股市这个大"赌场"，投资者就是要与无数团队或个人在市场利诱面前展开智慧角力。谁能够做到相对低点进、相对高位出，谁就是智者，谁就会成为赢家。

纵观股市 K 线博弈的冲突各方，如散户及其操盘手、庄家及其操盘手、金融机构及其操盘手，为了获得最大的得益，为了让对手获利的目的破灭，总是要设法与利益相关方进行博弈。尤其是庄家，在博弈中总是通过"潜、收、拉、吸、诱、钓、挤、抛"等操作手法的应用，辅之以虚假信息和市场场外活动的配合行为来影响散户方的策略，在失衡中寻找均衡，从而获得最大的收益。

在股市 K 线博弈中，包括两个层次的参与人：首先是散户、庄家、流通盘股东持有者和金融机构持有者，在股市开盘过程中，各方的"赌局"设置业已形成；其次，还有作为市场规则制定者的相关部门及股市监管机构及其他利益相关方。

用博弈理论来研究市场博弈有两点值得注意：

第一，博弈是一种人与人之间的对峙状态，但只是一种状态，而不是所有持续的过程。每一位操盘手的操作习惯、操作手法、研盘经验不可能完全相同，各有具体的情境或状态。用博弈理念来研究K线博弈，尤其是专业技术派操盘手应用K线博弈操盘，只能根据具体的大盘发展审时度势，具体情形具体对待。

第二，博弈本身包括合作状态下的相互关系，包括人与人之间的互相竞赛、比拼实力的关系。在K线博弈的过程中，各方无论是合作性博弈，还是非合作性博弈，都会选择最有利于自己的战略、战术去执行，以求自己的收益最大化。而大多数K线博弈者往往不会在寻求自己的战略、战术处于最佳路径时去考虑对方是否也会同样寻求类似的战略，甚至是与自己相反的战略，这可能是其亏损的致命所在。

对大盘或个股进行分析时，无论散户、庄家，还是专业金融机构的职业操盘手，有时总会认为行情一定会走好，买时认为一定能涨，认为稳操胜券；收盘时，才判断出买方失利。职业操盘手也觉得盘面难以解读，一到K线博弈结束，就会出现信息上的混乱。这里抛开K线博弈者由于重大失误造成行为与指令相背的问题及影响大盘的其他因素不谈，以此作为借鉴或指导，减少操盘中的不利因素，既保证操盘质量，又能够提高自己的操盘业务水平，何乐而不为呢？

K线博弈理论彻底摒弃了传统技术指标的分析思维方式，把股市看成一个竞局，散户处于博弈对抗中，不仅要与（N−M−1）个散户博弈，还要与M个庄家进行博弈，始终充满了博弈策略过程。

在股市K线博弈过程中，任何参与股票买卖的人都不是单一博弈，而是"一对多"的博弈。如果将大盘比作一个博弈过程，那么，任一操盘者就是一对（N−1）大盘的博弈。如果我作为散户中的一员，还要与庄家博弈，那么就形成了我、散户（N−M−1）与庄家（M）的博弈。也就是说，K线博弈会表现出群体性。大盘的表现还取决于所有参与买卖股票的博弈者的具体行动，这又体现出互动性。同时，每一博弈方在考虑他方的行动，自己也在思考下步的行动，表现出策略性。通俗地说，博弈就是个人或组织在一定的环境条件与既定的规则下，同时或先后，仅仅一次或进行多次地选择战略并付诸行动，从而得到某种结果的过程。博弈者在 K 线博弈中，就不可避免地要与对方打交道，这是一个利益交换的过程，也就无可避免地要面对各种矛盾和冲突。博弈论看似深不可测，但其精髓极易理解。简单说来，博弈论就是研究、分析、运筹，反复行动，并不时修正自己的偏差，从而寻求最佳效果行为方式，即人们如何进行行动以及这种行动如何达到均衡的问题。每位博弈者在决定采取何种行动时，不但要根据自身的利益和目的行事，还必须考虑到自身的决策行为对其他人的可能影响，以及其他人的反应行为反过来对自己产生的可能影响，通过选择最佳行动计划，来寻求收益或效用的最大化。

下面，我们对散户与庄家在牛市中继博弈进行描述，如表 1-2 所示。

表 1-2　散户与庄家在牛市中继的纳什均衡

		庄家	
		打压（卖多买少）	抬升（买多卖少）
散户	卖出	（－0.1，－0.1）	（0，0.05）
	买入	（－0.05，0）	（0.1，0.1）

假设市场处于牛市中继，庄家占据乾道，庄家可选择"打压"与"拉升"两种策略，而散户可选择"卖出"手中的股票，也可选择"买入"市场中的股票。显然，当个股杀跌时，散户投资者也选择卖出，股票可能以跌停报收，由于散户与庄家操作手法一致，双方损失最大。当庄家选择抬升时，散户选择买入，股票可能以涨停报收，由于散户与庄家操作手

法一样，双方收益最大。当庄家占据乾道时，散户选择与庄家一致操作手法，在股票上涨时买入，双方属于合作态度，各方得益最大。庄家占据乾道时，说明庄家卖股票不是其真实的市场动机，卖出股票只是为了测试人气，或者说为了让不坚定者出局。如果你选择了卖股票，那正好属于未来难与庄家合作之人，必然被庄家打压出局。同样，当庄家占据坤道，散户选择在股票下跌时买入股票，损失最大，而只有选择在庄家出货中卖出股票，各方得益同样最大。显然，对于任何一方，最好的选择是与对方合作，二者才能共同达到最佳效益。

　　在经济学中，均衡意即相关量处于稳定值。比如在经典的供需分析中，若某一商品的市场价格使得欲购买该商品的人均能买到；同时，想卖的人均能将商品卖出去，此时，该商品的供求达到了均衡。这个时候，该商品的市场价格也就趋于平稳，不会出现较为剧烈的波动。这个市场价格可称之为均衡价格，产量可称之为均衡产量。均衡分析是经典经济学中的重要方法，K线博弈者在K线博弈过程中也时刻不断地均衡自己的情势与利益。博弈的结果并不总能均衡。例如，在股市里，并不是所有的散户都懂得在某一时段要与庄家配合，在某一时段要与庄家对抗，而博弈的均衡就是在配合与对抗中寻求稳定。只要学会了均衡，就必然可以使自己的利益最大化。"纳什均衡"其中的一层含义是：在对方战略确定的情况下，每个参与者的战略是最好的，此时没有人愿意先改变或主动改变自己的战略。例如，"夫妻间存私房钱"的博弈中，丈夫和妻子都隐瞒就是一个纳什均衡，这对双方来说都是最优选择。同时，在这个博弈中，其均衡对双方来说是全局最优的。当然，博弈达到纳什均衡，并不一定是对参与者最有利的结果，更不意味着是对作为一个整体而言的整个社会是最有利的。例如，在散户与庄家的均衡中，如果市场处于熊市中继，庄家占据坤道，散户、庄家都选择了卖出股票，双方得益最大，但整个社会财富在严重缩水，这必然打破整个社会的纳什均衡，新的均衡诱力（例如换庄）又会激发新的博弈行为。

第四节
博弈战略：做好形势的判断与时局评估

博弈如同战争，不能打无准备之仗。作为散户投资者，要想与庄家博弈，还得有谋略与运筹的能力，制定和构思好博弈战略。对于散户投资者来讲，无论在市场准备进入阶段、市场介入阶段，还是市场退出阶段，其战略的本质是一样的，那就是确保本金安全的前提下达到增值最大化目的的实现。

毋庸置疑，作为市场操纵者或庄家具有强大投资团队和资金保证，在资金运作方面，其战略意图十分明确。在总的战略意图下，庄家对小额投资者或散户展开各式各样的操盘手法，让他们身心疲惫，最后不得不忍痛割爱或被挤出市场。这样，作为小额投资者或散户就显得十分被动，他们不可能有时间和精力如市场操纵者或庄家那样重视市场博弈战略，有时其买卖理由十分简单，看到周围的人这样操作或者说感觉应该这样操作，就这样操作了。实际上，K线博弈战略并不复杂，对于小额投资者或散户来讲，也应当有自己的盈利目标，并选择适当的方式、方法来实现，从中寻找最佳方案。这是最简洁的战略思想。就是这样简单的战略思想就可能改变小额投资者的收益，避免投资损失。也就是说，小额投资者或散户也要善于制定战略并坚定不渝地使之实现是 K 线博弈结果满意的可靠保证，这就意味着仅制定战略不够，还要使战略实现。小额投资者或散户实现其目标的努力，都会受到市场操纵者或庄家战略、战术的干扰。因此，小额投资者或散户在拟定某一确定的目标时，就必须对目标的阻碍进行分析，并努力排除干扰，按照既定的战略目标行动。

在做好战略谋划的同时，散户投资者还要在 K 线博弈过程中的每个关键时刻，进行正确的形势判断和局势评估。通过形势判断和局势评估，判断自己资金的盈利水平，估计市场下一步可能要发生的变化，以便随机应变，因势利导，制订应对的策略和计划，包括资金的筹措与撤离计划。

在操盘过程中，各方从 K 线图谱中观察到的局面虽然完全一致，但由于操盘手对时局的认识不同以及认识能力的高低之分，因此，在实战中对局面的分析、形势的判断以及 K 线以后的发展常常会有不同的结论，甚至是完全相反的结论。所以，预定的计划就自然而然地会有正确或错误的区别。

要想正确地判断形势和评估时局，操盘手除了必须学会和掌握形势和评估时局的技术和方法以外，还必须在具体的时段分析中体现出全局观点，做到全面地、客观地、发展地分析局面，做到透过现象看清本质，并能处理好局部与全局的关系。对于关系全局胜败的关键点位，要注意自己的操盘习惯或关键一招，必须依据各方的分析，仔细地、切实地想明白。否则，没有全局在胸，是不会左右好自己的买卖行为的。实战中，如果攸关全局胜负的关键进入或卖出时点处理不当，在错误的点位进入，或者在错误的点位空仓，其结果往往是"一着不慎，满盘皆输"。

判断形势和估计局面时，应当考虑哪些因素？这是散户投资者应当知道的基本常识。K线博弈局势判断和时局评估的基本要素有以下四个方面：政策面、资金面、目前K线所处区间与形段、战术因素。前三个因素属静态因素，后一因素属动态因素，战术必须通过静态因素的分析及其发展变化来确定。

怎样才能制定出一个既简洁又切合实际且十分可行的战略方案呢？我想，应当从制订一个好的K线博弈计划开始。

一般来讲，制订出一个好的K线博弈计划，得按照下列七个程序进行思考。

首先，要客观地分析国家宏观经济调控尺度，市场经济运行周期，以及国民经济整体运行情况，初步判断自己的投资想法是否适合整体经济运行的节奏。

其次，制订自己的理财计划，资产形成情况，可流动资产情况，以及资源的掌握与控制情况。

第三，拟定进入的市场领域和市场行业，对该市场初步评估，对该市场行业的前景分析。

第四，是否有合作的对象，合作对象经济运行的整体情况如何，潜在市场如何，潜在的竞争对手有哪些等。

第五，目前的市场利诱因素有哪些，最能够引起自己投资或强化投资的利诱因素又是什么。

第六，投资团队的专业水平如何，最熟悉的行业是什么。如果投资某一实体行业，对其交通运输、原材料供应、资源保障、成本利益、消费群体是否有足够的了解和认识。

最后，对于小额投资者来讲，就是不能冒很大的投资风险。任何预测到的风险都要在能够可控制的范围内，并且，一旦投资难以收回，不至于影响到当前的生活而使生活质量下降。

第二章

对立统一：高屋建瓴地把握市场哲学关系

在股市的K线博弈中，不仅需要有战略意识、资金运筹能力，更需要投资者高屋建瓴地掌握驾驭市场对立统一的方法，起码要弄清五对辩证的哲学关系，即虚与实、盈与亏、时与空、消与长、进与退。

本章导读

第一节
虚与实：探测庄家发布信息的真实意图

进入股市，有的人为了投资，有的人为了投机。可以说，股市就是博弈，散户与庄家博弈，财团与金融机构博弈……唯利是图是股市的准则，所有的股民都在无形的房间里"聚赌"，我挣了钱不用感谢你，你赔了钱也别想埋怨我，放到我的兜里才是我的钱，挂在买卖盘上的那钱还说不定是谁的。大家谁也不认识谁，谁也不知道谁的底细，全凭各自的感觉与天赋买卖股票，让自己的才智发挥到极致。既然是博弈，就会出现信息的不对称，就会有信息的虚假，就会有操盘的伎俩。在股市操盘中，无论是庄家的收集筹码，还是洗盘、拉升、震仓、出货等，都存在"虚"与"实"的问题。在财务报表的粉饰中虚列收入是为了盈利的增加，是向散户传达一个信息，公司的基本面向好，盈利能力强，其目的就是吸引散户持有其股票。在成交量中也存在虚的成分。股票价格本该上升，突然成交量放大，其中虚假的部分是庄家打压股票价格的结果，之所以虚是因为庄家卖出股票不是为了卖，而是为了买，只是想让吸筹的成本更低点罢了。在出货时，庄家也会通过虚假的成交量让股票价格保持平稳下跌，成交量的虚是因为庄家在卖出股票的同时也拿出少量资金买进一部分股票，从而吸引散户买进股票。这时，如果散户不能很好地解读成交量的虚与实，就可能买入股票后被长久套牢。

庄家可以散布虚假的信息，也可以买卖出虚假的成交量，还可做出虚假的 K 线图形，来欺骗散户、诱导散户，把散户驱赶进待宰的"屠场"。庄家要吸筹时，欺骗散户交出筹码；庄家要出货时，欺骗散户接盘。总之，庄家会利用虚假做量让散户上当、受骗，而呈现给散户实实在在的是股市的价格。价格是散户、庄家都十分关心的，因为股民对股票的认同都直接反映在股票价格上，包括开盘价、收盘价、最高价与最低价。虽然价格的发生都具有偶然性或随机性，但价格的确能够折射出某一时点股民的购买欲望和购买的能力。

谈到虚假的信息，可能最不可信的是股评家在某一时期为配合庄家出货而针对某一只股票所做的点评了。要知道，股评家在媒体占用黄金时间评说是要支付高额的广告费用的，股评家所做的评说是由他的团队努力工作的结果，其团队是需要高额的回报的，这些支出最终都是要由庄家来买单的。因此，在大盘指数处于较高位时，散户最坏的结果是被庄家雇佣的股评团队欺骗了。

第二节
盈与亏：揭示股市博弈的输赢结果

进入股市，谁都希望盈多亏少，但炒股的实质是少数人获利，多数人亏损，完全符合"二八定律"。也就是说，股市中有80%的投资者只想着怎么赚钱，仅有20%的投资者考虑到赔钱时的应变策略。但是，结果是只有那20%投资者能长期获利，而80%投资者却常常赔钱。20%赚钱的人掌握了市场中80%正确的有价值信息，而80%赔钱的人因为各种原因没有用心收集信息，只是通过股评或其他渠道掌握20%的信息。当80%人看好后市时，股市已接近短期顶部；当80%人看空后市时，股市已接近短期底部。只有20%的人可以做到铲底或逃顶，80%人是在股票价格处于半山腰时买卖的。因此，散户买卖股票大多数是要亏损的，真正获利的只有少数。要想获利，首先得树立正确的盈亏观念。

对于炒股之人来说，总是希望盈多亏少。事物发展到达了极限、顶点，就要物极必反了，回归中正。持盈以中道，发展至鼎盛满盈之际，就要行"退"了。

对于散户来讲，通过易经解读盈亏理念至少有两点需要注意。其一是遇险而止、遇难而退，此时宜韬晦，宜反省修德。当你感到炒股获利越来越吃力时，就要反省，果断出场，以观后市。其二是功成而退，防盈极（"亢"）而退。这种盈极生亏、满则招损、防由盛入衰之退，其根本目的是调整内心、养精正志、等待时机、再图进取。散户要树立正确的投资理念，要懂得上市公司财务报表的盈亏哲学。财务报表显示盈且盈得超出常理，说明上市公司财务报表在配合庄家释放利好，其目的就是为了借利好出货。因此，对于一般的散户来讲，当炒股有盈利且十分可观时，就要考虑及时退出，特别是当所操作股票公司的财务报表数据显示特别好时，更应当引起警觉。因为财务报表即使通过严格的审计，其粉饰效果也是不可不怀疑的。由于财务报表虽然要求"客观、公正、真实"，但财务人员收到命令或指使会通过合理的手段提高当年的利润水平；如少列支出、多列收入、少摊费用、多报受益。有的还可通过年度调整来配合市场的总体水平来调节利润水平，或者通过年度调整达到设定的盈亏水平，以此配合庄家的操盘伎俩。

　　"盈不可无止境，亏不可放任"。因此，盈到预期水平时就要及时出局，小有亏损就要及时止损。时常保持中正心态，多观后市为宜。

第三节
时与空：真正弄懂股市的操盘奥秘

股市的哲学时空观由相互联系的空间观和时间观组成，是股民研究股市运行环境、入市时机、股市运行规律等方面的观点与方法。

无论庄家操盘手，还是散户投资者，研究股市的时空观念就是要注意以下几点。

第一，股市的运行规律与环境密不可分。股市与其说是与环境相关，还不如说与所处的社会、人文、经济、消费习惯等诸多因素相关更贴切。任何一个国家的股市运行并不是独立的，它与其他国家的股市具有协调性，同时又各自独立，股市的运行还与所在国家的汇市、原材料价格、黄金市场、房价等具有相关性。

第二，要正确理解股市的动与静、冷与热、高与低、客观与主观等。爱因斯坦的相对论首先提出时间、空间是不可分割的,故称"四维时空"。相对论又说：时空的状态是动还是静，完全要看观察者与被观察者的相对坐标关系而定。以人与火车为例,动与静是相对的,当看到火车在动时,是指火车相对于观察者为动。这时，很可能火车没有动，是观察者本人动了；也可能是火车动，而观察者没动。对于股市来讲，冷与热、高与低也都是相对的。个股要相对大盘，现价要相对历史，高位成交量要相对低位。总之，股市里没有不变的胜算，只是散户个人的账户资金减少了那才是真切地感受痛苦。

第三，探寻股市的运行周期，确定自己的获利原则。懂得股市 K 线运行的周期性，股市有进有退，其变化的 K 线说明了时空把握的难点与关键所在。股市周期所反映的 K 线周期的原因既有资金进出的多少，又有股民心理的承受能力的强弱，还有相关部门对于股市的政策调控的松紧。也就是说，股市 K 线周期的原因是多方面合成的，而并非一对一的因果关联。股市的周期性与经济运行的周期性相适应，如经济处于低迷时的股市上一般不可能有过多的流动性资金。如果企业由于缺少流动性资金，或者由于企业经营过程中出现资金链的断裂出现亏损、倒闭，这样，国家就会对中小企业进行扶持，进入股市的资金必然减少。也就是说，相关部门要在上市公司与非上市公司的资金筹措中进行均衡，均衡的结果是进入股市的资金要减少。如果中小企业倒闭、破产很多，很多员工失业，收入减少，消费必然降低，因此，整体经济会下滑。散户要多学习，多筹集资金，选准时机，择机而入。

第四，了解股市的操盘奥秘。作为散户，要想盈利，就得把握股市的市场规律，要分析最佳的入市、退市时机。按照"二八原则"，精明的散户不能够一年到头都在股市上拼搏，应当只有 20% 的入市时间。这就要懂得股市的操作奥秘：一是懂得股市 K 线运行的形段。如要懂得股市运行是处于乾道或坤道，还是否道或泰道。要不时地告诫自己在泰道进去，乾道持有，否道出场，坤道观望，而不能反其道而行之。要懂得泰道是股市的底部，底部是庄家吸筹的好时段，庄家在吸筹阶段往往手法多样，使得 K 线运行的形段比较难看。乾道是庄家拉升的阶段，要吸引散户的注意与参与，因此，K 线运行的形段比较好看。同样，否道是股市的顶部，顶部是庄家派筹的好时段，庄家在派筹阶段往往比较狡猾，因此，使得 K 线的运行的形段也让散户迷茫。对于散户来讲，懂得从时空中了解股市的底部、顶部与中继是非常的重要与关键。二是要懂得股市 K 线运行的趋势性。股市的发展是循序渐进的，涨不可直线上升，跌不可能直线下降。作为股民，要通过支撑线与压力线弄清楚其总的发展趋势，在关键时点还要懂得突破与嬗变。作为散户，在上升趋势中要学会持股，在下降趋势中要学会持币。炒股要懂得"顺势者昌、逆势者亡"的大道理。顺势就要忍耐得住庄家的打压，懂得庄家在顺势中的操盘伎俩，在上涨中与庄家的持股思路一致，在下降趋势中要与庄家的出货思路一致。同时，要掌握好反弹的时机，辨别反弹与反抽的不同，保存实力。

第四节
消与长：弄清股市物极必反的哲学规律

作为散户，股民应当懂得消长理念。任何事物走到了极致，它会从量变到质变，它会选择相反的方向运行，这就是股市的反转与嬗变。任何高成交量的推动价格上涨都会消耗掉大量资金，其结果是未来资金不足，股市就会选择相反的方向运行。

学会了辩证看待和处理问题，知道了万事万物都有个阴阳转化、对立统一，才能辩证地分析个股与大盘、股市与经济之间的关系，辩正地看待股市上所发生的一切机遇和经验得失。当看到股票价格不涨，而成交量放大时，如果是在股市的启动阶段，就要理解为庄家打压吸筹行为。当股市处于崩盘阶段时，就要理解为庄家为出货的盘整行为。当看到K线突然收出大阳时，就要想到股票价格是否会在短时间内有回调的可能，这是阴阳消长的原理。当看到散户疯狂抢筹时，说明大盘的顶部也不会太远了，这是物极必反的原理。当看到垃圾股也被散户疯抢时，就知道离庄家占据坤道不远了，这是阴阳互补的原理。当看到股票价格在上升过程中突然出现一根阴线时，切莫惊慌，这是阴阳平衡的原理。看到某只股票一直处于底部无人问津时，就可能有庄目标，可能下一匹黑马就要启动了，这是阴阳转化的原理。

月有阴晴圆缺，在股市博弈中，K线也有消长，时大阳，时大阴，时小阳，时小阴，大阳后有阴，大阴后有阳，这都是阴阳消长的结果。散户应当知道：阴阳消长，互补转化。

变易：股市的高位与低位都是运动变化的。乾道、否道、坤道与泰道随着时间的转移是会变化的，不是恒久不变的。

简易：就是股市的执简驭繁，多样性中求统一，每时、每天、每周的K线表现形式不一样，但在某一时段的总体趋势是可以把握的。对于股市的研究还可掌握一套属于自我的操作模式，也可以通过技术指标预测出一个大概，把复杂的问题简单化。

不易：多样变化之中守常制恒的规律。这一规律就是要与股市的运行环境和股市运行的经济基础相适应，学会守常制恒。有恒久不变的规律，但又没有恒久不变的模式。股市的冷暖实质上与经济的冷暖密切相关，庄家的操盘思路不能违背经济运行规律而与股市的运行规律相违背。

第五节
进与退：揭示股市盛衰趋势的相互联系

《黄金策》上有一句话："动变比和，当明进退"。比和者，即类似也。在股市中要学会板块关联，学会同属性、同行业的类比，有时还要与大盘相联系。总之，要学会通过比较做出有利于己的决策，这才符合博弈的理念。

股市上没有总是盈利的时点。对于散户来讲，能够保持盈利并及时出场、落袋为安才是最明智的选择。很多散户之所以亏，往往是由于难以把握退的时机，最后成了高楼中的电梯观光者。还有，由于不知进，却是水中捞月，空忙一场。因此，对于散户来讲，十分重要的就是要选择好进与退的时机。

散户要正确理解进与退就要与股市的旺衰趋势相联系，看上去似乎非常简单，犹如围棋之道，真正是一门易学难精的理论体系。难就难在进与退的把握尺度上面。在实际的操盘过程中，进要进在低点，退要退在高点，这是每一位散户的理想，而实际却是操作失误大于操作正确，主要是决断不力，进与退被自己的心智所左右，这也是每一个人对于同一事物的判断即使一致，但行动却未必同步的原因所在。在股市中抢时抢点也十分重要，有时可能因为少打一分钱而未能买进或卖出，有时因为早退一天可能让十多个涨停与自己无缘使自己痛苦不已。进与退，其性质便如同潮起潮落，大家所见到无论涨潮、退潮，均是一浪接一浪，进而渐进，退也渐退，但却是源源不息，越长久越见其影响力。

根据进与退这个特征，进与退的判断实质上应当多做几种假设。但有时假设多了，反而可能贻误战机，失去了紧跟趋势的好时机。据我多年考究，进与退的特殊应用主要体现在两个方面：其一，心态把握无进退。其二，短期操盘无进退。心态是捕捉一个人瞬间心理变幻的态度，反映"一念之间"的忧虑。所以，心态中出现进与退的闪念，其实都没有进或退的区别，在于判断后的正确选择。实际操盘中，股民的第一感觉往往可能是最佳的，如果多换几个角度看问题，就可能使问题复杂化，而炒股只是时机，也就是说任何可能出现的点位，只是时空的选择问题。所以说，短期操盘无进退，因为股市的价位没有合理与不合理的绝对界限，只是选择的时机问题。如果看准了，该进的时候就进，无论点位的高低；该退的时候就退，不能有半点的犹豫。进或退是一个相对长期的概念，而非操盘手短期的行为选择。

第 三 章

逻辑思维：散户
战胜庄家的开始

对于大多数散户来讲，总认为炒股就是拼运气：遇上牛股是运气好，被深深套牢或被颠下"黑马"是运气不佳。很多散户都有过与牛股或"黑马"的一面之缘，之所以持不到最后，细细想来，最主要的是没有好的逻辑思维能力，经不得庄家的折腾。所以，散户努力提高逻辑思维能力是战胜庄家的开始。

本章导读

第一节
理性思维：从克服非理性思维开始

在 K 线博弈中，K 线博弈者要做到了解自己，懂得庄家的操盘意图，就要注意掌握操盘的节奏，避免捂股，避免与庄家反向操作，最重要的是要时刻保持理性思维。有了理性的思维，就不会盲从和固执己见。

所谓理性思维，就是某人接受了外部信息，并对这个信息进行批判、分析、消化，最终产生一个对这个信息的反应，或赞成，或反对，或不置可否。这还不是最终的判断，他还要对这个判断保持着一份怀疑的心态，并愿意倾听乃至接受不同的观点，随时修正自己的行为。而盲从与固执己见产生于非理性思维。

从亚当·斯密开始，经济学就和人的理性有了不解之缘，并总结出理性经济人有三大特征：一是贪婪，追求自身经济利益的最大化；二是缜密，基于成本和收益的核算做出符合习惯性思维的决策；三是交易，在缜密决策的基础上通过交易参与社会分工。这三大特征是许多经济学基础理论的源头。

所谓非理性思维，就是某人接受了外部信息，没有或少有批判、分析、消化。他基本上是机械地认同或是反对某个观点，并且，他对不同的观点没有保留出倾听乃至接受的余地。判断一个人的思维究竟是理性还是非理性，一个重要的标准就是看他对与他对立的观点及持这样观点的人是否具有包容的心态。这一标准对于 K 线博弈者把握市场走势十分重要，善于接受别人的观点但又不盲从，能够让自己获得较好的收益。

在 K 线博弈的过程中，非理性思维往往会支配 K 线博弈者的行为与战略。尤其是刚入股市的散户，散户往往是在股市比较红火的时候进入的，容易被红盘所感染，如同斗牛场上的公牛一样，见到红色就兴奋，就不顾一切地向前冲刺。散户投资者还容易被所谓的"专家"忽悠，同时，他们也容易受推荐他们进入股市的人的指导，或者十分崇拜比自己早入股市的同事或熟人，自己少有思维，或者懒得思考。

目前，一般认为非理性思维形式有三个直接特点区别于逻辑思维：信息的非感知性、决策的快速性、行为的受诱发性。但是，如果认真探究的话，只有非感知性是非理性思维独有的，其他两个特点在逻辑思维中也可见到。所以，非感知性是非理性思维形式区别于逻辑思维的唯一特点。

非理性的冲动来自于个人的心灵深处，扭曲的外力激发出反扭曲的冲动，带来的快感使之沉醉其中，美好的过上几分钟或更久。但是，K 线博弈过程中的非理性思维有时是在理性的思考之后的选择，需要时间的推敲与经验的熏陶，这就是操盘时不能在短时间内决策且错失很多盈利机会或减亏时机的具体表现。理性的判断绝不包含"剪不断，理还乱"的情结。

同样的事情，不同的两个人做出的理性选择却可能完全相反，如在婚姻危机中，有的人选择逃避，有的人选择激烈的冲突，有的人干脆选择到法院提起诉讼。也就是说，在博弈中，理性与非理性都会对 K 线博弈者的决策产生影响。

由于非理性的行动带有太多的不可知性，而理性的思维又能经常弄得散户操盘手筋疲力尽。所以，作为散户要能够时时分辨理性与非理性思维，不被庄家所欺骗。

第二节
三种股市博弈的"脑洞思维"

"前事不忘，后事之师"，希望投资者在身处得意之时也莫忘保持投资策略的清醒，不要重蹈曹操赤壁之战的覆辙。

股市中经常听到两种操作理念，一种是顺势而为，另一种是逆向思维。两种方式看似矛盾，但却有统一的方法。当一种趋势一旦形成以后，投资者宜把握这种大方向，顺着大市之势，赚足钞票。如大盘放量突破下降趋势线时，投资者就应顺势而为，跟随大势做多；同样，当大盘于近期跌破中线上升趋势线时，投资者就必须改变中线做多的想法，趁大盘反弹时，果断减仓。

所谓股市中的逆向思维，是指绝大多数人看多时，你就应果断做空；反之，则应坚决做多。事实上，顺势而为指的是"势"形成之初应遵守的原则；而逆向思维则是指"旧势"即将结束，"新势"即将形成前的操作思路。

对于散户来讲，在顺势而为与逆向思维的指导下，如果没有博弈的"脑洞思维"也是不行的。散户在与庄家的博弈中，要多疑、反问、敏锐，学会化繁为简，具备与庄家博弈的潜在能力。练就良好的思维的方式、方法，能够如草原上的猎手一样洞察先机，才能与庄家展开周旋。我研究了三种较为实用的"脑洞思维"：置疑之实证性思维、逆向之反扣性思维、敏锐之双关性思维，可供散户投资者学习借鉴。

一、置疑之实证性思维

散户在操盘过程中，无论是股市处于牛市，还是处于熊市，以及漫长的盘整阶段，无不涉及对盘口挂单的置疑。置疑不同于质疑——只是有所怀疑，置疑虽也含有质疑的意思，但多用于否定。置疑目的当然是为了实证，能够让自己对盘口数据分析的真实性确认，有利于下步仓位的调整。因此，聪明的散户应当具有置疑之实证性思维。

置疑之实证性思维就是要求散户在操盘过程中，要对盘口每一具体的挂单进行置疑分析，既包括卖盘的数据，也包括买盘的数据，还包括业已成交的数据，三者结合起来对比分析。只有成交的数据才是庄家和散户博弈的结果。通俗来讲，置疑之实证性思维就是通过置疑后得到实证，使自己逐步认识到市场的本质交易的一种思维方式。路从疑来，"疑"是散户博弈思维启动的原动力，也是散户与庄家开展博弈的开始。

南宋著名理学家、教育家、思想家、哲学家朱熹曾言："读书，始读，未知有疑；其次，则渐渐有疑；中则节节是疑。过了这一番，疑渐渐释，以至融会贯通，都无所疑，方始是学。"朱熹关于"读书、学习、有疑"的这种思维也可以被我们借鉴到股市交易操作当中。这种无疑、多疑、解疑的过程就是主动地、积极地学习的过程。散户置疑之实质也是发现盘口异常并思考异常的原因，拟定下步操盘计划而不断成功的思维过程。"有疑"是个关键的环节。散户"有疑"，必然生疑、设疑、存疑，这是有疑的前提，从而达到起疑，否定庄家利用大众惯常性思维所隐藏的真实性意图，把握其盘口挂单的真假性，达到与庄家操盘一致性的目的。

在盘口分析过程中，散户操盘手的置疑主要从以下几个方面展开。首先，通过中长期K线图分析当前市场所处的环节，以适当的技术指标解读来进行置疑。思源于疑，疑就是问题，问题是思维的火花。散户操盘手在解读K线的过程中能从庄家挂单所体现的盘口信号或盘口语言中发现问题，并以合理的操盘技巧来化解与庄家思维逆向带来的问题，是实证的最好置疑方式。尤其对于有一定资金实力的散户来讲，由于散户收集信息、发布信息与利用信息的局限性，只能借力打力，通过分析庄家的操盘手法来达到与庄家操盘思维一致的目的。

其次，通过对庄家操盘盘口数据的再分析，形成反向思维的理由，以此达到置疑的目的。作为散户操盘手，在与庄家博弈的过程中要逐步形成自己的操盘风格，但必须能读懂庄家操盘手的操盘风格。通过对庄家操盘风格的解读，借着逆向思维，从而乘机顺利出货或加速建仓，既不让庄家"颠下轿"去，也不被庄家跑前拽上山顶。

我认为与庄家斗智的操盘风格主要体现在以下几个方面。

1. 通过分类，思考庄家的操盘习惯是否符合大盘趋势所应有的操盘路径思维。

2. 通过了解盘口大单方向及庄家的大单思维习惯是否符合一般的量价规律。

3. 通过分析庄家刻意做出的成交量的放量与缩量意图，是否有合理的价格配合，是否支撑其刻意创出的新高或新低，以此达到置疑目的。

4. 分析庄家留下的盘口信号所显示的暗语与庄家"扫单、吃单、对敲、出货、托盘、压盘、捂盘、洗盘与拉高"的操盘节奏及目的是否一致，以此判断盘口信号是否是庄家操盘手刻意留下的混淆视听的痕迹。以此来作为反证，这样就可以避免置疑的盲目性、随意性。

5. 分析股市本身的交易信息、庄家想要表达的信息以及盘口所隐含的信息是否存在差异，以此达到置疑的目的。

第三，通过从不同时期盘口数据与 K 线趋势、走势的比较中置疑。将有可比意义的不同盘口数据一起进行同中求异、异中求同的分析、比较，从中挖掘出更为深刻的疑点来置疑。这样做，不仅有助于散户操盘手对庄家操盘动态的具体把握，还能大大提高散户对庄家操盘思维的适应。具体思考模式可从下列几个方面进行。

1. 比较大盘指数分时线黄线与白线的"触、穿、离、缠"等情况与个股分时线的形态或趋势。

2. 比较同一盘口上、下盘口挂单价格与数量的差异与连续性或跳跃性的信息意思。

3. 比较同一盘口不同特殊时间挂单的差异性，比较同一盘口连续几天盘口信息的相似性操盘模式与风格。

4. 比较分析特殊盘口的数据信息。如单一庄家或单一散户盘口情况，卖一与买一单价相关较大的情况，除买一或卖一以外的超大单盘口情况，盘口数据与成交数据存在较大差异的情况，等等。从中发现是否存在庄家利用暗单或反向操盘吃掉散户挂在盘口的卖单或买单，从中发现庄家盘口的操盘动向，由此置疑。

5. 尤其需要引起注意的是撤单异常操盘行为。见到盘口成交趋势时，所挂的大单快速撤掉的情况，这往往是庄家有意烘托市场活跃的行为，一定要反其撤单的方向而为之。即庄家撤什么单，你就反向去挂什么单。如庄家撤掉挂在卖盘的大单，你就快速挂买单，先于庄家买入庄家撤单后想吃掉的其他散户的单。

总而言之，散户操盘手在盘口分析过程中要具有置疑之实证性思维。特别是在操盘过程中，如果应用熟练就会对庄家的动向及大盘的把握与个股的量价异动了如指掌。

二、逆向之反扣性思维

有学者把思维分为纵向的深入性思维、横向的缜密性思维、逆向的怀疑性思维和正向的迁移性思维。我认为：作为一名有经验的散户操盘手，更重要的是应该具有逆向之反扣性思维。

股市中，由于庄家具有控盘的资金实力和战略筹划，所以，庄家处于主动地位；相反，散户就处于资金不足或临时被动的应变地位。在操盘过程中，散户的主要精力放在对大盘与个股 K 线的异动质疑上。为避免与庄家的冲突，这就要求散户具有逆向之反扣性思维。

所谓逆向思维是指绝大多数人看多时，你应果断做空；反之，则应坚决做多。如果你已准确理解了顺势而为与逆向思维本质的话，在这个问题上，我们就不过多赘述了。

事实上，顺势而为指的是"势"形成之初应遵守的原则；逆向思维则是指"旧势"即将结束，"新势"即将形成前的操作思路。而逆向之反扣性思维，就针对庄家操盘思维，从逆向出发（一般来说，散户针对庄家的看法都是对立的或矛盾的）思考问题。逆向之反扣性思维要求散户能够先将自己对大盘的认识或对个股的分析或对技术指标的分析搁置一边，以盘口所反映的思维节点作为出发点，通过盘面分析，并采取同一律、矛盾律的演绎性思维再反扣到己方的思维节上，但又不至于对自己绝对不利的一种思维方式。

就股市上各方的思维而言，各方都知道对方都有其思维结或思维环。各方有自己的操盘意图，但每一方的主张也并不都是对立的。如果是对立的，也可将各方的主张形成合二出三的思维方式，即提出一种双方都能够接受的新的认识或理解，以尽快让自己（散户操盘手）与庄家的操作意图达成一致的双赢局面。

操盘手都想使自己处于操盘的优势地位，如果掌握了正确的思维方式或抓住了对方的思维环节，就会使自己处于思维上的主动地位。因此，探索庄家的思维模式，为散户操盘手寻求科学的操盘路径是十分必要的。

应当承认，任何博弈都有其焦点或分歧，任何一方都有其操盘的底线。双方盘口对赌中可能存在较为激烈的冲突，双方都不希望操盘失败，也都期望在矛盾中寻求双赢。双赢是现代散户与庄家共赢的基调，也是股市存在庄家操盘的必然行为准则。就庄家与散户而言，庄家总是希望用低价买进，价位拉高时出货；而散户总希望等到最佳的时机选择买卖点。一句话，散户总想利用盘口卖单的多少作为观察庄家筹码的动向，而庄家则以股市运行到高位底部时作为操盘的基础。因此，在操盘过程中，庄家总是考虑是否到达底部。底部的确认自然是价格底点，同时，也是成交量低迷的表现。

对于散户来讲，如何才能摆脱这种庄家控盘的情况，从而打破僵局呢？这里，我专门为处于不利地位的散户操盘手设计出"逆向之反扣性思维"方式。如果应用得当，能够较好地破局。

一般的盘口思维过程应是：

如果卖二、卖三挂有大单，则说明当前股票价格下行压力较大。

如果买二、买三挂有大单，则说明当前股票价格上行动力较大。

庄家要买，则必撤卖二、卖三之大单。则庄家必挂买单，以减少对倒量，从而顺利吃掉散户在卖二、卖三甚至卖四的挂单。

庄家要卖，则必撤买二、买三之大单。则庄家必挂卖单，以减少对倒量，从而顺利吃掉散户在买二、买三甚至买四的挂单。

这样，作为散户，就能很好地决策到底是买还是卖了。

逆向之反扣性思维要善于抓住买卖双方挂单的实际动态情况，并做好资金准备，及时跟对庄家的行动。

逆向之反扣性思维看似复杂，实质上十分简单。主要来讲，作为散户一方要善于抓住庄家卖方有大单价格必跌、买方有大单价格必涨的心理定式。特别是对于那些没有实战经验的散户来讲，极易从盘口的押单中做出错误的交易方向，这样就容易误入庄家的大单陷阱。如果思维进入陷阱是很难解脱的，其结果要么是低价出手，要么是高价接盘，要么犹豫不决、错失良机。

通过实证分析，不难悟出逆向之反扣性思维有四个显著特点，也是操盘手要注意的要点。

第一，就是散户不要错误理解盘口的挂单都是真实的市场反应，不要轻信庄家挂上的大单就是未来的市场走势，避免形成买后就跌、卖后就涨的局面，而是要在抓住庄家的逆向思维上下功夫，根据大单的真实动态情况决定买卖方向。不要认为打压就是为了让股票价格下行，也不要认为托底就是想让个股走强，避免形成相反的被动的局面：或被庄家"颠下轿"去，或被庄家拉上山顶而无人接盘。要在抓住对方的逆向思维上下功夫，在诉说自己难以理解庄家操盘风格的过程中，尽量多问几个"为什么"，是否庄家刻意通过对倒做出的量价，是否存在庄家以量唬人的现象。

第二，就是逆向之反扣性思维专为处于弱势的散户而设计，它的特点是适得其反，迂回交锋，出乎意料地打乱庄家的思维。同样，作为占上风的庄家操盘手也可借鉴此思维，懂得对方战术的转变与形成，而不至于违背自己的初衷而使自己不败而败。

第三，作为散户操盘手要避免盘口分析的一开始就迎合庄家大单或单一市场的假象，要弄清己方实际的买卖方向，特别是要注意对大盘技术指标分析和个股的技术指标分析，分析合理的价位。对于实力较强的散户而言，要确保底部进、高位出；同时，要注意庄家的倒仓、调仓行为。

能够买得合适，卖得合适。

第四，就是散户操盘手在盘口分析过程中，不要随意理解庄家的意图。总之，散户在操盘过程中如果能够很好地应用逆向之反扣性思维，在盘口分析过程中能应用得手，必然受益匪浅。散户操盘手可以在操盘风格上做文章，找出一些对散户有利的关键操盘节点或路径，作为保障自己获利的条件。当然，也可以适当地和其他思维形式交叉使用，总会使自己的操盘技巧得到提升。

不难分析出，庄家在操盘的过程中都始终围绕某一思维结展开。这一思维结或是操盘过程中的点（或是线或是面），也可能是某一具体的指标，逆向就是寻求对方的思维结的反向去展开，引发自己"脑洞大开"。逆向之反扣性思维要善于抓住庄家的操盘动向的异动点，抓住双方操盘习惯或技术分析的差距所在，特别是对当前大盘所处位置及个股操盘思维在认识上的差距或者在盘口信号解读上的差距，这是十分关键的因素，并要在操盘的过程中做好盘口信号的解读，善于抓住庄家盘口的一些漏洞和瑕疵，从中寻找出影响双方分歧或操盘方向上不一致的关键因素。也就是通过努力缩小与庄家的操盘矛盾或对大盘及个股的点位的理解差距，或者寻找出与庄家操盘风格的共同点，如双方都愿意在这一点位向上拉升或向下打压，双方都不愿意个股继续走高，以及双方都会因个股与大盘指数背道而感到不满等这一共同的心理特征。散户操盘手要抓住这一有利时机，极力与庄家操盘手法保持一致。

三、敏锐之双关性思维

所谓敏锐之双关性思维就是要求散户操盘手在与庄家的博弈过程中反应敏捷；同时，能够在对方设计的陷阱中快速地做出对己方有利的操盘方向。这就要求散户操盘手对于每个异常的盘口数据都能够做出快速的双关性思考。

敏锐之双关性思维（也称双关法），通常遵循"模型简单、思考复杂"的基本原则，按照"思考→分解→简化→再思考"的步骤进行。

个股操盘中的突发事件是十分复杂的，但是，基于人们的推理思维的局限性和推理方法的有限性，因此，对复杂的问题，人们只能采用分解的方法使之简化、明朗。让问题的关键处一下子暴露眼前，并能在短时间内解决某一种问题，而决不能采取纸上谈兵的方式，去想些不可捉摸的问题。

运用敏锐之双关性思维分析问题时，通常建立起是非决断结，也就是说把一些问题都归属于"买"与"卖"两种情况，而不存在两种以上的其他情况，即不存在任何其他可能之类的模糊思维。

例如，在盘口买一突然出现的超乎平常数倍的天花板大单，散户的一般思维模型就是：

庄家在买盘挂上大单→①庄家想买→股票价格一定会上涨→②实际股票价格还在下行，与实际不符。

庄家在买盘挂上大单→①庄家想卖→股票价格一定会下行→庄家盘口各档都有不同的大单→②股票价格没有下行→卖单没有被打掉→庄家并不是想买。

庄家在卖盘挂上大单→①庄家想卖→散户想买→②散户被庄家盘口恐吓住。

庄家在卖盘挂上大单→①庄家想买→②散户大单始终不成交。

买卖盘价格差异较大→①散户的大挂单与庄家有关→②庄家挂买单而又不想买。

庄家想卖→①庄家的实质是想买→②通过散户挂大单引诱散户抢

单，打掉事先挂在庄家各档的大单。

按照先挂单、先成交的原则，即使散户有挂卖单，也不可能成交。因为庄家在一开盘时就将各档卖单挂上了。后来大的成交一部分是庄家对倒的成交量，一部分是庄家通过散户的大单引诱散户加入散户与庄家先前挂各档庄家的成交的结果。有些庄家为了减少对倒量，还会在反向挂单的前几秒撤掉大单，而反向打掉散户与庄家大单同向的小单，达到吸筹或出货的目的。

上述思维模型产生了五个决断结（甚至更多），但无论在哪一决断结中都是围绕着庄家操盘真实性与量价规律的关联性两种买、卖的情况。实质上，这就是庄家所说的思维的分解与简化。庄家强调"分解"与"简化"这一决策的思维程序时，由于决策时间和信息的不足，操盘手不可能也没有必要将决断问题无休止地分解下去，而应当抓住主要问题因素，即"取其枝杆，去其枝叶"。然后，找出各要素之间的主要联系，把注意力始终放在对自己操盘最有利的因素上去，按"繁中就简"原则把问题简化，把程序简化，求时效、求联系。这就全凭操盘手在盘口分析过程中"'集'中生智，一单定赢"。

为繁中就简，散户操盘手就要提前做好路径选择，再根据路径上的节点依次进行置疑，从而说明庄家盘面所反映的信息与所实际的操盘思维相矛盾，而最初的操盘方向才是值得关注的。

对于一个独立的盘口数据来讲，其路径节点主要有以下几点。

1. 首先要具体分析盘口最先的大单是"买"还是"卖"，这才是庄家的真实操盘意图，因为庄家最清楚成交的秩序规则。

2. 分析盘口突然的撤单或跳单（大单短时间内在盘口位移），但又不见大的成交量。说明庄家在两档盘口留下了不可能成交的差额，置疑庄家操盘手是否具有诱多或诱空的动因。

3.庄家操盘手的突发行为是否能够马上成交，还是长期稳定在最初的挂单上。

再思考是敏锐之双关性思维的最后一步，再思考的任务就是要决断者待处理问题之后，分析肯定其决断的合理性及实践的检验，并寻找一些遗留问题的补救方法。

一般来说，再思考过程中应做好以下几点工作。

第一，找出第一次分析过程中不符合逻辑思维的规律和环节。

第二，根据基本的炒股常识和所学的基本知识，对一些有违股市常理的思维进行纠偏。

第三，根据现行指标或大盘指数的运行情况，对庄家的操盘手法与自己的理解进行分析，特别是对于尾盘的操作是否存在技术造假的问题的分析。

第四，确定下步操盘方向，并看有哪些需要收集的信息遗漏了，完善操盘资料，特别是一些典型的盘口分析或操盘指标，应及时地纳入自己的操盘日志之中，以指导以后的行动，便于解决同类问题时能更迅速地处理。

第五，根据盘口分析过程和关键的思维节点，认真进行总结，看自己所操作的股票是否与呈现的技术指标存在关联性，是方向问题，还是趋势的背离问题，还是自己分析的能力问题。

不难分析出，敏锐之双关性思维是一种宏观的思维方式，应用在盘口分析的决断中就是要重视发挥操盘者的经验、直觉和创造性思维，以适应技术指标分析或大盘分析中非正常因素下存在的一些突发性问题并及时、准确地处理，防止损失的产生和扩大，确保操盘的正确性。

敏锐之双关性思维着眼于培养操盘手捕捉空间、捕捉时间、捕捉数据的能力。人要有捕捉的能力，这个捕捉从空间来说就是抓住有利时机。股市本身是有边缘的，但边缘却比较模糊。

散户操盘手在路径选择上要注意三点：独立性，单一性，方向性。

对于散户操盘手来讲，置疑庄家操盘风格必须注意路径选择。

第 四 章

蜈蚣博弈：散户
注定是庄家盘中的肥羊

庄家在操盘过程中，无不掌握着逆推顺算的主动权，随时掌握着散户的动向，直到把散户套上枷锁，成为盘中之餐，这就是庄家思维。想要了解庄家的逆推思维，就得懂得点蜈蚣博弈的原理，还得知道股市中的几组悖论。

本章导读

第一节
合作与背叛：庄家与散户博弈的心结

蜈蚣博弈是由罗森塞尔提出的，它被描述成这样一个博弈：两位参与者 A、B 轮流进行策略的选择，可供选择的策略有"合作"和"背叛"两种。假定 A 先选，然后是 B，接着是 A……如此交替进行。A、B 之间的博弈次数为有限次，比如 100 次。这个博弈的奇特之处是：当 A 决策时，他考虑博弈的最后一步（即 100 步）；B 在"合作"和"背叛"之间做出选择时，因"合作"给 B 带来 100 的收益，而"背叛"带来 101 的收益，根据理性人的假定，B 会选择"背叛"。但是，要经过 99 步才到 100 步，在 99 步，A 考虑到 B 在 100 步时会选择"背叛"——此时 A 的收益是 98，小于 B 合作时的 100。那么，在第 99 步时，A 的最优策略是"背叛"——因为"背叛"的收益 99 大于"合作"的收益 98……这个博弈因形似蜈蚣，所以被称作"蜈蚣博弈"。

根据倒推法推理上述博弈步骤，结果令人很震惊。从逻辑推理来看，倒推法是严密的，但结论是违反直觉的。直觉告诉庄家，一开始就采取背叛的策略获取的收益只能为 1，而采取合作策略有可能获取的收益为 100。当然，A 一开始采取合作性策略的收益也有可能为 0，但 1 或者 0

与 100 相比实在是太小了。直觉告诉我们：采取合作策略是好的。而从逻辑的角度看，一开始 A 应取背叛的策略。看到这里，我们不禁要问自己：是倒推法错了，还是直觉错了？这就是蜈蚣博弈的悖论。

悖论指由肯定它真就推出它假，由肯定它假就推出它真的一类命题。在历史上有许多悖论。如"阿基里斯赶不上乌龟"的芝诺悖论，"一个克里特人说'所有克里特人都说谎'"的说谎者悖论，"一个理发师说'我给所有不给自己理发的人理发'"的理发师悖论或罗素悖论，等等。这些悖论在历史上对于逻辑和数学的发展起了巨大的作用。

对于蜈蚣悖论，许多博弈专家都在寻求它的解答。在西方有研究博弈论的专家做过实验。实验发现，不会出现一开始选择背叛策略而双方获得收益 1 的情况。双方会自动选择合作策略，从而走向合作。这种做法似乎和倒推法推理的结果不符，但实际上双方这样做，要好于一开始 A 就采取背叛的策略。

在股市上，不论是庄家，还是散户都会发现，即使双方开始能走向合作，即双方均采取合作策略，这种合作也不会坚持到最后一步。理性的人出于自身利益的考虑，肯定在某一步采取背叛策略。倒推法肯定在某一步要起作用。只要倒推法在起作用，合作便不能进行下去。这个悖论在现实中的对应情形是：参与者不会在开始时确定他的策略为背叛，但他难以确定在何处采取背叛策略。

通过上面的蜈蚣博弈的悖论，庄家或散户都会看到倒推法存在致命的缺陷。

可以说，合作或背叛是庄家与散户心头难以驱散的心结。

第二节
志愿填报效应：K 线博弈讲究逆推策略

对于中国公民来讲，高考都不陌生，考生的志愿填报更可谓是对家长的一次考试。为了让股市博弈者简洁明了地懂得什么是蜈蚣博弈，我再谈谈志愿填报效应。

假设某一所高校每年在甲省招生的计划名额是确定的，无论是谁都能在网上查到该校往年在本省的录取的情况，包括每年的填报志愿人数及各分数段录取人数。这样，考生考完试后，就会预估自己的高考分数；同时，还要预估本省可能的最低录取分数投档线。这样一来，考生在填报志愿时，就存在一个 1 对 N 的博弈。在面对某一具体的高校时，就面对着填报还是不填报的选择。每一位考生（包括家长的意见）选择有如下前提条件的限制：每一位报考者面临的信息只是某一高校以前在该省的录取情况。根据自己的预估分数是否达到当年可能划定的录取分数线；同时，还要了解该高校在该省的投档分数线。因此，考生只能根据以前的历史数据归纳出此次填报志愿的行动策略，没有其他人的可能填报志愿的信息可供参考，除非高招办人员的违法、违纪所为——向特定考生故意泄露天机。也就是说，考生之间在填报志愿的过程中，是不能相互充分交流信息的。在这个博弈过程中，每位考生都面临着同样的困惑，即如果多数人认为填报某所高校志愿的人数往年比较多、录取率较小，那就决定不填报该校，因此使得该校今年的录取率反而会大一些；如果多数人认为填报该所高校志愿的人数往年比较少、录取率较大，今年填报的人数一定还少，因此就决定填报该校，也因此使得该校今年的录取率反而会小一些。反过来也是一样。也就是说，一个人要做出正确的预测，必须知道其他人如何做出预测。但是，这个问题中每个人的预测所根据的信息来源是一样的，即过去的历史，而并不知道别人当下如何做出预测。这就是"志愿填报效应"。其核心思想在于：如果人们在博弈中能够知晓他人的选择，然后做出与其他大多数人相反的选择，就能够在博弈中取胜。也就是说，高考填报志愿总存在无数人、无数种路径的倒推过程，也正是各位考生填报志愿与各招生学校历年报考信息的"合作"或"背叛"，且并非一致的行为，才造成了每年招生学校的挤公交现象或出现了很多好学校或好专业的空缺，而往年冷门的专业或学校倒成了香饽饽的现象。

股票买卖也同样符合志愿填报效应原理，不同的是志愿填报是单一性行为，而股票买卖既可是长期行为，也可是中期行为，还可是短期行为；同时，股票买卖既可是单一行为，也可是多次行为。所以，志愿填报效应给股票买卖者有很大启示。通过志愿填报效应，就可以解释为什么业绩差的股反而会有较好的涨幅，绩优股反而趴在那里不动等很多股市现象。

在股市上，每位散户都能够借助 K 线图猜测其他股民（尤其是庄家）的行为而努力与大多数股民不同。如果多数股民处于卖股票的行列，而你处于买的心态，股票价格就低，你就可能成为赢家；而当你处于少数的卖股票的行列，多数人想买股票，那么，你持有的股票价格就会上涨，你就能够获利。投资者在 K 线博弈中一定要讲究策略。

第三节
罗素悖论：非理性思维让散户无所适从

因为一谈到股市，自然会想到散户与庄家的博弈，想到庄家无时不在思考散户会在什么时候选择合作或背叛，散户也在思考庄家无时不在选择合作或背叛。这也存在一个悖论，是指庄家和散户的思维与行为与股市的实际运行情况是相违反的，人们的思想是混乱的，市场的行为是混沌的，是思想和行为的矛盾冲突。行为过后，自己也很难解释。

散户行为的常理常态必然被庄家的异理怪态所打败。其实，股市中的悖论无不与人们的思维有关。散户属于简单的线形思维，有的清澈如水，而庄家及其雇佣的团队属于复杂的多变思维。下面有必要先对罗素悖论与股市怪圈作一简单介绍。

悖论自古有之，说谎者悖论是其中之一，一个人说了一句话："我现在在说谎"。假设这句话是真话，由它的内容所指，则这句话是谎话；反过来，假设这句话是谎话，那么"我现在在说谎"就是谎话，因此，他说的是实话。

由这句话是真话，可以推导出这句话是谎言；由这句话是谎话，又可以推导出这句话是真话。这就称为悖论。

一、罗素悖论

“罗素悖论”。如果集合具有自己属于自己的性质，那么，我们称这个集合是“自吞的”，比如所有集合的集合。现在假设T是所有不自吞集合的集合。如果说T不是自吞的，那么，T将属于自己，即T就是自吞的。如果说T是自吞的，那么，T便具有T内元素的性质“不自吞”，即T是不自吞的。

“理发师悖论”是“罗素悖论”的通俗形式：一个理发师声称他只给不为自己理发的人理发。如果他不给自己理发，那么，按照他的声称，他应该给自己理发。如果他给自己理发，那么，他便具有“不为自己理发”性质，也就是他不为自己理发。

二、哥德尔自指与股市怪圈

哥德尔在第一个不完全性定理的证明中，构造了一个G公式，使得这个G是真的，但在这个系统内却是不可证的。这个G可以这样理解：“这个数论语句在系统中是不可证的。”这个G是不可证的，也就是“这个数论语句在系统中是不可证的”在系统中是不可证的。在这里，我们看到了“自引用”（或称“自指怪圈”）。

这种怪圈在股市博弈中经常可见，但它往往是以反面的形式出现，也就是“不自指”的。鼓动他人大胆卖出，而自己则在无声无息地买进；在高位鼓吹离顶还很远时，自己却在大肆卖出。怂恿他人的行为，往往是自己反向操作的行为。

第四节
股市五悖论：庄家为散户设下的陷阱

显然，股市之悖就悖在人性与生俱来的贪婪与恐惧上。庄家能够让你兴奋，也能让你恐惧；能让你尝到甜头，自然也要让你苦不堪言。简单概括为一句话就是：在市场环境下，人们的行为是反逻辑的。下面，我们不妨分析庄家以下的几个惯常使用的悖论。

一、低吸高抛的悖论

谁都知道低吸高抛才能在股市获利，但绝大多数散户很难做到。一是散户勤于操作，但散户不是好的猎手，有时毫无目的的"乱放一通枪"。二是散户的思想往往易受媒体的干扰，没有独立的判断或主见。例如，庄家会不时提出一些新理论、新观点，以致让散户认为不接受这些观点就难以在股市立足。例如，"买涨不买跌"这一投机思想总会在大盘运行到高位时由庄家授意股评家散布，似乎敢于买涨不买跌的人才是高手，才是市场的真正赢家。实际上，绝大多数散户都是被套在了高位。例如，2014 年，一位股评家在大盘指数达到四千多点后的言论：股票价格没有绝对的高低之分，庄家应该更看重的是相对价格，不管现在价格是多少，只要后面还能涨，还有空间，那相对价格就低，反之就高。作为散户，大家还没有听明白吗？四千多点你还敢进，不被套死，那是天理不容呀。

二、金叉与死叉的悖论

初入股市的人总希望能够悟出几个技术指标来寻找潜力股或牛股，或者找到一两个买卖个股的绝招。对于初入股市的散户投资者来讲，最先接受的往往是金叉或死叉技术。这样，很多散户选择在MACD出现金叉时买进，死叉时卖出。但散户进入市场具有随机性，并不是在股市行情开始启动时进入，也不是选择在股市行情开始做头时退出。绝大多数散户是受股市人气的影响急匆匆进入的，而这时出现的金叉往往是股市短暂回调的见光死或是高位的最后一丝曙光。

实际上，股市进入后期时的技术指标也是庄家刻意做出的。也就是说，技术指标也有欺骗性。再者，MACD所形成的金叉或死叉在任何时段都可能形成。按照波浪理论，股市总会有进有退，在每一波浪的形成与发展过程中都会呈现金叉或死叉。而且，金叉也并非总高于死叉，死叉也并不是总是低于金叉。但是，股市中的买卖行为是连贯的，不是某一个金叉之后一定就有一个高于金叉的死叉重现，也不是某一个死叉之后就不会有高于死叉的金叉重现。散户又没有怀疑技术的智慧，只能是盲从，最终被悖论所害。

三、风险与收益的悖论

初入股市的人往往将获利放在第一位，而对于风险的关注要低，这往往是受赚钱效应的影响。因为散户进入股市往往是在听说别人都赚钱的时候被感染进来的，想到自己也懂得一些技术，自然也一定会赚钱，只是赚钱的多少问题。一旦失败，又容易把这与运气相联系。

世事总是一分为二的，高收益一定伴随着高风险，低风险不会产生高收益。任何行业入门门槛越高，淘汰率也就越高，而成功率也自然就越低。成功率很高的行业一定是低风险的行业，伴随的也一定是低收益。所以，入市前的散户本应首先想到的是怎样防范股市高风险，在防范风险的前提下去获取属于自己能够得到的收益。所以，散户乐于追市，容易被高位红盘的高收益所影响而忘乎所以，最终成为庄家套上山顶的"肥羊"。

庄家眼里，散户是可赚取价差的优质资源。如果股市中的散户都是"智者"，甚至比庄家都能预先知道对手的选择，那庄家的"笨"办法又如何能成为赚钱的高招呢？股市中给散户机会且看得见的风险，那不是机会，也不是风险。只有不给散户机会，也无法让散户识别风险，才是机会，才是大风险。这就是为什么最终笑到最后的还是正确判断底部的散户。因为有投资心理准备的散户知道赢了多少才会害怕到激发出了足可预防的风险意识。

四、投资与投机的悖论

股市操作有两个不同层面的动机：第一，投机炒作；第二，投资买卖。国内大多庄家所宣传的都是：股市是政策市，股市不存在价值投资，只存在价格投机。这样一来，散户也往往被卷入庄家所搅起的投机的旋涡。真正善于投资的人一定有一套发现市场潜在价差的本领，能够洞察市场瞬息万变的机遇带来的市场变革所能够产生的潜在市场价值。而大多数散户的思维是短期的，这正好符合投机的要求。投机行为是短期的，投机不需要严格的论证与考证，只需要立马的决定。受庄家烘托氛围的影响，散户会立马有投机的心理。

股市中善于投资的人一定是在大的趋势转折拐点判断准确并做对低

买高卖，然后再去等待下一个这样的机会。大多数散户是没有等待的耐心的。也就是说，大多数散户会受到庄家的欺骗与恐吓，容易在卖点上（高位）买股票，在买点上（低位）上割肉卖股票。特别是技术形态的欺骗性，使得胆小的散户最容易上当受骗。

庄家聘用的股评家会说：果断的品质是追涨操作中最重要的因素，不仅需要在追涨买入时果断，在卖出时更要果断。因为追涨的股票绝大多数属于进入快速拉升期的强势股，个股价格往往表现出快速上涨行情，但暴涨中往往隐藏着快速调整的风险。如果投资者的操作过于犹豫的话，轻则错失机会，重则可能导致亏损。因此，追涨操作一定不能犹犹豫豫，而要果断干脆、眼明手快。作为散户，你还犹豫什么？

五、亏与赚的悖论

有赚有亏，这是股市零和博弈的性质所决定的。每一位进入股市的人都想赚钱，但股市博弈的结果注定是大多数人一定亏钱。股市本身不产生财富，只是把财富合法再分配的场所。广大"三无"中小投资者（一无投资理论，二无投资方法，三无投资良好心态）是市场的弱势群体，大多数人亏钱失败从一开始就是注定的。

庄家喜欢吹嘘：要改变自己，就一定要跟庄炒牛股，并通过股评家详细向散户介绍牛股有三大特征：一是涨幅大。没有涨幅就不可能是牛股，大量资金操控股票必然需要很大的空间，必然会出现大的涨幅，甚至还会有 100% 甚至若干倍的涨幅。二是拉升阶段不会随便停止拉升。股票价格只会不断的上涨，而不会出现涨一天、跌两天的垃圾状况。拉升才可以减少拉升成本，所以，连续的拉升便是大量资金操控股票的必然选择。散户会发现越害怕拉升的股票，价格越是不断的上涨原因所在。

这不明显让散户在高位接盘吗？三是成交活跃。成交量是股票价格的灵魂，没有成交量的支持，股票价格是不会出现上涨的。当然，在庄家控盘的股票中，很小的成交量也可以推升股票价格。如果说股票是缩量上涨的，那就是非常好的操作目标。成交量特征就是拉升阶段成交量比较均匀，如果出现特别大的成交量，要注意股票价格会不会改变运行的方向了。然而，有多少散户能明白这些特别大的成交量就是庄家刻意对倒的结果。

第五章

传统指标：既非
鸡肋，也非熊掌

当前，K线博弈的技术指标分析无外乎单一的量价或涨跌天数或资金流向的统计分析，而社会转眼已进入大数据时代，特别是云技术的飞速发展给K线技术派提供了大数据分析的可能。但是，对于传统技术指标的分析，很多成熟起来的散户投资者都会有所领悟，那就是：传统技术指标分析既非鸡肋，也非熊掌。

本章导读

第一节
顺势而为：把握投资的基本假设

"顺势而为是在股市中赚钱的主要诀窍。"著名学者威尔德早就提出了"顺势而为"的投资理论。其精髓就是指导投资者摒弃所有的主观分析，不管这些指标或技术工具是定性的还是定量的，都应该坚决地放弃迷信技术指标或工具的做法，及时认清身处的大趋势并顺势而为。认为在升势中逆势卖出或跌势中持相反理论的买入，常常因为情况和条件不同导致失败，因为没有人能够准确地预料到市场的上涨和下跌何时结束。盲目地、主观地逃顶或抄底，事后都证明不是逃得过晚，就是抄得过早。只有认清市场趋向并顺势而为，才能将风险降低到最低的限度。

威尔德创立的亚当理论的内涵有以下几层意思。

第一，在介入市场前一定要认清该市场的趋势是升还是跌，确认了趋势之后才开始行动，升势中以做多为主，在跌势中则以卖出为主。

第二，买入后遇跌，卖出后却升，就应该警惕是否看错大势，看错就要认错，及早应变，不要和大势为敌。不要固执己见，要承认自己看错方向，及早认识错误则可将损失减到较小的程度。建议在未买卖股票之前就设置止损位，不能随意更改既定的止损位。切忌寻找各种借口为自己的错误看法辩护，因为那样只会使自己的损失更大。

第三，抛弃迷信传统技术指标分析或把某种技术指标分析当作一种万能工具的做法。各种技术分析、技术指标均有缺陷，过于依赖这些技术分析指标的所谓买卖信号，有可能遭遇套牢的局面。那些以相反理论买入法或马丁基的加码法教人越跌越买，并不是好的投资理论和方法，应摒弃这些做法。从时间角度来划分，股市的趋势可分为三种：长期趋势、中期趋势、短期趋势。根据不同的操作思路去确定不同的趋势顺应。如果是长线投资者，就要顺应大势，只要大趋势不被破坏就可以不去理会。中线投资者则要去顺应中期趋势，有时则可违背于大势。短线投资者则更多关注的是短期趋势，对于中长期趋势则可视而不见。

每一位投资者进入股市的目的，无非是想有所斩获。顺势就是要顺应适时的人气及资金流向。如果决定用短线的炒股方式，那就要见利就跑、快进快出。如果决定长线投资，那就要沉住气、稳住神。如果买股前没有定好做短线或中线，还是长线，很可能会"长线变中线，中线变短线，短线被骗钱"。

亚当理论也有明显的缺陷。如果你不借助技术分析或技术指标，你又如何有先知先觉，感觉到趋势的到来或结束，而趋势的强度、大小与起始更无法评判。因此，威尔德有时也难以自圆其说。他也不得不设一些技术分析或指标来给自己的理论加分，形成了趋势分析的亚当悖论。

"道高益安，势高益危。居赫赫之势，失身且有日矣。"出自《史记·日者列传》。意思为："道德越高尚，为人处事好，就越安全；权势越大，更容易滥用权力，刚愎自用，就越危险。"这句话借用到股市就可解释为：对于趋势把握好的人，就会确保资金安全。当资金涌入的多了，就更容易让人情绪高涨，丧失风险防范意识，就会过度相信自己的能力，甚至刚愎自用，会使自己管控的资金处于危险之中。可想而知：无论权势，还是股市的趋势，都具有两面性。

"势不可挡"这个成语在股市中体现得可谓淋漓尽致，多少投资者因为错过大涨势而长叹不已，又有多少投资者因为逆势而入套，动弹不得。

"顺势者昌、逆势者亡"，所有人概莫能外。一定要牢记"跌势不抢反弹，涨势不做回调"。

"水无常形，兵无常胜"。股市的趋势同样是随时在变的。趋势到底向何方发展，又到底结束在何处？这个问题曾使许多投资者感到迷惘，也是一个投资者面临的最大难题。顺应趋势就是要随机就变，没有只升不跌的股市，也没有只跌不升的股市。原来顺势而行，一旦市况逆转，如不立即掉头，顺势而为就会变成逆势而行。一定要注意审时度势，做到随机就变、化逆境为顺境。

要做到顺应趋势，就不要主观臆测股市顶部和底部，不要奢望自己能在最高价卖出及在最低价买入，去掉贪心，才能真正做到顺势而为。

股市中经常听到两种操作理念，一种是顺势而为，另一种是逆向思维，两种方式看似矛盾，但却有统一的方法。当一种趋势一旦形成以后，投资者宜把握这种大方向，顺着大市之"势"，赚足钞票。如大盘放量突破下降趋势线时，投资者就应顺势而为，跟随大势做多。同样，当大盘于近期跌破中线上升趋势线时，投资者就必须改变中线做多的想法，趁大盘反弹时，果断减仓。

当整个股市大势向上时，以做多头或买进股票持有为宜。而股市跌跌不休或股票价格趋势向下时，则以卖出手中持股而拥有现金以待时而动较佳。凡是顺势的投资者，不仅可以达到事半功倍的效果，而且，获利的概率也比较高。反之，如果逆势操作，即使财力极其庞大，也可能会得不偿失。

采用顺势投资法必须确保两个前提；一是涨、跌趋势必须明确；二是必须能够及早确认趋势。这就需要投资者根据股市的某些征兆进行科学准确的判断。

就多头市场而言，那一定是人多势众、有钱有势。随着人气的聚焦，大量资金的涌入，形成势不可挡、大势所趋的人气和资金流，诱导你不得不做多，这就要乘时乘势，确保顺势而为。

对空头市场而言，往往存在虚张声势、装腔作势的情形。就要判断是否大势已去或势穷力竭，根据收集的信息，要趁势确保资金安全。

对于散户来讲，无论多头，还是空头，一定要学会趋时附势，并能够审时度势、因势利导，选择合适自己或自己所熟悉股性的个股。

一般来讲，研究股市的趋势，一定要注意以下几点：

1. 不利消息（甚至亏损之类的消息）出现时，股票价格下跌。

2. 利好消息见报时，股票价格大涨。

3. 除息除权股，很快做填息反映。

4. 行情上升，成交量趋于活跃。

5. 各种股票轮流跳动，形成向上比价的情形。

6. 投资者开始重视纯益、股利，开始计算本益比、本利比，等等。

当然，顺势投资法也并不能确保投资者时时都能赚钱。比如，股票价格走势被确认为涨势，但已到回头边缘，此时若买进，极可能抢到高位，甚至于接到最后一棒，股票价格立即会产生反转，使投资者蒙受损失。又如，股票价格走势被断定属于落势时，也常常就是回升的边缘，若在这个时候卖出，很可能卖在了最低价，懊悔莫及。

第二节
真真假假：揭秘技术指标的可操纵性

一般来说，散户研究股市，无不从研究技术指标开始，但没有谁能宣称仅通过技术指标就可掌握了股市的运行规律，更不能说自己每天的操盘行为完全依靠技术指标来指导。

我经过多年的研究发现任何先进的单一技术指标都不能过多相信，原因如下：

一是单一技术指标是对股市过去运行迹象的描述或反映，绝对不会是对股市现今或将来的预测。技术指标虽然在设计时都能达到与市场同步运行，但其运行轨迹只能是对股市过去运行迹象的记录。也就是说，技术指标只是对前一交易的记载，将其选取的量价数字通过数学计算模式化罢了。有的只是对其价格或成交量作了简单的数学运算，辅以一定的计算机算法。尽管该算法是十分精确的——决不要怀疑其会有什么差错，但任何聪明的人或者再高级的计算机都不可能通过技术指标的设计预测出市场下步的运行轨迹。

二是单一技术指标虽然大多数都具有定量分析的因素，但它只能给人以定性的指导，根本不能作为人们研究股市行情的定量工具。技术指标在计算过程中，为了达到自动化的程序应用，基本上都赋予其定量分析的步骤，但人们却不能定量分析出下一步，或者说不能定量的预测下一步，而只能给人以定性的指导。也就是说，目前还没有人能够研究开发出具有定量预测功能的技术指标。

三是每一种技术指标都有局限性。无论多么先进的技术指标，其选择的参数是有限的，各参数值的设定也只是选择者个人的习惯偏好，其局限性决定了技术指标不能完全反映市场经济的全部运行规律。

四是由于市场是复杂多变的，单一的技术指标就难以反映现实的市场问题。更严重的问题是单纯的技术指标不能记载和说明当时技术指标形成时的市场影响因素是如何存在的，更不能告诉应用者技术指标形态的改变的主要因素是什么。

五是单一技术指标往往是人为的因素，忽视了市场的客观运行规律。技术指标在参数的选取过程中，往往是开发者人为的因素，也就是说依其一时的冲动或一时的偏爱，可能会忽视市场的客观运行规律——即股市的价格变化是杂乱无章的或成交量的随意性。而且，技术指标总是要表现出一种规则性，要知道人赋予计算机算法的本质就是一种规则性。

还有，技术指标与一定的经济运行周期相联系，具体时间具体分析，不同时间解读意思截然不同。否则，就可能画虎类猫了。

技术指标都是一段时间内股票价格的一些变化，且只是一个相对的变化。正是因为它的相对性，对握有大量筹码的人来说就比较容易操纵了。技术指标是一些通过数学公式计算出来的结果，用到的样本数据主要是开盘价、最高价、最低价、收盘价、成交量等市场交易数据。因此，只要控制了这几个数据就等于控制了技术指标。那么，如何控制技术指标的生成呢？

第一，在开盘价与收盘价上做文章。庄家最容易在开盘与收盘的时刻通过拉高股票价格或打压股票价格来控制开盘价与收盘价。开盘与收盘时由于加入的人少，相对拉升股票价格与打压股票价格的成本就相对低点。这样一来，使得以收盘价或开盘价作为技术指标就具有欺骗性了。这一般是资金实力有限的庄家所为。如 RSI、MACD、MTM 均以收盘价为计算依据。比如，BIAS(乖离率)指标，仅涉及平均线与收盘价，而平均线也是收盘价决定的。

第二，借势创新高或新低。庄家随时观察着盘面和盘口，当其发现有资金向上突破或向下探底后，会借助市场抛盘尚弱或强的时候瞬间打出高点或低点。当然，也可以通过对倒的方式拉升或打压。这样一来，就会出现一个并没有很大成交量的最高价或最低价。使得以最低价或最高价为计算依据的技术指标得到成功粉饰。如 KDJ 以最高价、最低价和收盘价为计算依据。即使庄家强推或打压的最高价，最低价回落或提升了，但最高价或最低价已记录在数据之中了。

第三，通过对倒有效增加成交量。庄家往往通过对倒达到有效增加成交量的目的，使得以成交量为计算依据的技术指标得到粉饰，让人感觉市场人气回升、交易活跃的假象。例如，有一些技术指标只是单一成交量的线型指标，庄家只要进行对倒就能够达到目的。但是，庄家操盘手也要注意到一点，那就是放量容易缩量难。所以，如果成交量大幅度萎缩反而是市场的自然表现，但也能体现庄家的高度控盘。

技术指标可以被操纵，但它在行情分析中还是有一些作用的，而被操纵的技术指标往往是单一的价格或单一的成交量指标。目前还没有既涉及成交量又涉及价格的复合数据技术指标。但是，我通过潜心研究，设计出了一套量价空间当量的技术指标，它可以揭示庄家对技术指标的操纵性；同时，也使得庄家难以操纵。因为量、价在不同时期具有不同的量价关系。

股市里的任何技术指标都必然有三个要素：

1. 采样周期。也就是 N 天的最高、最低，收盘、开盘……一系列数值。

2. 计算平均值。通常的计算方式只有两种，算术平均值和指数平均值。比如 MA 和 EXPMA。

3. 两个不同周期的平均值的对比或交叉。

上面这三个要素是构成任何技术指标的基础，任何指标都是由这三个要素通过不同的周期和组合方式得出的。

根据统计学原理，通过一个特定的周期（常为 9 日、9 周等）内出现过的最高价、最低价及最后一个计算周期的收盘价及这三者之间的比例关系，来计算最后一个计算周期的未成熟随机值 RSV。然后，根据平滑移动平均线的方法来计算，并绘成曲线图来研判股票走势。

以上这段文字看起来是不是很神秘，充满了技术感，实际上，这就是 KDJ 等指标的算法。要想认识技术指标，先要明白指标的本质，全是一样的，差别只存在于各个要素的提取和组合方式。

这些指标的共性全是一样的——"牛市里做多相对准，熊市里做空相对准"。无论是交叉型还是背离型，只表示当前走势的结束。所以，当处在下跌趋势里，当前反弹结束，必然顶背离或死叉，后面继续跌。当处在上涨趋势里，当前调整结束，必然底背离或金叉，然后再涨。

也许有人会问个问题——那我在上涨趋势里用这个作多指标行不行？这个问题明显是无意义的，如果你已经知道是上涨趋势还是下跌趋势了，那还用得着指标吗？

现在，还有很多人陷在研究指标的误区里，百害而无一利。如果方向错了，越努力离正确方向越遥远。

第三节
盘口分析：投资者操盘盯什么

无论是庄家操盘手，还是散户投资者，从股市一开盘，就在电脑前专心致志地盯着盘口，到底盯什么？自己也说不清楚，反正见红盘就兴奋，见绿盘就沮丧。俗话说得好：外行看热闹，内行看门道。看盘也称盯盘，是股票投资者主要的日常工作。但刚入股市的投资者、新股民们往往把看盘仅仅理解为及时跟踪指数的涨跌，大盘指数涨，就主动买入；大盘指数跌，就主动卖出。这失之偏颇，必然制约投资者把握稍纵即逝的逐利避险的机会。盘口分析是项专业性很强的活，别说庄家的盘口暗语，就是盘口间的数据间的相互关联也没有多少人都真正弄懂。因此，做股票投资有必要花时间好好做盘口分析。

那么，操盘到底盯什么呢？

第一，盯量价相关情况。可以说，量价是一切技术分析派首要关注的因素。通过观察成交量柱状线的变化与对应指数的相关变化情况，判断量价匹配关系属正相关，还是负相关。具体而言，成交量柱状线由短逐步趋长，指数也同步走高，则表明推高资金介入踊跃，获利功能不断强化，呈正相关，散户可积极跟进。反之，指数上涨，成交量柱状线却在萎缩，呈负相关，说明成交不活跃。成交不活跃，要么是持有头寸的人不愿意出手，要么是持有货币的人不愿意买入。没有买卖，自然就没有成交。没有成交，市场价格的重心就要向下位移。

个股限入无量空涨，说明庄家高度控盘，散户看高，就不愿意在短期内获利了结，但散户往往经不住庄家的折腾，终究还会在庄家的折腾中交出头寸。也就是说，高起的指数短线还是要会回调的。即使是庄家控盘后的无数的无量涨停，庄家拉得越高，散户开跑得越快，越不利于庄家出货，庄家也只能遵循波浪理论择机出货，而不可能只做一浪而费尽一切粮草拉到极致，让散户在山顶把头寸交给自己，再捂着股票坐缆车下山。同样，在指数不断下滑过程中，成交量柱状线由短逐步趋长，表明有大户、机构在择机沽出。较大的成交量意味着庄家使用了反向操盘的诱杀战术，这对散户来讲是危险信号，特别是在 N－1 浪接盘的散户，几天反应不过来，就会出现欲舍不能、欲哭无泪的两难境地。因为 N－1 后的波浪，预示大盘短期很难再坚挺；而成交量柱状线不断萎缩，指数却还在飞速下滑，是买盘虚脱的恐慌性下跌，散户往往会被吓傻，无可奈何地主动交出筹码。此时的庄家已经备好了收集筹码的充足资金，而散户能够果断介入，短线必有丰厚获利。

第二，盯板块轮换。作为散户，一定要重点关注当日涨跌幅排行榜前三十只个股，并结合板块涨跌排名情况，准确判断外来资金流转与异动的情况。

任何股市的雄起，往往都归于领涨板块的带动，而绝不会在毫无征兆的情况下出现普遍开花、个个红盘的壮观景象。因为红盘需要资金的推动，而股市进入熊市后，最缺乏的就是资金，没有资金就没有动能，没有动能，K 线也不会持续向上跷起。

庄家的聪明之处就在于能够应用最小资金搅动市场。各庄家会在寒冬里抱团取暖，通过特殊的语言进行联络，用少量的资金集中拉升某些有升值潜力的股票，产生板块轮动效应。目的就是让某一板块火起来后起到示范效应，带动散户进入。因此，散户无论进出，都要通过板块热点来决定自己资金的进出行业和方向。

第三，看指数异动原因。盘口分时指数图相比日K线图往往具有放大效应，有时突然会出现飙升或跳水走势，因事先没有征兆，所以称为异动走势。如果不查出原因所在，而是跟随分时图走势作投资决策，极易使出昏招或败招。

一般情况下，应该快速搜寻具有代表性的指标股，是否因该类个股突遇大笔买单或大批抛单影响大盘走势。由于现行市场规模已大幅扩大，一只指标股突然变化走势虽然会影响即期指数升幅，但已难撼大盘趋势走势，所以，可以不必理会。过些时间，大盘指数就会稳定。但是，如果某天指数的突然跳水是一批价值型的个股突然跳水引起，则往往意味着盘势已在变盘或将有利空消息出台。同样，某天指数的突然上涨是价值型的个股遭遇连续大批买单，则盘势将可能出现一段升势行情。

第四，盯盘口买卖动能差异。盘口买卖一般可观察到5个价位，可直接反映买卖的力量与冲动，也能够洞察到庄家的操盘心机。首先，卖盘出现大卖单压顶这种盘口时，就可分为两大类：庄家或者一般机构刻意操纵股票价格行为；市场大量投资者大量卖盘，在同一价格挂出自然形成的卖压。所以，就要分析是否属于庄家刻意操纵市场所为？还是属于由市场大量卖盘，在同一价格挂出自然形成的卖压？这些问题是分析盘口必须掌握的技巧。

个股交易过程中卖盘出现大卖单压顶现象，按照一般的观点，这是股票价格上升遇到大抛压的体现。不少庄家操盘时利用这种大众思维进行反向操作。在拉升股票价格之前故意在卖盘挂出较大的卖单，欺骗部分不明真相投资者卖出。洗盘完成后，庄家马上展开快速拉升。这种行为持续了相当一段时间后，被一些市场经验丰富的高手识破。在操盘技术比较的普及的情况下，庄家利用大卖单压顶洗盘这种操纵手法操作洗盘的情况也随之减少。

虽然庄家操纵手法千变万化，但万变不离其宗。散户看盘时总以之前固有认识去分析研判，以至研判常遇挫折或者一错再错，以至产生盘口分析无用论或盘口不可测的错乱思维。也有部分根本不懂盘口分析的投资者，因为不懂而看不懂，所以，觉得盘口分析这门研究方法无用。

庄家操盘手法千变万化，但无论怎么变化都是利用散户的常识性思维为基点，利用散户的知识与技术盲点进行欺骗性操纵。再厉害的庄家操盘手操作时也会留下可辨别和破解的痕迹。散户也不可能永远做笨人，会变得越来越聪明，甚至成为与庄家争食的智者。

第五，盯 K 线形态的发展趋势。形态分析是技术分析的重要组成部分，它通过对市场横向运动时形成的各种价格形态进行分析，推断出市场现存的趋势将会延续还是反转，形态的分类是相对的，并非完全固定不变。

在 K 线技术不断成熟的基础上，形态理论开始占据股票技术显著位置，各种创新型技术也脱离不了形态理论的窠臼。因为形态理论能够反映股市资金的运动规律，显示股票价格在多、空双方均衡的位置上下来回波动。原有的平衡被打破后，股票价格将寻找新的平衡位置。保持平衡——打破平衡——新的平衡——再打破平衡——再寻找新的平衡……股市资金运动的不断重复演绎，成就了股市的惊心动魄。

形态理论实质上反映的是一种趋势运动。它是在不断地寻找一种平衡，也就是价格围绕价值上下来回波动运行的规律。形态的变化预示着趋势的变化。

第四节
望闻问切：探寻市场利诱因素的方法

股票投资者发现有市场利诱显示时，要及时地对市场利诱因素进行综合分析，从中发现自己的优势、劣势或短板并制订好相应的措施，从而减少决策的失误。并对市场利诱显示加以充分的利用。

《古今医统》说："望闻问切四字，诚为医之纲领。"作为股票投资者，就要切记：望闻问切——商之纲领。通过对市场显示的趋势"望闻问切"后，进行系统的分析。

望：就是要多观察。既观察同行，也观察上下游及不同行业及替代产品与相似产品行业的情况，还要观察市场的激励程度。做好市场调查研究，有的放矢地对市场情况有所了解，才能为后续的股票投资工作打好基础。例如，在选择基金投资时，一般的投资者就要对中国宏观经济长期可持续发展状况、A股的估值水平及未来一些宏观经济政策调整等信息进行考量，以此来确定长期投资理财是否适宜。在考量中，还要分析银行利率、汇率的多少等是否意味着投资基金最佳。

闻：就是要多听慎动。弄清市场问题的症结，发现市场启动的真正原因或主要关联性因素。闻就是要听别人的意见，带着思考做更全面的分析，通过听相关人员的意见或评论，分析自己是否接受其的观点和看法，来找到市场利差根本所在和最好的和最有效寻求商机的途径。如果说选择股票的"望诊"是看大势、看未来，那么，此时的"闻诊"可谓是实地考察与体验。即在大势的评估下，分析总结最近市场的一些反应，比如说股票基金收益与大盘涨跌的比较，各类基金产品哪种更热销。但是，有点不同的是，要时刻谨记"别人贪婪时恐惧，别人恐惧时贪婪"的投资哲学。即在"闻诊"后，投资决策与行为可尝试逆向思维方式，不轻易"随波逐流"。

问：就是要多问。反问自己，多问同行与专家，寻找市场机会与其他市场投资者的致命弱点。问要带着疑问去问，要学会假设条件，学会假设条件改变。问是对思考正确与否的再判断的过程，其目的是通过与相关的人员的沟通找到市场上共性的东西、市场上不同的东西和市场存在的机会。在问中要关注环节、关键，从而发现疑点与商机。例如，在投资基金时，普通投资者不能不关注该基金所依托的基金公司、投资管理团队的实力及该基金公司旗下其他类产品的表现等要素，综合评定之后，选出几只比较理想的产品。

切：就是要把握市场经济运行的宏观与微观因素，采用一定的分析方法了解市场利诱的真实性、客观性与可行性。对于股票投资者来讲，投资目标可看出市场投资者选择某一资产未来投资的大致方向，也可看出其资产配置策略是否与国家宏观经济及发展战略相匹配，能否很好地分享国家宏观经济的快速上涨所带来的投资收益。至于投资策略及风险收益特征，市场投资者更应综合分析。选择一只与自己风险偏好相符的产品，为产品"把脉"自然成为市场投资者做出购买决策的必经之路。理财专家指出，市场产品的"切脉"要从投资目标、投资策略、风险收益特征三大要素入手。

　　总体来讲，望闻问切是商之纲领。市场投资者一定要牢记望闻问切；同时，还要从单一性因素分析、综合性因素分析与验证性因素分析入手，切实把握市场行情，做到不打无准备之仗。

第六章

波浪理论：股市博弈离不开人气的消长

股市存在波段理论。2000 年，著名经济学家罗伯特·希勒在《非理性繁荣》一书中指出："庄家应当牢记，股市定价并未形成一门完美的科学。" 2013 年，瑞典皇家科学院在授予罗伯特·希勒等人该年度诺贝尔经济学奖时指出：几乎没什么方法能够准确预测未来几天或几周股市、债市的走向，但也许可以通过研究对三年以上的价格进行预测。

本章导读

第一节
资金助澜：波浪理论的起源与实质

20 世纪 30 年代，美国证券分析家拉尔夫·纳尔逊·艾略特提出了一套相关的市场分析理论，精炼出市场的 N 种形态或波浪。在市场上，这些形态重复出现，但是出现的时间间隔及幅度大小并不一定具有再现性。而后，艾略特又发现了这些呈结构性形态之图形可以连接起来形成同样形态的更大图形，用来解释市场的行为，并特别强调波动原理的预测价值。这就是波浪理论的起源。波浪理论认为市场走势不断重复一种模式，每一周期由 5 个上升浪和 3 个下跌浪组成。这个理论的前提是：股票价格随主趋势而行时，依 5 波的顺序波动；逆主趋势而行时，则依 3 波的顺序波动。但无论趋势的规模如何，每一周期由 8 个波浪构成这一点是不变的。波浪理论还认为，不管是多头市场还是空头市场，每个完整循环都会有几个波段。多头市场的一个循环中前五个波段是推动的，后三个波段则是调整的。而前五个波段中，第一波段、第三波段、第五波段，即奇数波段是推动上升的；第二波段、第四波段，即偶数波段属于调整下跌。无论多头市场还是空头市场，第三波段可能是最长的，即上升时升幅最大，下降时跌幅也最大。

艾略特的波浪理论的精华可归纳为以下几点。

1. 一个完整的循环包括 8 个波浪，五上三落。调整浪通常以 3 个浪的形态运行。

2. 第一波浪、第三波浪、第五波浪 3 个波浪中，第三浪不可以是最短的一个波浪。

3. 假如三个推动浪中的任何一个浪成为延伸浪，其余两个波浪的运行时间及幅度会趋一致。

4. 黄金分割率理论是波浪理论的数据基础。重点验证在回吐比率。

5. 第四浪的底不可以低于第一浪的顶。

6. 艾略特的波浪理论主要反映趋众心理。参与人越多的市场，其准确性越高。

7. 时间的长短不会改变波浪的形态，因为市场仍会依照其基本形态发展。波浪可以拉长，也可以缩细，但其基本形态永恒不变。

波段是什么造成的，要回答这个问题，得先看浪是如何形成的。

后浪推前浪，前浪拍在沙滩上。后浪有能量要释放，就要往前挤，前浪能量不挤了，就往后撤，两股力量就形成了上下两层，上层一般是推高的力量，下层一般是撤回的力量。推高的力量巨大，大家能够看得到；而撤回的力量十分有限，也十分地隐蔽，站在沙滩上的人几乎看不到。但是，涌上来多少水，最后还是要撤回多少，沙滩上一点也留不下，所有的水最终都要撤回到海里。撤回有时候还要借推的力量，推动也要借助撤回的力量。以暗流涌动这个十分有意思的成语来说明十分恰当。自然，撤回的力量被推的力量卷入上层，被继续往前推就形成了浪峰；有时候，推的力量也会被撤回的力量影响，而突然被卷跌入下层，被迫并入撤回的力量，这样就形成了浪谷。浪峰和浪谷是两股力量叠加的结果。但总的规律是哪里来的水回到哪里去。水是流动的，而容纳水的地方是相对不变的。

波浪的生成在股市也可以很直观地体现。推动股票上涨的能量自然是资金。所以，资金也称为流水。资金如果不流动，企业就不会有活力，也不可能做到钱生钱。所以，资金是要想办法让它流动起来的。流动资金是产生利润的源泉。资金流动能够让万物生辉，能令众人兴奋。一般的公司都喜欢用流动的水景来作为大堂或门前广场的景观，道理就在这里。

市场繁荣，靠的是什么，当然还是资金，是消费者强烈的购买欲望转化为现实的消费量的行为所致。

在股市中，成交量是资金进出的最直观表现。通过成交量可以看出资金流动的方向与多少。

资金从那里来，当然是众人拾柴火焰高。红盘是需要大量资金涌入的。绿盘自然是资金动能不够的结果。

任何投资或经济行为都符合这样一个规律——五波段理论。

第一浪在整个波浪循环开始后。一般来说，市场上大多数投资者并不会马上就意识到上升波段已经开始。所以，在实际走势中，大约半数以上的第一浪属于修筑底部形态的一部分。

由于第一浪的走出一般产生于空头市场后的末期，所以，市场上的空头气氛以及习惯于空头市场操作的手法未变。因此，跟随着属于筑底一类的第一浪而出现的第二浪的下调幅度，通常都较大。

通常，第二浪在实际走势中调整幅度较大，而且还具有较大的杀伤力，这主要是因为大家常常误以为熊市尚未结束。第二浪的特点是成交量逐渐萎缩、波动幅度渐渐变窄，反映出抛盘压力逐渐衰竭，出现传统图形中的转向形态，例如常见的双底等。

第三浪在绝大多数走势中属于主升段的一大浪。因此，第三浪属于最具有爆炸性的一浪。它的最主要的特点是：第三浪的运行时间通常会是整个循环浪中的最长一浪，其上升的空间和幅度亦常常最大。

第三浪的运行轨迹大多数都会发展成为一涨再涨的延升浪。在成交量方面，成交量急剧放大，体现出具有上升潜力的量能；在图形上，常常会以势不可挡的跳空缺口向上突破，给人一种突破向上的强烈信号。

第四浪从形态的结构来看，经常是以三角形的调整形态运行。第四浪的运行结束点一般都较难预见。同时，投资者应记住：第四浪的浪底不允许低于第一浪的浪顶。

在股市中，第五浪是三大推动浪之一，但其涨幅在大多数情况下比第三浪小。第五浪的特点是市场人气较为高涨，往往乐观情绪充斥整个市场。从其完成的形态和幅度来看，经常会以失败的形态而告终。在第五上升浪的运行中，二、三线股会普遍上升，常常会出现升幅极其可观的情形。

A 浪在上升循环中，浪的调整是紧随着第五浪而产生的，所以，市场上大多数人士会认为市势仍未逆转，毫无防备之心，只看作为一个短暂的调整。A 浪的调整形态通常以两种形式出现，平坦型形态与三字形形态，它与 B 浪经常以交叉形式进行形态交换。

B 浪的上升常常会作为多方的"单相思"，升势较为情绪化。这主要是市场上大多数人仍未从牛市冲天的市道中醒悟过来，还以为上一个上升尚未结束，在图表上常常出现牛市陷阱；从成交量上看，成交稀疏，出现明显的量、价背离现象，上升量能已接济不上。

紧随着 B 浪而后的是 C 浪，由于 B 浪的完成顿使许多市场人士醒悟：一轮多头行情已经结束，期望继续上涨的希望彻底破灭。所以，大盘开始全面下跌，从性质上看，其破坏力较强。

第二节
股市的波浪总会远离沙滩

要理解波浪理论，得知道投资的人与人之间的关系。在自然界，任何物种要生存，都要特定的生物圈作支撑，人的投资行为也不例外。

一般来讲，投资行为的主体可分为四种人：第一是发起人（或者称为庄家），其次是关系人（也称合作人），再者是相关人（也称为圈内人），最后是圈外人（也称散户）。四种人呈金字塔形依次排列。

投资的第一波往往是由庄家有选择地发起。如果庄家资金有限，就只能低价吸入，对大盘影响不大，这样的投放相对风险较小。

庄家要想赚钱，要得让买进的东西（例如股票）升值，他就要挖空心思地说服合作人，通过战略合作协议或分成方式、保本盈利方式促使合作人加入，鼓动合作人加入是庄家日思夜想的事。

第二波由庄家与合作人启动，因此呈现量、价齐升的态势，价格抬升的十分显著。

第二波可起到很好的示范作用，因为推高的价格让庄家获得了一定的利益，对合作人与圈内人都形成了示范作用。跟进的人就会多起来。这是一传十的结果。所以，庄家"赚钱了"的信息要通过各种渠道传出去。

有真像，有数据，有业绩，这是传媒的功劳，是信息传播的结果，是广告效应的收获。所以，庄家多穿品牌衣服，庄家多开豪车，庄家多高档消费，庄家要让他人看出自己赚了大钱，很好地改善了生活。让周围的人开始眼红，让粉丝大增。这时的庄家千万不能出现官司或负面的新闻效应。

有成就的庄家都十分注重信息与广告传媒的重要性。注重宣传与包装自己或自己所创办的公司。

第三波由庄家、合作人与圈内人共同发动形成。这是一波大的行情，资金比较雄厚，常出现涨停板。这是十传百的结果。

第三波的示范作用远强于第二波。因为庄家开始给合作人利益，让合作人也成了大款；带动合作人、圈内人实施社会活动，带动合作人、圈内人吃喝玩乐，带动合作人、圈内人宣传演讲，目的很简单，让受众相信：跟着庄家有钱赚。合作人也拼命地为庄家效劳，起到了较好的扩散与大众的渗透作用。庄家的知名度因此而大增，庄家的诚信与人品受到了广泛的传播。庄家也开始专注于社会影响力及对公众的感召力。

第四波由庄家、合作人、圈内人、圈外人发展形成。

庄家找合作人是有选择的，当然是选择有较大实力的人作为合作人。经过考量与评估，圈内人也是有限的。而圈外人往往不是庄家所关注的人，也不是合作人所关注的，自然调动的资金量是有限的，但人数众多。圈外人进入，得让他们能够尝到甜头，不能让他们有任何顾忌。因此，在特定时期，要给散户（圈外人）适当的利益。在尝到甜头的过程中，圈外人失去了警惕。最后，还要让圈外人没有逃生的机会，找不到逃生的活路。这样，庄家就要采取多变战术，让散户将一切都认为是自然的，大涨大跌也是这样的。会出现时而大阴时而大阳的情况，因为庄家与合作人考虑出货问题了，但也不能十分地明显，要有一个示范或试探的过程。注意：这是为了有效稳定散户的情绪，同时也找到一个流出资金的有效路径，给散户吃定心丸，让散户大胆地进入到圈内来。这是百传千的结果。

第五波是多、空双方搏杀的结果。

第五波的搏杀十分惨烈。因为有多少资金进来，最终就会有多少资金急于兑现而逃出去。刚进来的散户又不死心，还要组织一切可以调动的资金实施反扑。这是千传万的结果。

第五波最显著的特征是时间十分的短暂，一般不会超过第四波，甚至还要低于第三波。与第四波往往一同构成双顶模样，且下跌过程明显高于前波段。让很多散户毫无心理准备，出现亏损后而不愿意割肉回吐。就如被装进油瓶子的耗子：耗子吃饱了，逃不出去，只有吐出来，吐到比进来时还瘦弱了才能出得去。所以，第五波后是强势的打压，庄家要不惜血本往下打压，打压到自己能够开始建仓为止。这样一来，散户就心慌意乱了，被折腾得筋疲力尽，任其行为。

说的是五波，实质上是三轮较大的涨幅，两轮跌幅。这就验证了"一而再，再而三，事不过三"的哲理。

任何人都不可能重复犯三次以上的同等错误。也就是说，谎话说三遍，就没有人再相信了。这就是《狼来了》的故事。

试想：一个生活圈子要达到一万人是什么概念，相当百万人口的大城市。为什么这么说呢？因为有共同兴趣的人总是有限的，有相同价值观的人更有限。一个家庭按照三代同堂5人算，扩大5倍。任何消费市场或消费习惯，都有一个消费群体的划分问题。如果按照相同年龄段或职业段划分，按照5个层级算，又扩大了5倍。同样，受区域、接受教育的限制等因素影响，又扩大了4倍。这样算来，基本上就放大到了100倍。也就是说，通过四级传递，就达到百万人受到影响的行为了。

所以，一个人在一个城市靠个人的力量能够同时影响一百人是相当不容易的。同一经济行为能够影响到一个百万人口的大城市的每一个人，这几乎是不可能的，有点痴人说梦话了。

行为经济学家根据数学几何级放大原理研究表明：一个人最多能够感动十个人，鼓动一百人，带动一千人，发动一万人。这几乎就影响到一个一百万人口的大城市的每一个角落、每一个家庭了。继续下去，就无法再扩展了。所以，进入任何市场、进行任何投资行为，你要分析一下：目前处于什么发展阶段。不要做第四层级的人，不要做指望在第五波段赚钱的人。第五波是逃命段，是挤兑段。这主要是受资源的限制。所以，任何投资扩产行为，只能达到三级扩充就应打住了，不可能再往下发展了。如果想从三级达到四级那就相当困难，达到五级以上几乎就不可能了——等同于痴人说梦话。

第一波属于独狼行为，资金十分地有限，量能也有限。操盘较为隐蔽。

第二波属于有组织的行为，操盘较为流畅。合作人中有严格的分工与组织结构。资金的调动十分有节奏，属于有计划的流动。

第三波资金不仅雄厚，且来势凶猛。庄家的计划有时会被散户的冲动打乱，大庄家会与小庄家产生分歧，有时还会出现较大庄家的对赌，出现多变与零乱的操盘行为。

第四波资金超雄厚，可说是势不可挡，甚至超过了庄家的预期，但庄家与合作人已拟定出了资金的抽逃计划，并开始试探性地反水，但行为异常诡异，让一般的散户找不着北。

第五波由于缺少后续资金的介入，散户的影响难以做到更纵深地发展，这主要是受客观因素的影响，而不是庄家和合作人主观上能够达到的事情了。

十传百、百传千时，有实力的人早已进入圈子，大量的散户持有有限的资金，而周围人的人早已事先被拉进去了，第五波的量能明显不如第三波、第四波来得顺利。这一阶段成交量却异常地大，而价格很难出现令人兴奋的行情。这是庄家与合作人开始了最后的撤退，而为了稳住圈内人、迷惑散户开始了战略与战术的应用。博弈性十分强烈。

庄家的操盘保证一百人能够获利，一千人保本或微赚，其他人都是要亏的。如果大家行为一致，可保证两百人盈利，两千人保本或微赚，其他人就要亏了。没有人亏，那就不会有人赚。赚谁的钱，赚散户与外围人的钱。

"后浪推前浪，前浪倒在沙滩上。"这是一切通过人头（指通过庞大的人口基数）拉动经济的市场模式的结果。股市的波浪也最终会远离沙滩。

第七章

空间当量：一块
未开发的处女地

作为操作股票多年的"资深人士"，我喜欢盯价格K线下方与成交量K线上方两者之间形成的空间大小与形状的特殊性。通过量价空间的当量化算法，辅之以空间的形状来分析判断庄家的操盘手法，并指导下一步的买卖行为。

本章导读

第一节
二八原则下三点注意事项

作为散户，要想通过技术指标的分析判断获利，就得把握股市的市场运行规律，结合预测学原理（如对称性理论等），分析最佳的入市、退市时机。按照"二八原则"，精明的散户不能够一年到头都在股市上拼搏，应当用 20% 的入市时间获得 80% 的利润。作为一名成熟的市场博弈者，要懂得 K 线博弈的奥秘，在熟悉一定技术指标后，还应掌握以下几点。

一是懂得股市 K 线运行的形段。如要懂得股市运行是处于乾道、坤道、否道与泰道。要不时地告诫自己在泰道进去，乾道持有，否道出场，坤道观望，而不能反其道而行之。要懂得泰道是股市的底部，底部是庄家吸筹的好时段，庄家在吸筹阶段往往手法多样，使得 K 线运行的形段比较难看。乾道是庄家拉升的阶段，要吸引散户的注意与参与，因此，K 线运行的形段比较好看。同样，否道是股市的顶部，顶部是庄家派筹的好时段，庄家在派筹阶段往往比较狡猾，因此，K 线的运行的形段让散户迷茫。可想而知，对于散户来讲，要懂得从时空中了解股市的底部、顶部与中继是多么的重要与关键。

二是要懂得个股 K 线趋势性运行中的突破与嬗变。股市的发展是循序渐进的，涨不可直线上升，跌不可能直线下降，但要通过支撑线与压力线弄清楚其总的发展趋势，在关键时点还要懂得突破与嬗变。

作为散户，在上升趋势中要学会持股，在下降趋势中要学会持币。炒股要懂得"顺势者昌、逆势者亡"的大道理。顺势就要学会忍耐得住庄家的打压，懂得庄家在顺势中的操盘伎俩，学会上涨中与庄家的持股思路一致，下降趋势中与庄家的出货思路一致。同时，要掌握好反弹的时机，保存实力。

三是要懂得通过技术指标与对称性原理做出合理的预判。几乎所有的 K 线技术指标都是过去的数据统计结果。对于 K 线博弈者来讲，就要有通过技术指标预判的能力。最实用的方法是要有对称性思想。所谓对称性思想，就是在 K 线博弈分析中，一定要在大脑有 K 线的对称性观念。以数据分析时点为沟，画出一条中心线，找到左边的最高点、最低点以及比较典型的拐点。再以中心线为对称，在大脑中构绘出右边的虚拟 K 线走势，预测右边图形的走势或发展趋势，并不断实践、不断修正，不断提高自己的预判能力。

股市技术指标的推出，就是给观盘人看的。在看盘的过程中，技术指标作为技术分析的一种重要手段，它不能保证成功，但能够对观盘人员有所帮助。道理很简单，任何人不能单一依靠技术指标获取暴利，因为庄家有对技术指标的操纵能力与手段。也就是说，很多好看的技术指标完全是被人为制造出来的，往往是庄家的美丽谎言。再者，技术指标只是过去式，而非将来式，也不是现在式。所以，不可能完全依靠技术指标预测股票价格的运行趋势。

第二节
量价空间：有效过滤庄家对倒的虚假成交量

对于一般的操盘手来讲，容易对自己所熟悉的技术指标产生认同感，从而形成错误的判断，这就要引起操盘手的警觉。那么，又该如何判断SEPV空间的形状呢？

SEPV技术，可划归形态分析的一种。我们不妨按照瑞典茨维基的形态分析法进行说明。

首先，我们应明确问题的根源所在，即价格K线空间与成交量K线空间之间的大小是否与股市的冷暖相关，空间分析是否能够成为指导操盘手买卖行为的信号刺激点。

第二，价格K线空间与成交量K线空间是否能够通过特定的合成技术，使之数据可视化或线性化或K线化，能够将两两相关或不相关的空间数据通过特定模型转化成可解读的K线形态图。

第三，生成的空间K线图是否能够通过特定的形态进行技术解读，给人以全新的价值判断理念。

第四，模式化的空间K线图中是否存在隐含的特殊市场意义。通过对隐含意义的解读，因果关系的探索，是否能更有效地把握股市的运行规律。这样一来，就为操盘手描绘出一幅清晰、简洁的市场博弈路径，找到新的盈利模式。

我通过长期的分析，认为量价空间图形符合上述四种情况。而且，通过技术指标的量化，形成的 SEPV 线能够作为定性分析股票价格趋势与逆转的依据，原因如下。

1. 能够用 SEPV 线描述个股的趋势运行。

2. 能够通过 SEPV 线发现重要趋势线的突破，而经过横向运动后会改变原有的方向。

3.SEPV 线会形成各种有参考价值的形状，这一形状可为预测个股的逆转、背离与做多、做空提供参考。

4.SEPV 线形成的底部与顶部能够判断个股的底部或顶部的到来。形成的规模越大，随之而来的市场运动也越大。形成的规模，通常的是指横向的时间，如果时间很短，那其可靠性的时效就比较短。也就是说，得到市场的验证时间比较短，说服力不够。如果规模比较大，横向的时间比较长，形成的形态对将来的判断及说服力更加强烈一些。

5. 顶部形态所经历的时间通常短于底部形态，一个主力在建仓过程中可能会经历很长的时间，半年，一年，甚至几年的时间。所以说，底部形态的跨度要远远的大于顶部形态。在顶部来临以后，由于大量的投资者涌入股市，主力出货就显得比较容易。因为大量的投资者进入股市的目的就是买股票，他们去买股票的时候，也正是行情涨的比较好的时候。这个时候，其实恰恰就是主力出货的时候。在这个时间段，那就是在头部的形态的时间上，跨度要小一些，但价格的波动通常较强。

6. 量价空间当量指标在验证向上突破信号时有重大意义，如同成交量验证跟随股票价格趋势一样。因为价格要上涨，所以量要配合；如果价格进入下跌趋势，就不需要量的配合。关键点是个股的运行过程中，庄家会通过对倒让成交量放大，使得量价关系发生了质的变化。无论个股运行到哪一步，我们也不能只关注量。即使量价配合得再好，这个形态也极有可能是庄家刻意运作的产物，散户按此分析就会遭遇失败。但是，研究量价的时候，可把单一的量放在一个次要的位置，这是因为量价空间难以造假。如果成交量增加，价格没有按照正常的量价关系得到提升时，量价空间就会体现出来，给投资者以全新的看盘方式、方法或借鉴。

由于成交量的欺骗性很大，庄家随时会通过对倒形成非真实的成交量。这样一来，散户就会迷糊。但是，我们通过量价空间分析，就可以有效过滤庄家对倒的虚假成交量。

第三节
度量转换：量价时空K线的市场含意

众所周知，成交量是指一个时间单位内某项交易成交的数量。一般情况下，成交量的大小反映市场供需的冷暖。一般而言，成交量大且因成交量推动价格上涨的股票，趋势向好。成交量持续低迷时，一般出现在熊市或股市整理阶段，市场交易不活跃。成交量是判断股票走势的重要依据，对散户分析主力行为提供了重要的依据。而目前市场上流行的K线技术指标，无不都是单一的价格与成交量的线型关系，或波动大小，或涨跌趋势，或能量起落，而我所描述的量价空间指标是价格与成交量的二维度量，属于标准的当量指标。是在同一个技术指标体系，同时对价格与成交量的综合考量。

不怕做不到，就怕想不到。我经常利用价格K线与成交量K线之间所形成的空白空间来预判后市，这一奇特的对市场的分析与后市的研判方法简单可行，准确率高，能够通过量价空间及时掌握或识别庄家操盘的伎俩与对倒的手法。该指标就是如何利用大数据计算出价格与成交量之间形成的空间大小，并以此来分析市场行为和市场后期走势。

有人要问，股票价格的单位是元，成交量的单位是股或手。显然，元与股不是同一类型的计量单位，不具有共同的属性，因此，很难在同一坐标系内同时反映两种不同坐标体系的数据，更别说同一公式下进行加减的数据处理了。世上无难事，只要肯登攀。我通过模型分析与大数据处理，引用当量原理，将股市运行的量价空间转换成了可度量的数据。即以价格为主计量单位，将成交量巧妙地转换成相适应的价格当量。再通过价格与成交量当量权重的合理设置，使得量价空间形成的当量大数据分析合理，能够对操盘手有较好的指导作用，且能够极大地提高趋势分析和提前预判的准确性。因为这一技术指标可以有效地过滤庄家通过股票账户对倒对技术指标的干预，从而能有效克服单一线形技术指标的欺骗性或可操作性的不足。

一般来讲，成交量的大小能够说明个股的活跃程度与股民对当前股票价格的认可程度。个股被激活的实质是有人愿意用真金白银从股市买入并持有，自然成交量开始增大。成交量增大，自然对股票价格有向上的推动作用。特别是当一只个股处于底部蛰伏期时，其市场表现不活跃，说明没有人愿意用真金白银买入并持有，最显著的特征就是成交量低迷。而成交量的大小，反映在操盘手眼前的是价格K线与成交量K线之间空间空白的大小。这一空间大小对操盘手的视觉冲击力与对人的心理影响强于K线本身。

一只股票，买的人多了，价格自然上升，供求关系也自然发生了变化，而价格的上升必然导致前期获利盘与解套盘的增多。这样一来，卖盘也会多起来，出现多、空分歧加大的局面。相应地，股票价格的进一步上升需要有较大资金量的支持，成交量的活跃正是对股票价格因外来资金涌入的客观反映。多、空双方对股票价格的认可程度分歧越大，成交量也就越大。多、空双方对股票价格产生较大分歧的体现就是股票价格难以有较大涨幅，也不会很快跌下来，只能在一定的价格区间作箱体的位置应该是在盘整区域的箱体顶部。顶部能否上移，对于评判股票价格的突破有较重要的分析意义。而从量价空间角度来看，成交量增加，空间减少，而价格理应上升，空间要增加，总体的空间量应增加，而不是显著缩小。如果价格空间不配合，说明庄家有意打压股票价格，使得空间给人以上下挤压的感觉，体现庄家操盘手行为的怪异或手法的多样。也就是说，庄家与散户之间的博弈，从量价空间中能够活灵活现地得到较好反映。再者，成交量的活跃还与个股突破后的爆发力度有关，表明市场的内在强度。成交量越大，说明参与的散户越多，或庄家对倒的可能越大。一旦市场向某个方向突破，原来巨大的多、空分歧因一方的胜利使市场产生一边倒的局面，迫使另一方返身加入，这种合力足以使市场产生巨大的波澜。而在量价空间上，必然会形成量价空间的突然增大，即价格上升而成交量反而降低，使得量价空间陡增。而前期的高成交量不排除庄家参与其中的对倒，目的也无非是吸引更多散户加入进来。这样一来，无形中在量价空间上暴露了庄家参与其中的影子。

　　庄家的操盘手会利用护盘资金介入个股，虽然增加了持仓的成本，但为了提振股市，至少要通过手中的整个筹码对倒三至五次以上，可说是翻江倒海、折腾不休。这一特性使得庄家不可能在控盘后仍维护长时间的在低位盘整，而超高的成交量使得量价空间被人为的能量压缩到最小值，正是对该状况及时的捕捉。在量价空间被打开的时候，就能初步估计庄家操盘手是否选择进入突破拉升的临界状态。

　　在量价空间分析模型中，可认为主力介入时成交量相对活跃，但价格又不能很好地突破，而且当庄家进入控盘阶段后，庄家就会难以容忍其他散户投资者跟庄，打破长时间在其成本区域通过对倒来维持股票价格基本持平的操作手法，会迅速拉高股票价格，这就会产生第一波的上升行情，即性质上为脱离成本区的行情。这就是量价空间从收窄到放大的过程，期间最主要的特征是距离长期底部区域不远，即前面所论述的低位盘整。而一旦脱离成本区域后，股票价格还会产生中级调整。这时的调整可能以横盘为主，而最终的结果是在经过中级盘整后股票价格继续向上，即整体走势呈现 Z 字形或躺 8 字形态。

第四节
量价空间：庄家操盘手法的最直观体现

一般来讲，量在价先行。正是根据这一股市规律，庄家通过做量来让散户形成认同感。如何通过正常的量价关系洞察成交量的变化并掌握其规律，是成交量的技术分析中非常重要的一环，这样才能对个股的买卖点把握到恰到好处。

一、量价空间当量的实质

量价空间当量理论应属于空间形态理论的一种高级模式。通过观察股票价格 K 线空间与成交量 K 线空间所组成的合成空间，能够通过上下的曲线、空间的大小及空间的各种形态来综合分析个股后市运行方向和发展趋势。

量价空间分为四种基本空间形态，其空间的数理合成当量指标也分不同种类，能够体现个股的上涨、反转、下跌、盘整。既可有其他单一指标的判市原理，也有其独特的方式、方法。

个股的量价空间形态分析具有很大的实用价值，一个特殊量价空间形态的形成并不是偶然的、随机的，它是多、空双方较量的结果，反映了多、空力量的此消彼长。透过空间形态的表面掌握多、空争斗的最原始最根本的东西是了解量价空间形态形成的本质。技术分析的本质是研究多、空力量对比，量价空间的形态恰恰是多、空力量对比的最直观的体现，也最能体现散户与庄家博弈的思路所在。通过研究量（成交量）、价（价格）、时（股票价格运行的时间）、空（股票价格与成交量运行的上下幅度空间）的分布，就能掌握庄家和散户真实交易的心理动机，庄家的单子可以化整为零，散户的单子也可以聚少成多。

股市的不同阶段就如同上山下山，对于散户来讲，就如同登山者日复一日不断重复着昨天的故事，一个上下来回所走过的路程必将经历量价空间的转换过程。无论是历经牛市，还是熊市，散户与庄家所博弈的路径，都将形成不同的量价空间形态。看量价空间与 SEPV 线能够认识庄家，判断其处于哪一个阶段后再采取不同的对策。

量价空间当量技术指标在形成和发展过程中都有庄家资金运作与动作的痕迹。有行情的量价空间的形成必须由大的成交量配合才能完成对价格的推涨，必然有庄家的推手才能铸就。不然，数据都是虚假的。量价空间是反映庄家操盘的心路历程，它永远不只是结果，而是洞察其下步行为的蛛丝马迹。量价空间必然要结合量价空间当量，必须结合趋势，才能发挥它的效用，凭空间就断章取义也是错误的。没有绝对的技术分析，只有绝对的市场与博弈。

总体来讲，量价关系有量价齐升、量价齐跌或量价背离 3 种情况。

当价格上升时，形成量价空间变大；当成交量放大时，空间变小。

当价格下降时，形成量价空间变小；当成交量下降时，空间变大。

空间显著变大，自然是价格上升，成交量下降。说明有人捂股，预期股票价格会上涨。

空间变小，自然是价格下降，成交量放大，说明有人抛售，预期股票价格会下跌。

如果价格上涨，庄家应惜售。但是，成交量上升时，反而空间收窄，说明有庄家通过价格上涨在派筹。当价格下跌，成交量下跌时，空间同样收窄，说明散户和庄家都惜售，说明后市向好，但要等待时机。

二、量价空间的几种形态

（一）空间收窄

量价空间在底部收窄，一般源于股票价格下跌，成交量放大，这是庄家低位收集筹码形成的。股票价格下跌，向下跌破价格正常形态、趋势线、移动平均线，同时出现大成交量，体现量价背离的关系。而经历了深幅下跌后的巨量一般多为空方力量的最后一次集中释放，后市继续深跌的可能性很小，反弹或反转的时机近在眼前。

如果股市整体下跌，而个股逆势放量，在市场一片喊空声之时放量上攻，造成十分醒目的效果，这一般是股票价格深幅下跌的反映，强调后期趋势的反转。从 SEPV 线特征来看，应是向下的斜线，角度的大小反映庄家打压的力度。斜线与纵坐标间的夹角越小，说明庄家打压的决心越大。庄家打压的目的就是用较低的价格收集筹码。

（二）空间敞口

空间敞口一般发生在顶部，具有较好的市场研判意义。一般情况下，股票价格经历了较长时间的上涨过程后放巨量，通常表明多、空分歧加大，有实力资金开始派发，后市继续上涨将面临一定困难。这类个股往往持续时间不长，随后反而加速下跌。具体表现就是价格急升，而成交量反而缩小，使得量价空间敞口。成交量减少主要是散户出现了畏高情绪，使得主动性买盘减少。这时，庄家在高位一般在卖盘有足够的挂盘，高位庄家也不敢贸然对倒，这时买进后，以后就很难再卖出了。从

SEPV 线特征来看，应是向上的斜线，角度的大小反映庄家提升的力度。由于没有较大成交量的配合，价格会出现滞涨，因此，SEPV 线会缓缓回落，选择向下。从 SEPV 线会选择向下斜行来看，说明庄家做空力量十分强大，特别是尾盘，会不惜抛售，拉出大的上下影线。这主要是庄家还想通过尾盘来做好一些技术指标，迷糊散户。

（三）空间抬升

按照一般的量价趋势理论，价格随成交量的递增而上涨。也就是说，市场行情的正常特性是量、价齐升，此种量增价涨的关系表示股票价格将继续上升。这个阶段一般体现在庄家吸筹脱离底部后，使得股票价格的上升进入正常的趋势。量、价的同行向上趋势反映在 SEPV 线上，不可能如价格线或成交量无限大角度的向上或向下的走势。SEPV 线应是微微陡起的平行线。也就是说，SEPV 线的平缓向前是最好也是最真实的量价关系。

（四）空间下延

股票价格随着缓慢递增的成交量而逐渐上涨。渐渐的走势突然成为垂直上升的爆发行情，成交量急剧增加，股票价格暴涨。紧接着，成交量大幅萎缩，股票价格急剧下跌，表示涨势已到末期，有转势可能。体现在量价空间上，犹如从山上向山坡铺设的管道一样，出现向下延伸的形状。从 SEPV 线特征来分析，SEPV 线出现平缓，突然向上跷起，说明庄家已停止对倒，开始借利好向外派货。成交量萎缩是因为恐高的散户也不再投入，庄家也不再对倒。成交量萎缩不是因为底部卖家无货可出，是买家持币不持股造成的。

（五）空间平伸

空间平伸指价格与成交量之间形成的空间，一般在底部或在盘整阶段出现。在盘整阶段，由于价格处于相对的箱体运行阶段，成交量也时大时小。个股的成交量在前期持续低迷之后，出现底部连续温和放量形态，一般可以证明有实力资金在介入。从 SEPV 线特征来分析，SEPV 线在温和放量阶段会出现微微向下、微微向上或平行的走势，有点像蛇行一样，这并不意味着散户就可以马上介入。个股在底部出现温和放量之后，股票价格会随量上升。量缩时，股票价格会适度调整。当持续一段时间后，股票价格的上涨趋势会逐步加快。只有当 SEPV 线选择大角度向上时，散户才可选择进入。大角度向上说明价格提升快，而成交量并不放大很多，说明散户、庄家都认可行情即将启动，因此出现了惜售现象，个股不涨才怪。

（六）空间零乱

有时，在量价关系上，庄家的行为举止难以正常解读，出现的量价空间时大时小，时而向上，时而向下。反映在 SEPV 线上，会出现 Z 字、倒 8 字或圆弧底、石拱桥形等特殊形态，往往表明该股后市将出现较大上涨机会或下跌机会——这要视股票价格是处于上升阶段，还是处于下跌阶段。出现量价空间的零乱，一般是庄家内心的矛盾时期或资金的筹措阶段，或有意通过对倒、打压来折腾散户，让不坚定的散户交出手中的筹码，从而减少下一步的拉升成本。

第 八 章
基本原理：股市博弈的窍门

对于任何一门学问，想有所成就，就必然先掌握其技术的基本原理，这样才能避免走弯路，也避免迷失方向。在本章里，我将通过易理原理，结合股市的量价空间分析总结出一些较为独到、适用的看盘方式、方法，一定会对读者有所益处，特别是对中小投资者的操盘会起到较好的指导作用。

本章导读

第一节
乾坤腾挪：K线博弈全信息图

为进一步理解量价空间理论，我通过研究，总结出了一套股市K线博弈的全信息图（如图8-1所示），让中小投资者通过盘中分析，全盘掌握庄家操盘手法。

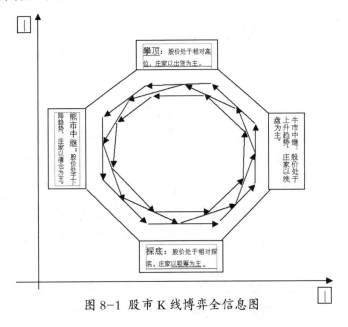

攀顶：股价处于相对高位，庄家以出货为主。

熊市中继：股价处于下降趋势，庄家以清仓为主。

牛市中继：股价处于上升趋势，庄家以洗盘为主。

探底：股价处于相对探底，庄家以吸筹为主。

图8-1 股市K线博弈全信息图

图 8-1 内以箭头线段所形成的多层八卦为股票价格与成交量的关系。路径根据庄家的操盘习惯不同，可以任意组合。当箭头在另一箭头的中间时可以选择从中间开始，也可以从另一箭头的起点开始。这样的组合体现了庄家操盘的多样性风格。通过图 8-1，读者可以完全掌握庄家操盘的时机、手法及仓位的增减过程。

对于初入股市的散户来讲，必须掌握股市的基本原理，而人的悟性是至关重要的。因此，要有所作为，就必须培养悟性，懂得股市的基本规则和运行规律。

要懂得股市博弈的基本原理，就必须掌握相关的"阶段原理、回归原理、趋势原理、嬗变原理及量价时空原理"。

阶段原理就是要懂得股市的运行是有规律的。买卖股票要掌握其运行的规律，懂得进入或离开股市的适当时机。时机选准了，就等于成功的开始；否则，一定要亏本的。

回归原理就是要懂得股市的运行是有周期性的。股票价格达到一个高位后终归要回归到市场低位，而不可能由庄家拉升到无限价位。同时，任一上升趋势时的买卖密集区也是其下降过程中的买卖密集区，任一股票价格的上升都要受某一平均交易价位的吸引。股市的运行也符合牛顿的"万有引力定律"。通俗地说，就是：股票的价格与成交量的密集程度与投资者的心理影响成正向关系，与股票价格在这一区域的影响时间成正向关系。这样一来，就产生了控制股票价格运行的"支撑"与"压力"。如果要突破"支撑"与"压力"，除非强加给它更大的资金推动力或者在这一价位附近抽出了很多资金，从而就可改变股票价格原先的趋势或惯性。

趋势原理主要是懂得股市的运行总是在某一相对平稳的区域保持一段时间，维持其正常的运行轨迹，如上升趋势、下降趋势和盘整趋势。

趋势原理实质上是符合牛顿的惯性定律的，任何股票的价格运动总是都保持着它向前运行的趋势。这一惯性的改变前提：除非是外来资金的增加或向外抽出资金，从而会改变原先的价格运行趋势。

嬗变原理就是要懂得股市的运行有时会受庄家的刻意炒作或市场经济运行的突然影响，或者股市管理者对股市运行规则的修订改变了股市运行的现有趋势，从而使股市运行的规律发生了质的变化。或者说股市运行从一个阶段过渡到了另一阶段。这就如运行中的物体给了它一个相反的力，嬗变就是资金的运动选择了相反的方向。

量价时空原理就是要懂得股市的量价在运行过程中，给人以时空的感觉，就是价格 K 线与成交量 K 线之间形成了一个空间，博弈者要能够从该空间的大小中把握股市的运行方向或运动的轨迹。实质上，该空间的大小也会影响操盘手的心境：空间小，心理压抑；空间大，心情开阔。这就是股市空间心理学的应用。股市空间心理学是我研究股市多年以来，分析出操盘手心理与量价空间相互影响的独创理论。

第二节
阶段原理：选择进入股市的最佳时机

阶段原理主要包括时段原理与形段原理两部分。

一、时段原理

时段原理就是要求股票投资者掌握进出股市的时点。

首先，要懂得股市运行是呈现周期性的。其周期性与国家宏观政策性相适应，同时受国际金融及国际市场大环境的影响。

第二，要懂得股市具有相关性。即股市的运行不是孤立的，它与市场环境相适应。例如，股市和汇市、楼市、期货市场、金融市场及社会流通货币充足度有关。

第三，股市的周期性同经济运行规律相适应，同样具有"复苏、上升、衰退与萧条"四个环节。这也是我们命名为"探底、牛市中继、攀顶与熊市中继"的四个阶段。"探底"与"牛市中继"是股市处于牛市阶段，"攀顶"与"熊市中继"是股市处于熊市阶段。这里，需要说明的是为什么将探底归入牛市，将攀顶与熊市中继并列。因为按照易理理论，强极发衰，衰极发强。探底往往酝酿着牛市的到来，攀顶则预兆着熊市的开始。

这就是量价空间原理的基本本质所在。目的也是提醒投资者在赚钱效应十分显著时，一定要有风险意识；在投资失败时，也不要灰心丧气。

第四，要懂得股市涨跌时点的敏感性。股市的涨跌是股民进出资金推动的结果，而股民进出股市还受交易习惯与大众心理影响，往往使之出现了一些神秘的时点数。股市运行到这一时点，股民的操作习惯可能会受到影响，甚至不自觉地改变或强化与时点数趋众的操作手法，反而又应验了神秘的时点数。

第五，股票投资者要懂得利用时点数掌握股市的周期性，尤其是散户的操盘行为不能与股市的总体运行规律相违背。否则，就只能望股兴叹了。

二、形段原理

形段原理就是要求股票投资者看懂股市的日、周、月 K 线图，并辅之以熟悉的技术指标，通过量价特征解读，能够分析、预测股市下步可能的运行方向，从而决定进出股市的时机。

首先，要懂得股市大盘及个股的日、周、月 K 线图能够反映出其基本的运行规律，投资者要通过与上一运行周期的高点、低点相比较判断、分析出目前股市运行的形段。

第二，股市 K 线形段，按照易理原理，我经过潜心研究发现，股市在牛市阶段，庄家占据乾道（牛市中继过程），乾卦主要分为上升期"潜龙、见龙、厉龙、跃龙、飞龙和亢龙"六个区间。同样，根据回归原理，股市市场处于熊市，庄家占据坤道（熊市中继过程），坤卦主要分为下降期"—亢龙、—飞龙、—跃龙、—厉龙、—见龙、—潜龙"六个区间。熊市中继的六个阶段实质上为乾卦镜像的六个区间。为便于分析，我们以后把熊市中继的六个区间称为"龙亢、龙飞、龙跃、龙厉、龙见、龙潜"。

　　第三，要懂得在股市运行的不同形段具有不同的操作手法；同时，
操盘手要结合时段原理，出作最佳的操作策略。

　　第四，要根据不同的阶段和区间把握大盘，分析大盘。同时，操盘
手要结合个股运行情况，选择自己的操作战术。

　　图 8-2 是"股票价格四道十二段区位划分"，让读者能够更深层次
地懂得阶段原理，从中体会易经的真谛。

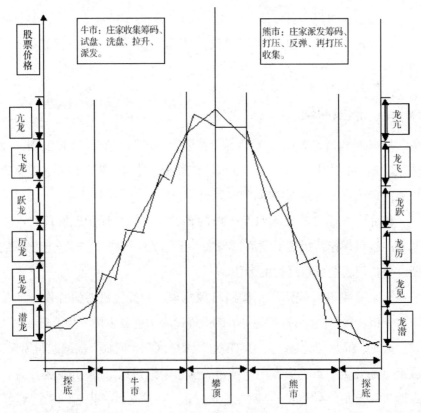

图 8-2 股票价格四道十二段区位划分

探底过程中，股票价格处于低位滞涨阶段，而成交量渐渐放大，或者是价格缓慢向上。从 K 线图上看，可以是 V 字底，也可以是 W 底，还可以是大括号（"{"）底（反转 90 度后的蝴蝶底），但总体是价格下降趋势减缓或停止而成交量开始放大的过程。在探底前期，会出现价跌量升的背离过程。在探底后期，会出现价涨量升的平行运行态势。一般来讲，庄家占据探底时，成交量不活跃，无论是价位，还是成交量都可能达到历史低点。而正是在某一历史低点的转折位，庄家开始建仓，开始收集筹码，为占据牛市中继积蓄能量。

牛市中继过程中，价格处于上升趋势，成交量开始降低或低迷，而价格开始拉升；或者是价格向上陡升，而成交量时大时小，但总体上呈滞升态势。在牛市中继前期，会出现价涨量升的平行运行态势。在牛市中继后期，会出现价涨量缩的背离运行态势。

攀顶过程中，价格处于高位滞涨阶段，成交量渐渐缩小；或者与价格出现背离，但成交量呈整体萎缩趋势。在攀顶前期，会出现价涨量缩的背离过程。在攀顶后期，会出现价跌量缩的平行运行态势。

熊市中继过程中，价格处于下降趋势，而成交量变化缓慢，甚至越来越少。在熊市中继前期，会出现价降量缩的平行运行态势。到熊市中继后期，会出现价跌量升的背离过程。

一般来讲，在股市的探底与攀顶过程中，散户要学会注重价值分析，通过换手率、市盈率、市净值率等指标进行个股的价格、价位分析，看其是否符合价值投资规律，多问自己进入股市的目的是什么，股市的股票在这一价位"值"与"不值"，从而在探底、攀顶选择时机，把握个股，进退自如。

在牛市中继与熊市中继，散户要学会趋势分析，要加强量价关系、K线趋势角度、K 线形态的分析；同时，要多研究宏观政策，资金充裕程度与 K 线技术图形等是否维持股票价格目前的运行趋势，充分把握股票价格上涨与下跌的节奏、角度，在牛市中继、熊市中继选择持仓、增仓、减仓、清仓战术，从而稳妥获利。

第三节
弄懂量价空间与阶段理论是否适应

目前，投资者运用比较多的技术指标基本可划分为趋势型、均线型、能量型、压力支撑型、超买超卖型及量价型等六种。如前所述，无论哪一种技术指标，都属单一性技术指标。也就是说，基本是对价格或成交量性能的单一性描述，还有一些技术开发人员研究出了一些图表型、形态型技术指标，但无不存在这样或那样的遗憾——不能克服庄家利用量价指标人为地对技术指标干预——如成交量的实量与虚量、真量与假量，以及通过对收盘价、开盘价、成交量的人为控制，形成了技术指标的虚假，从而误导散户按照庄家的意图采取行动，自然一个个落入庄家的虎口，成为庄家的"美味佳肴"。因此，我为有效揭示庄家的伎俩，研究了一项量价空间当量理论，能够有效过滤庄家人为的干预或操控。

量价空间当量理论的实质是掌握个股的量价配合，分析、识别量价配合带来的市场行情或及时跟踪判断市场的反转与突破，可以用来指导操盘手对个股头部、上升、下降及底部的正确判断与提前预断。也就是说，量价空间当量理论与阶段理论是不相矛盾的，有些地方具有一致性，相融性。

在股市中，如果大盘指数运行到一定高位，突然某一天放出天量后逐渐缩量，而股票价格并没有延续前期的运行方向，就是乾坤之分界岭。

庄家一般利用牛市占乾道（牛市中继），属阳多阴少，意为上升，成长、获益、红盘。

庄家一般利用熊市占坤道（熊市中继），属阴多阳少，意为下降，衰退、亏损、绿盘。

从全信息图上可以分析出庄家的仓位战术：当市场处于牛市中继（乾道），庄家以增仓为战术主线；当市场处于熊市中继（坤道），庄家以减仓为战术主线。

在"龙潜 — 潜龙 — 厉龙"区间，庄家以增仓为主；潜龙区间，可预示探底到来，表现出无量不跌。

在"厉龙 — 跃龙"区间，庄家以打压股票价格、对倒仓位为主，增仓量大于减仓量。

在"跃龙 — 飞龙"区间，庄家以增仓为主，个别减仓的目的是为了测试散户的持股信心。

在"亢龙 — 龙亢"区间，庄家以减仓为主，主要通过拉高出货，减仓量大于增仓量。

在龙亢区间，可预示攀顶到来。

在"龙亢 — 龙飞 — 龙跃"区间，庄家以减仓为主，偶有增仓，也是为了拉高股票价格，更好地出货。

在"龙跃 — 龙见 — 龙潜"区间，庄家以清仓为主。

"龙潜 — 潜龙"区间说明：离底不远，但探底的空间有限。潜入意味潜龙十分的疲惫，需要较长时间的休养生息。潜入意味卧底不动，必然有成交量的长期缩量表现，主要原因是缺少资金量的支撑。偶有成交量的放大，也是庄家偶尔为之，散户不可盲动。潜龙区间意味信息相对减少，利多信息正在酝酿。

"亢龙 — 龙亢"区间说明：离顶部不远，但顶部是让龙难以休养的高寒地带，因此回头是必然的，再向上就要离开散户这赖以生存的基础，自然无力向上了。回首需要在短时间内回到山下。回而不甘心，必然有成交量的放大。主要原因是庄家通过拉高吸引散户资金介入，自己再乘机出货，而山顶认同的散户越来越少，资金量自然受到限制，所以，价升量滞，价跌量也滞。不是庄家所为还会是谁呢？散户此时不走，还待何时？

一般来讲，个股的运行都遵循四个路径的运行规律，即乾道、坤道、泰道与否道。如前所述，牛市，庄家占据乾道（牛市中继过程），为上升期，上升期又可分为"潜龙、见龙、厉龙、跃龙、飞龙和亢龙"六个区间。熊市，庄家占据坤道（熊市中继过程），为下降期，分为"龙亢、龙飞、龙跃、龙厉、龙见、龙潜"六个区间，与对称性原理相一致。这样，又可根据不同区间划分到不同的阶段。

第一，庄家占据泰道：龙潜和潜龙可归为底部阶段。

第二，庄家占据乾道：见龙、厉龙、跃龙和飞龙可归为上升中继阶段。

第三，庄家占据否道：亢龙和龙亢可归为顶部阶段。

第四，庄家占据坤道：龙飞、龙跃、龙厉和龙见可归入下跌中继阶段。

这里，我还要警示散户投资者的是几句股市名言。

牛市中继涨不问理由，熊市中继跌不究缘由。

牛市中继，庄家放量对倒——实质为买；熊市中继放量对倒——实质为卖。

牛市中继跌无量，熊市中继涨无量。

第九章

量价空间：把握
股市不同阶段的运行规律

对于操盘手来讲，在 K 线博弈过程中，一定要懂得股市运行规律。在不同的运行阶段，其量价关系是不同的，一定要做到区别分析、判断。

本章导读

第一节
庄家占据泰道的量价空间分析与判断

股票价格在经过漫长的下跌过程后，庄家开始入驻建仓，使得价格逐渐止跌企稳，形成横向盘整格局。由于庄家在这一区域调动资金进行收集筹码，强大的买盘行为使股票价格表现得十分抗跌，图形上形成一个明显的平台或形箱底的形态，价格方向不够明确。这种方式往往时间较长，一两个月，半年，甚至更长。其间，股票价格起伏极度疲软，又没有明显的放量过程。但是，如果单纯横盘的话，将使市场中的抛盘迅速减少，不久就会出现没人抛售的现象。这时，庄家只能采用震荡的手法逐出部分意志不坚定的散户，成交量会略有活跃迹象，但由于没有大阳线、大阴线，不容易引起短线散户的注意，使庄家在横盘中吸货的意图得到极好隐藏。在低位长期横盘的股票一旦启动，其涨幅往往十分惊人，"横有多长，竖有多高"说的就是这种形态。对于中长期散户而言，此时入市是一种很好的选择。

龙潜向潜龙阶段过渡阶段，股票价格处于相对低位。所谓低位就是说某股票的 K 线与左边相比较，已经经过了长期的下跌，跌到了前期高点的 50% 以下，有时候甚至于跌到原价位的 30% 左右。在下跌的初期，曾经放量，但在低位开始横盘之后，成交量较为清淡，其除了一些芝麻般星星点点的成交量，SEPV 值也达到了最小。

这个阶段，盘整时间相对较长。一般横盘时间要在 3 个月以上，有的股票则长达半年，甚至更长。因为横盘的时间越长，割肉盘就越多。散户中很少有人能看着手上持有的股票连续长时间纹丝不动而无动于衷的，因为大盘在此期间肯定是来回好几次了。通常，大家都会割肉去追随强势股，以期获取短线利润，庄家则恰恰希望这种情况出现，悄悄地接纳廉价筹码。

整理期间相对无量。庄家横盘吸货时基本没有明显的放量过程，如果在某一时段主力吸筹过快，就很容易导致股票价格上升较快。而且，成交量的放大，容易引起其他散户的关注。庄家在没有完成吸筹任务之前，并不希望其他散户看好这只股票。所以，总是少量的一点一点地吃进，尽量避开其他散户的关注。当然，偶尔会出现脉冲放量的情况，就是隔一段时间出现一两根小幅放量的中阳线，但事后股票价格不涨反跌，大大出乎人们的意料。几天后，其他散户自然又将它忘记了。

震荡幅度相对较窄。横盘并非一成不变，纹丝不动。通常来讲，横盘总是发生在一个较小的箱体中，这个箱体上下幅度不大，一般在 20% 以内。但是，上下的差价也是很长时间才能见到，短期内根本无利可图，不会吸引短线跟风盘。在大部分的时间里，上下差不过 10%，谁也没兴趣去做。庄家连续吸筹一段时间后，股票价格上升了一点，为了降低成本，一般会在三五天时间内把价格打回原处，然后重新再来。不过，有的庄家很狡猾，做出的箱体十分不规则，震荡的周期来回变，幅度也不固定，有时根本触不到箱体的上下沿。这时候，我们只要把握"总的箱体未被破坏"这一表现就可，中间有许多的细节不去管也罢，免得受捉弄。

地量在行情清淡时出现得最多。此时人气涣散，股票价格波幅较窄，场内套利机会不多，几乎没有任何赚钱效应。这一时期往往是长线买家进场的时机。

地量在股票价格即将见底时出现得也很多。一只股票在经过一番炒作之后，总有价值回归的时候。在其漫漫下跌途中，虽然偶有地量出现，但很快就会被更多的抛压淹没。可见，此时的地量持续性极差。

地量在庄家震仓洗盘的末期也必然要出现。任何人在坐庄的时候，都不愿意为他人抬轿子，以免加大套利压力。于是，拉升前反复震仓、清洗获利盘就显得非常必要了。

地量在拉升前整理的时候也会间断性地出现。一只股票在拉升前，总要不断地确认盘子是否已经很轻，以免拉升时压力过大而坐庄失败。

当市场整体运行趋势向上时，如果散户确认曾经出现过地量，那么可以在有温和放量伴随的股票价格上涨过程中择机介入。当市场整体运行趋势向下时，散户即使确认前期曾经出现地量走势，也最好不要轻易介入。因为在弱势格局中，即使暂时确认了地量，也不排除在今后行情中出现更低的地量。

市场趋势处于一种平衡市，真正的地量、地价通常意味着趋势跌无可跌了，是市场行为的真实表现，也是庄家在成交量中唯一不可做假的地方。因为庄家可以虚增成交量，但却无法减少市场上的成交量。需要说明的是：交易者在判断地量庄家地价时，需要从较长的时间周期来观察，比如趋势下跌了半年或一年后，此时观察地量庄家地价方显成效。

量在价先行，即通过成交量的变化来判断股票价格未来的走势。散户只有深入细心地洞察量价空间当量的变化并掌握其规律，才能对个股的买卖点把握到恰到好处，才不至于被庄家所骗。

低位放量是指股票价格在下跌的过程中，随着价格的走低，成交量也一天比一天减小。在成交量减小到一定程度的时候，场内已经没有多少交易者参与交易——套牢的不想割肉，持币的不敢抄底。这个时候，成交量极度萎缩。但是，随着时间的推移，有一些先知先觉的散户在这个相对的低位开始悄悄地买入，这时的成交量就会慢慢地温和放大，股票价格也可能横盘或者微幅上涨，这个在相对低位成交量开始放大就是低位放量。

　　低位放量滞涨指股票价格在相对低位徘徊数日，突然一天出现量能超过前期，但价格却没有明显上升的情形，即价格的上涨幅度与成交量的幅度不相匹配。一般来说，碰到这样的情况大多是庄家试盘的迹象，看抛压的大小。当然，也有另一种情况，就是一只股票长时间没有人关注或者解禁，因而出现放量，这样的情况属极少数，这需要具体问题具体分析。

第二节
庄家占据乾道的量价空间分析与判断

一只个股在一轮下跌周期结束后，就开始进入一个新的上升周期。通常来讲，个股的上升过程会分为四个阶段，见龙、厉龙、跃龙、飞龙。

当个股价格从一个长期的底部开始向上运行时，由于很多持股者依然不看好后市，此时的股票供应量往往会比前期底部的时候多，导致买入者能买到较多的股票。这个时候，市场常表现出"量增价平"或"量增价涨"的温和状态。此阶段，个股的成交量会较构筑底部成交量温和放大，价格微微向上，说明有庄家开始积极运作，推升股票价格向上。此时，散户可积极大胆介入。有时，一些个股构筑历史性底部完成后，股票价格启动时会放一根标志性的巨量。此后，股票价格一路缩量上涨，表明价格从潜龙向见龙发展。见龙出现，说明庄家资金筹措已到位，且筹码锁定达到一定数额，有效控盘了。遇到这种情况，散户应该在股票价格启动第一时间内积极介入。

跃龙阶段是股票价格向上的主升过程，这一阶段价格涨幅最大、持续时间最长，也是人气最旺的阶段。在这一阶段，成交量很活跃。但是，也有一些个股在这一阶段启动时成交量温和放大，而随后量能会随着股票价格的一路上升而萎缩，这也表明庄家控盘程度已经相当高。在这一阶段，散户在股票价格没有出现急速拉升及成交量未出现异常变化的情况下，可寻找适当机会介入。

股票价格在见龙和跃龙结束的高点处往往会出现阶段性放量的特征，这是因为股票价格经过一段时间的上升后，获利盘和解套盘开始兑现，抛压不断加重，阻止了股票价格的进一步上升，从而使股票价格出现厉龙和飞龙前的调整。在这两个调整阶段，成交量均表现为由高峰处开始逐步萎缩的特点。当股票价格萎缩到地量水平时，表明市场浮筹已经被清洗，股票价格有望在新增买盘的推动下重新上涨。虽然都是调整，股票价格调整时间最长的是在厉龙阶段，飞龙前的调整十分有限与短暂。一般来说，在厉龙阶段，庄家是通过自有资金拉升，持有成本相对较低。到飞龙阶段，庄家的自有资金基本消耗大半，随着价格的快速拉升，庄家往往还要通过筹措或借助杠杆资金来拉升，持有成本相对较高，自然不可能持久，必然会借机发起资金回收的反向操作。

当个股价格从启动阶段进入明显的上升趋势后，买卖成交量随着价格的上扬下挫出现对应的增减变化。这个时候，个股 K 线呈现出的是"量增价涨"强势形态。

第三节
庄家占据否道的量价空间分析与判断

股票价格上升周期中的最后一个阶段为飞龙阶段。这一阶段，股票价格会继续创出新高，在价格达到高点后会出现宽幅剧烈震荡，成交量也会较前两个上升阶段明显放大。当然，在飞龙阶段也会出现偶然的利空释放，庄家会借机打压股票价格，出现一根大阴线，第二天会被急速拉升上去，这是在麻痹散户，在下次真的出货时，让散户误以为还会拉升，因此只进不出。在亢龙阶段，股票价格上下起伏跌宕，直至后期买入者减少，成交量无法继续放大，出现严重的背离现象。经过前期的打压、拉升、打压、再拉升的几波折腾后，市场往往会呈现出"量缩价涨"的势头。此时，庄家通过剧烈震荡达到出货目的意愿已经越来越明显，散户在此阶段则不应再留恋市场，尽早择机出局为宜。

个股价格从飞龙的强力拉升到亢龙与龙亢的做顶见量不见价，个股进入明显的下跌趋势，买卖成交量随着股票价格的上扬下挫出现对应的增减变化。总体来说，股票价格大幅下跌，会导致成交量大幅减少的局面，即龙跃阶段是股票价格下降过程中的主要阶段，这一阶段是股票价格跌幅最大、运行时间最长、人气最差的阶段。在这一阶段，成交量很活跃。但是，也有一些个股在跃龙阶段启动时成交量逐渐减少，而随后量能会随着股票价格的一路下降反而有所放大，这表明庄家出货的决心相当大。在这一阶段，散户在股票价格没有出现急速下跌及成交量未出现异常变化的情况下，可寻找适当机会获利沽出。这个时候，个股 K 线呈现出的是"量增价跌"或"量缩价跌"的弱势形态。

股票价格在亢龙和龙亢形成 M 型的头部过程中，往往会出现阶段性放量的特征，就是所谓的后量超前量现象，但后价却很难突破前价，这说明庄家在借放量出货。这是因为股票价格经过一段时间的报复性反弹后，解套盘开始兑现，庄家按计划出货，抛压不断加重，阻止了股票价格的进一步上升，从而使股票价格出现龙飞甚至龙跃的大幅调整。在这两个调整阶段，成交量均表现为由高峰处开始逐步增加的特点。当股票价格增加到天量水平时，表明市场的狂热开始降温，一些散户不再盲目买入，聪明的散户开始有计划的撤退，股票价格在新卖盘的推动下选择向下打压。虽然都是调整，股票价格调整时间最短的是龙厉阶段，龙飞前的调整更是有限与短暂，因为庄家希望散户在反弹阶段比自己的出货意识还强。一般在龙厉阶段，庄家将前期的成本回收到位，持有的股票都是博弈的得益，甚至考虑调整持仓结构，作新的博弈布局——借机通过打压股票价格做吸筹增仓的反向操作。

当个股价格达到高价位区间，市场或个股的跃龙、飞龙阶段即将结束后，庄家开始借利好出货，宣告了牛市的消亡，个股将进入下跌趋势。在下跌初期，由于大多数人对市场下跌的性质难以判断，所以，市场观望气氛较浓，这一阶段不会出现太大的成交量。庄家在高位抛出大量筹码，于是市场便形成了"量增价跌"的情形。这一成交量的大幅增加必然出自庄家对倒的大手笔。

随着市场的继续调整，个股价格进入持续的下跌阶段后，明显的熊市信号开始来临，诸多有经验的股票投资者开始持币观望，即使持股者急于降价成交，也往往找不到买主。于是，市场往往呈现出"无量阴跌"的情形。这是空头能量未能得到释放的时期，股票投资者不可轻易抢反弹。庄家是"事前的诸葛亮"，乘机将个股价格拉高，走出一波反弹行情，这就是龙飞阶段的形成。在龙飞阶段，其成交量会明显放大，价格会报复性上涨，但很难突破前期高点，成交量也不如前期。这样一来，SEPV 线会比前期高。高到一定程度后，会出现断崖式下降过程，这就说明个股走势进入下跌阶段。

SEPV 线出线断崖式下降后，有人意识到个股已经趋弱，开始寻找反弹出货的机会，如个股或大盘跌破颈线位或平台破位，在回抽颈线位或平台的时候，许多止损盘就会抛出，形成又一轮放量下跌。

如果你手中没有筹码，坚决不要去追高。因为无量空涨的行情不会持久。一旦到达高位，庄家必然派发出货。如果手中持有筹码，坚决捂股不抛，等待放量，一旦高位出现放量，表明空涨行情已走到头，此时应抢先出局，获利了结。

当股票价格下跌时，许多散户都会出现正常的恐慌，但并不是所有的人都会卖出，仅有少数人在股票价格快速下跌之初抛售股票，大多数人在股票下跌时或下跌以后都会以观望为主——因为股票下跌往往来得突然。更多时候，散户总觉得目前价位远没有达到自己的心理预期价位。所以，跌势里的散户一般不会轻易卖出持有的股票。当然，散户更不愿意在股票价格下跌时买进。那么，就可能出现股票价格下跌时交易极不活跃的状态。

无量空跌多半发生在特大利空来临之际，大量资金在高位被套，来不及出逃；也可能是由于个股被庄家迅速拉高后进入主跌期，庄家已在盘整时出货完毕，而剩下的只是高位套牢的散户。由于舍不得割肉，只好持股观望，因此才出现无量空跌。当股票价格出现这种无量空跌走势时，获利的机会可能也随之而来。在股票价格下跌过程中没有放量，说明大部分筹码被锁在高位。空跌后，股票价格反弹受到的阻力必然很小，抢反弹的短线资金或者盘中被套资金很容易看中这段位置做一波行情，而反弹出现的可能性和反弹的高度与空跌的幅度成正比。在无量空跌的走势出现后，都会出现一波或大或小的反弹行情，但反弹的空间可能有限，散户需量力而行。

第四节
庄家占据坤道的量价空间分析与判断

一只个股价格在一轮上涨周期结束后，就开始进入一个新的下跌周期。通常来讲，个股价格的下跌过程会分为四个阶段：龙飞、龙跃、龙厉、龙见。

当个股价格从疯狂的顶部开始向下运行时，由于较多持股者依然看好后市，此时的股票供应量往往会不如前期顶部的时候要多，导致买入者处于观望阶段。这个时候，市场常表现出"量缩价平"或"量减价跌"的温和状态。此阶段，个股的成交量会构筑顶部，成交量渐渐缩小，价格微微向下，说明有庄家开始出货，在一定程度上打压股票价格向上。此时，散户要果断出货，不要惜筹。有时，一些个股构筑历史性顶部完成后，股票价格在开始下跌前会缩量。此后，股票价格一路放量下跌，大的成交量并不能将价格推高，表明股票价格从龙飞向龙跃发展。厉龙的出现，说明庄家已基本出货完毕，且资金锁定达到一定数额，成本得到有效回收，庄家留存的股票基本上是保留的不想当期兑现的利润。遇到这种情况，散户应该在股票价格开始缩量的第一时间内提高出货量。

龙跃阶段是股票价格向下的最大降幅过程。这一阶段，股票价格跌幅最深、持续时间却短，也是人气最消沉的阶段。在这一阶段，成交量很活跃。但是，也有一些个股在这一阶段启动时成交量不升反降，而随后量能会随着股票价格的一路下降而有所增加，这也表明庄家出货的节奏控制得相当老练。在这一阶段，散户在股票价格没有出现急速下降及成交量未出现异常变化的情况下，可寻找适当机会反手做空，绝不可补仓增持。

当一些止损资金出逃后，市场将进一步下跌，即进入中期下跌阶段。在这一阶段，许多散户遭受深度套牢，于是，割肉盘就很小了。外围资金由于市场在下跌中也处于谨慎观望状态，因此，买盘也很小。所以，下跌中期的成交量一般不会很大。

在龙跃阶段，个股价格将形成一个较长时间和较大幅度的下跌状态，股票价格会跌到一个相对低价的区间。于是，激进的股票交易者开始买入，急迫的持股者终于找到了买主，成交量开始递增，直至空头下跌的能量完全释放完毕后，股票价格才能站稳并出现反转的苗头。此时，市场往往呈现出的是"量增价跌"的势头，表明股票价格将接近底部区域。而龙厉的出现表明个股将进入一个相对长时间的箱体震荡，股票交易者可以做好入场的准备。此时，个股由于各种利空传闻的影响，会对一直坚守的套牢盘造成影响。这些资金由于害怕市场继续深跌就会割肉，大部分后知后觉的资金会在这时候选择卖出，这种现象出现时说明市场离底部不远了。一些先知先觉的资金提前逢低吸纳部分筹码，形成阶段性放量。最后，庄家可能会利用收集到的筹码刻意进行打压，使股票价格再创新低，这就是龙见阶段的情形。这时，股票价格会在一个中长期的底部区域徘徊。大的主力资金将在这一区域逢底吸纳筹码。这个阶段的成交量与前期下跌过程中的成交量相比，有明显放大迹象，市场的活跃程度开始提高。当新的庄家建仓完毕后，市场将重新步入上升周期，从而完成股票价格从上升到下跌再到上升的循环过程。

SEPV 线在盘整区域的相对位置一般会相互在短期线与中期线之间纠缠，只是龙厉阶段要比厉龙阶段还要漫长。事实上，这也是对盘整区域高位放量突破的补充。一般来讲，一只个股在上升之前的盘整区就已露出突破的端倪。但在突破之前的微妙状态下，这种信号又难以察觉。据大量的图表观察，事实上，当 SEPV 短期线发生在盘整区域的中期线以上、箱体之内时，SEPV 线就已提前指出个股的方向，这与放量位置距离箱体顶部距离可相互参考、互为印证。股票价格可以骗人，而成交量却难以骗人，没有成交量支持的股票价格运动是空虚的价格运动；而成交量放大、价格却不大涨的个股，则只能是庄家的压价吸货行为。

在下跌过程中，个股放量滞涨的特征十分明显。所谓放量滞涨是指股票价格上涨幅度与成交量放大的幅度不匹配：股票价格上涨幅度不大，成交量却呈巨量。这种情况一般是由于庄家出货造成的。庄家无心做多，股票价格上涨幅度不大，成交量却呈巨量，是出货的表现。当然，也有另一种情况，当股票价格突破重要压力位时，也会放出巨量，这往往不是庄家所为，而是前期获利盘沽出的市场反应。

股票价格经过一轮中级下跌后，个股进入龙厉区间运行，在一个相对低位进行横盘震荡，K 线形成矩形或下降三角形的整理形态。但是，由于大盘正处于下跌行情中，这种横盘震荡往往会被误认为是在构筑中期底部。有的散户想当然地以为：股票价格经过大幅下跌后会有反弹，更何况大盘走势也较好，于是便会在该股放量拉升时跟进。可是，随后该股的走势却并没有出现如散户所愿的持续拉升。

股票价格在横盘震荡过程中，成交量连续放出，但价格就是不涨，这种量价极不正常的现象应该说是低位放量出货的最显著特点。当 6 日均量线跌落 16 日均量线之时，散户就要小心股票价格向下突破的可能。

　　在长期的下跌过程中，SEPV 短期线在 SEPV 中期线及长期线下运行。个别时候会出现 SEPV 短期线上穿中期线但很快会回落的情形。一般来讲，在股票价格的下跌趋势中，随着不断的下跌情形，买盘和卖盘都逐渐稀少。如果遇到大势或此股的重大利空，盘中尚未完全出局的庄家会采取对倒放量拉升的手法吸引跟风盘而达到出货的目的。

　　如果尾盘拉出，庄家放量诱多出货，那么，在走势上出现跌破放量前低点的时候将是最重要的止损点。利用此种出货方法的股票还有很多，有的持仓较少的主力甚至只用几个交易日就完成了整个过程。缩量构筑抗跌平台后突然放量拉起，利用市场的追涨热情在第二个交易日即开始出货。在实战中，散户要细心分辨，发现此种操盘手法要坚决回避风险。在大势不好的情况下，主力通过这种方式出逃，成本相当高，而且出货量也不可能大。之所以如此，关键还是非走不可，比如说资金链出现问题，或者公司的基本面出现大的利空。否则，主力不会在被套几年、远离成本区的情况下强行出货。这种形态具有较强的隐蔽性，即便是老手也有上当的可能。识别的关键还是看成交量是否异常放大，尤其在相对高位，如果连续放出 10% 以上的成交量，可以认为主力在出逃。

　　无量空涨是指个股在成交量很少的情况下，其股票价格出现较大涨幅的现象。它是量缩价涨的一种极端形式，主要出现在连续涨停的中小盘股或强庄股中。

　　个股成交量是股票价格上升的动能，个股成交量大，会不断地推动股票价格上行；个股成交量小，会导致股票价格下跌。因此，当成交量放大的时候，预示着个股新一轮行情即将展开，是短线入市的时机。当股票价格上升到某一高度后，成交量再也无法放大，则表明上升力量不足，是见顶回落的信号。

　　股票价格在高位出现无量空涨时，应逢高卖出。股票价格升到一定高度以后，多方的力量已经基本耗尽，没有能力将股票价格推向更高。但是由于惯性作用，股票价格有可能顺势推高，而成交量却不能配合放大，造成无量空涨现象。通常来说，只有价升量增，股票价格才能持续上涨。无量空涨，说明成交量并不支持股票价格上涨，暗示着众多人士并不看好后市，这种涨势不能持久，股票价格很快就会跌下来。因此，短线散户发现股票价格在高位出现无量空涨时应逢高卖出，绝对不能追进。如手中持股，应当抢先出局。因为种种情形表明庄家可能已出逃，此后的股票价格将一泻千里。如手中无股，此时千万不可入局。

总之，放量有可能做假，缩量假不了。重点要从缩量处分析，因为这是庄家"不作为"的情况下的市场状态，是一种相对较真实的状态，也算是散户自由发挥留下的痕迹。首先，从这里的缩量来分析是买的少还是卖的少导致的缩量情形。然后，再根据趋势和 K 线的位置来分析庄家是做多的意愿还是做空的意愿，从而决定我们是进场还是观望。当然，缩量与放量，并不一定拿两天来比较，更多的时候是拿两段时间来比较，更多的时候是 SEPV 值的大小。比如，今天某只股票的 SEPV 值大，比昨天的低，就是缩量。

"势"，即放量的趋势和缩量的趋势，这种趋势的把握来自于对前期走势的整体判断以及当时的市场变化状态，还有很难说明白的心理变化。通常情况下，我们应以 SEPV 线进行研判，从量价空间当量来把握量的"势"。

第 十 章

步入牛市：要
有持股待涨的耐心

市场步入牛市，也就是庄家占据乾道。对于散户投资者来说，就必须学会识别牛市中继形段的六个区间，从而把握好牛市中继仓位与操盘策略。

本章导读

第一节
乾道总解：牛市持股没有不获利的道理

乾，象形为植物得阳而生长的样子，孔子释之曰健。如果把股市上的牛市比喻为乾道的话，即表示在牛市要有持股待涨的耐心，并能把握好一轮牛市启动的大好时机。

从图 10-1 可以看出一个完整庄家占据牛市中继形段，也是一轮牛市的行情 K 线轨迹。图 10-1 截取 2005 年 6 月 3 日 ~ 2007 年 5 月 25 日黑牡丹（600510）的周 K 线图，其中，1–2 为潜龙区间，2–3 为见龙区间。3–4 为厉龙区间，4–5 为跃龙区间，5–6 为飞龙区间，6–7 为亢龙区间。

一个完整的牛市形段，在成交量上会出现三次较大的量堆，且一次比一次的成交量密集，构成了后量超前量的牛市即将终结的条件。

第一次发生在潜龙与见龙之间，第二次发生在厉龙与跃龙之间，第三次发生在飞龙与亢龙之间。第一次量能是为了脱离探底，也是庄家大量吸筹形成的。第二次量能是为了驱赶持股不坚定者，因庄家吸筹而形成。第三次量能是庄家为了顺利出逃在资金的涌入中形成的。

接下来的本章 6 节内容，我们通过乾卦的六个爻辞，具体对庄家占据乾道（牛市中继），股市量价运行的六个区间作详细的分析。

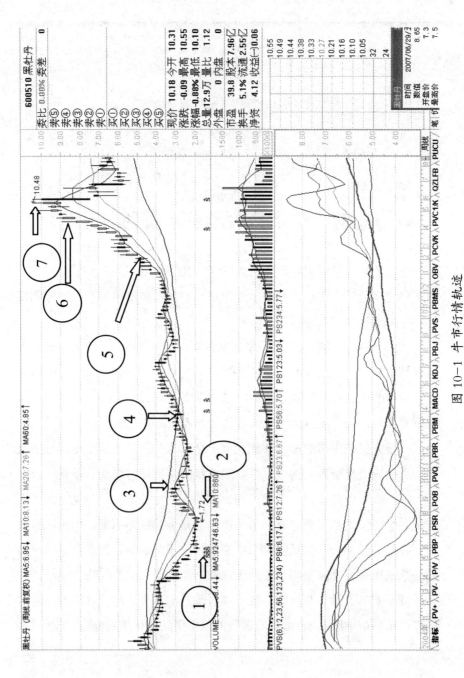

图 10-1 牛市行情轨迹

第二节
潜龙区间：散户要学会忍耐与等待

潜龙在卦象中属初九位，即始位。引申到股市中，这时不宜有所作为。

股票投资者见到潜龙日 K 图形段，要懂得忍耐与等待。在没有发现成功的机遇时，最好什么事都不要做，这是最困难的事，也是最明智之举。这就是"不为而为"的真谛。

牛市中继形段典型图谱如图 10-2 所示。

如图 10-2 所示，黑牡丹（600510）从 2005 年 6 月 2 日跌入低点后，至 2005 年 7 月 25 日形成双底形态，显然符合潜龙区间的形态。在潜龙区间最好的方法就是筹集资金，学习炒股技术，捕捉股市可能启动的信息和时机。

潜龙区间，按照趋势理论，一般都在股市低迷阶段作探底箱体整理，成交量萎缩，市场人气指数达到极低点，媒体开始出现呼唤救市的政策出台。

潜龙区间量价特征精解：一般来讲，在潜龙区间，成交量会从价降量缩逐渐向量升价涨的方向转化。成交量放大可能会持续一段时间，可能是一周，也可能是数周。随后，成交量会逐渐趋小，并可能形成一个新的低点，但这一低点要比前一低点略高或略低，往往收出几根带下影线的小阴线或小阳线。如果连续几天收出几根带较长下影线的小阴线、小阳线，就可初步确定庄家完成潜龙区间的探底吸筹过程。

在潜龙区间，SEPV6 日线、SEPV12 日线、SEPV23 日线往往发生纠缠，且向上向下的角度很小，趋于平行运行，如果一同突破 SEPV56 日中期线，则可确立完成潜龙区间，如图 10–2 标识 1–2 形段所示。

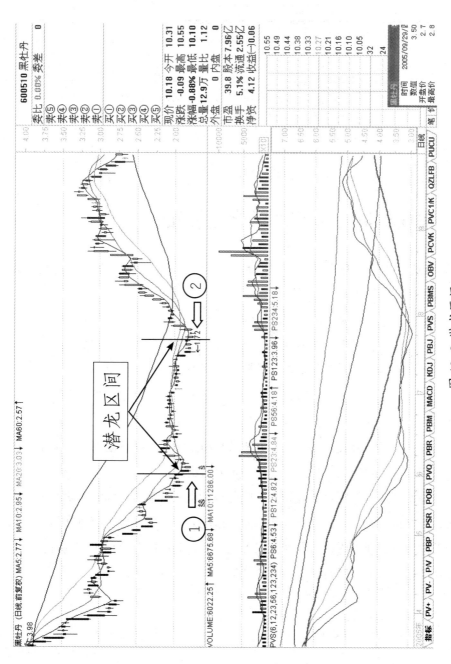

图 10-2 潜龙区间

第三节
见龙区间：散户要学会逢低建仓

见龙在卦象中属九二位。引申到股市中，见龙出现在田野，散户可以与庄家交手了。

牛市中继形段典型图谱如图 10-3 所示。

股票投资者见到见龙日 K 线图形，要开始操作，可试探性的建仓，不能再忍耐与等待了。机会只赋予那些有所准备的人，如果在潜龙时期就有所准备了，这时就知道该在田里干什么了——当然是播种的季节来临了，要精耕细作，不要盲目，寻找好自己的目标。

在见龙区间买卖股票的最好方法就是识别庄股，选好题材，看准个股目标后，大胆建仓。当然，仓位一定要适当。

见龙区间，按照嬗变理论，一般都是股市从低迷阶段向活跃阶段突破，成交量开始放大，价格开始昂起，市场人气开始恢复，媒体开始出现关注文章，偶有媒体股评纳入点评范围，相关部门开始出现一些有针对性的救市政策，股市资金也开始堆集。

在见龙区间,SEPV线（以下简称PVS线[1]）的表现形式是:PVS6日线、PVS12日线与PVS23日线在PVS56日中期线下方形成银叉后，又在PVS56日线上方形成金叉。个别股会出现短期线与中期线作横向黏合的态势。

见龙区间，MA6日K线、MA10日K线、MA20日K线会在MA60日K线下方形成银三角或金三角，向下后抬起上穿MA60日K线，不久后又重新上穿MA56日K线，形成反8字。图10-3[2]中,黑牡丹（600510）形成见龙区间。

见龙区间量价特征精解：在见龙区间，成交量会突然放大，价格向上陡升，形成量价齐升的大好势头，这一势头要持续好几天，给人雨过天晴的感觉。

在见龙阶段，PVS6日线、PVS12日线、PVS23日线往往发生纠缠，从次低点位置突然跃起，一同突破PVS56日线向上突起。当PVS6日线与PVS12日线靠拢时完成见龙区间，如图10-3所示的PVS线两箭头之间的形段。

---

[1]　PVS线是我个人专门研究的K线空间合成指标，一般情况下可用量K线图或价K线图或MA等K线替代，后文章节会专门介绍。

[2]　本书股市K线截图除作特殊说明外，均截图于中原证券集成版V5.57,在此对中原证券鸣谢！

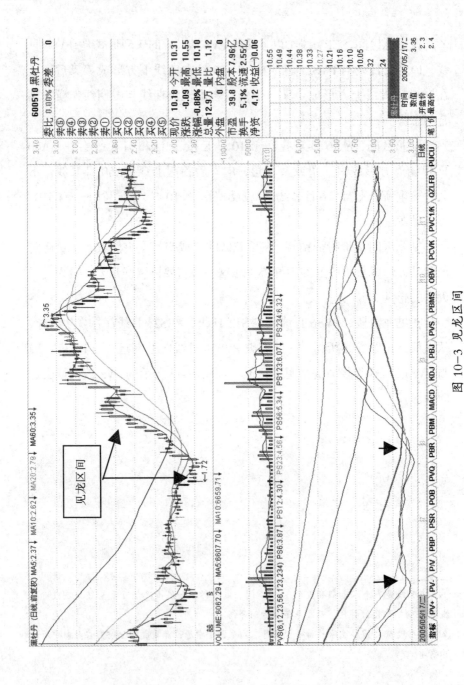

图 10—3　见龙区间

第四节
厉龙区间：散户要学会控制节奏

厉龙在卦象中属九三位。通俗地说，就是农夫白天在田野里干活，晚上在家里睡觉；同时，还能够躺在床上居安思危，这样即使面临危险，也不会招致灾患。引申到股市中，散户要十分小心地把持仓位，不要急功近利，要认真地思考问题，找到解决问题的办法。也就是说，这还不是轻举妄动的时候，不要把一切看得过于理想化；同时，切莫相信机会主义，机会主义是十分害人的。这时，还要小心庄家会随时变盘。

股票投资者见到厉龙日K线图形，要谨慎操作，多看为主，不能因操作频繁出现失误。

厉龙区间，按照趋势理论，股市开始缓慢向上爬升，但有时也可能出现调整，而这种调整可能是庄家想更多吸筹而有意打压股票价格所致。因此，一定要小心行事。成交量开始时大时小，价格时涨时跌，但成交量增加与价格上涨呈现总的向上发展趋势。这时，市场总体表现活跃，媒体开始同时出现正、负两面的报道，极个别的个股可能开始出现涨停，股市营业场所也开始出现较多的观望者。牛市中继形段典型图谱如图10-4所示。

厉龙区间，MA5 日 K 线、MA10 日 K 线、MA20 日 K 线会一起纠缠，但无论如何总会在 MA60 日 K 线上方若隐若离，即使向下穿过 MA60 日 K 线，也十分短暂，不久后又会重新上穿 MA60 日 K 线，形成反 8 字。如图 10-4 所示，黑牡丹（600510）PVS56 日中期 K 线下两箭头所示区域形成厉龙区间。

厉龙区间量价特征精解：在厉龙区间，股票价格向上时会突然出现带上影线的小阴线，且成交量会有所放大，甚至超过平常的一倍。这时，庄家打压股票价格，K 线图上会有震仓手法留下的痕迹。一般来讲，某一日放出大量后，随后是一周到数周不等的股票价格任意期。在这一时期，股票价格不会大起大落，但成交量会自然萎缩，这是庄家测试"抬轿者"信心的技术性打压。不坚定的散户往往会在这时被吓退。

在厉龙阶段，PVS6 日线、PVS12 日线、PVS23 日线往往发生纠缠，游离于 PVS56 日中期线上方，通过几次与 PVS123 日线长期的交锋，最终选择突破向上。当 PVS56 日线选择穿越 PVS123 日线时，完成厉龙区间，如图 10-4 厉龙区间所示的 PVS 线。

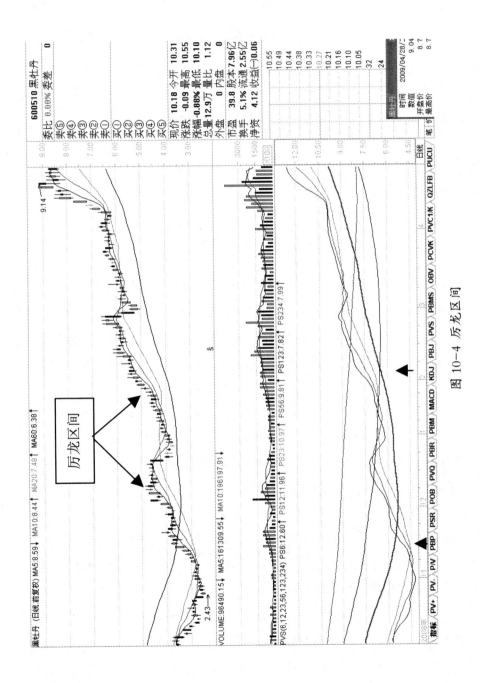

图 10-4 厉龙区间

第五节
跃龙区间：散户要学会大胆跟进

跃龙在卦象中属九四位。引申到股市中，说明股市资金十分充裕，庄家可任意拉抬股票价格了，散户可以大胆增仓，直到满仓。

股票投资者见到跃龙日 K 图形，要懂得大胆买进，这是千载难遇的建仓良机，不要再犹豫与等待。这就是股市"天时、地利、人和"的绝好良机。作为散户，你要大有所为，大显身手，大展才能。

在跃龙区间最好的方法就是满仓操作，要跟着庄家享受资金增值的快乐。这时候，千万不要听股评家的，什么利坏、什么逃顶、什么被套都不要去理它！否则，你就可能被"黑嘴"所暗示而出现操作失误，那将让你遗憾多年。

跃龙区间，按照趋势理论，一般都在股市活跃阶段作大角度的上升运动，成交量放大，市场人气指数达到极高点，媒体开始出现呼吁相关部门防止通货膨胀的声音，相关部门甚至开始利用税收、信贷等政策调控股市，以防止通货膨胀加剧。

跃龙区间，MA5 日 K 线、MA10 日 K 线、MA20 日 K 线会一起远离 MA60 日 K 线，不久后又重新以横向盘整形式向 MA60 日 K 线靠拢，形似一个个向上的台阶。台阶越陡，说明庄家脱离成本密集区的决心越大。如图10-5所示，黑牡丹（600510）形成跃龙区间。

跃龙区间量价特征精解：在跃龙区间，股票价格会突然拉升，有时甚至会出现一至三个涨停板，往往是为了突破前期高点或前期成交密集区。因此，成交量也明显放大。当股票价格达到一定高位后，会横盘整理一段时期，少则一两周，多则十多周，甚至几十周，主要视庄家调动资金的能力而定。在横盘整理阶段，一般会出现一两次较大的成交量，这一较大的成交量往往是为了压制股票价格，而非抬升股票价格。否则，成交量自然回落，缩量到一定程度后，结束跃龙区间。牛市中继形段典型图谱如图10-5所示。

在跃龙区间，PVS6日线、PVS12日线、PVS23日线往往偏离，随后又纠缠到一起向PVS56日中期线靠拢，这时的PVS56日中期线会维持呈45度角左右向上的良好趋势。PVS56日中期线与PVS123日线会形成所谓的暖气带，整体市场向好。

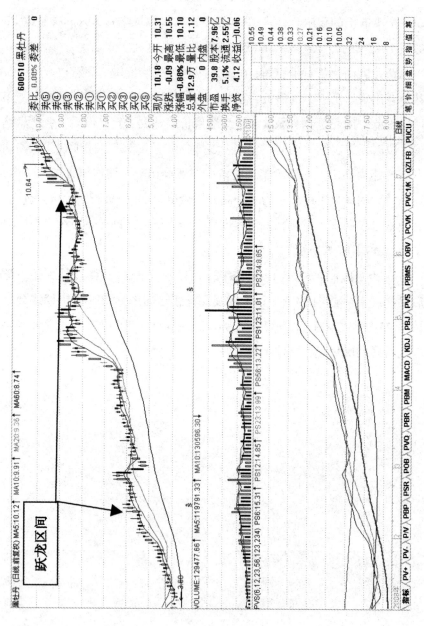

图 10-5 跃龙区间

第六节
飞龙区间：散户要学会知足常乐

飞龙在卦象中属九五位。引申到股市中,说明股市的资金非常充足,足以让天水相连。这时候,你要与庄家共享无数涨停的快感!

股票投资者在飞龙区间最好的操作方法就是坐收渔利,千万不要相信股市到顶的谎言。

飞龙区间,按照趋势理论,一般都在股市极尽高涨阶段作快速拉升,成交量与股票价格几乎天天都在创新高,市场一片沸腾,大盘一片通红,市场人气指数达到极高点,股市营业场所几乎到了人头攒动的场面。由于资金都被股市吸引,其他行业的生产力受到极大影响,相关部门开始出抑制通货膨胀的政策。牛市中继形段典型图谱如图10-6所示。

飞龙区间,MA5日K线、MA10日K线、MA20日K线一起远离MA60日K线向上发展,其与MA60日K线的距离越来越大(乖离率加大),形成一个开口向上发散的三角形。

飞龙区间量价特征精解:在飞龙区间,股票价格会沿着45度左右的角度向上攀升,成交量也明显放大,几乎天天创新高价格,成交量放天量。量价齐升,蔚为壮观。如果一旦出现超倍量的成交,而股票收盘并没创价格新高；或者是股票价格创出新高后迅速回落，收出一带长上影线的小阴线或小阳线或大于 10% 的大阴线，这种情况表明：庄家高开后，吸引散户跟进，随后作反向操作，说明一轮牛市行情接近尾声，应引起散户的足够重视。

在飞龙阶段，PVS6 日线、PVS12 日线、PVS23 日线呈散排列状远离 PVS56 日中期线。一旦 PVS6 日线向 PVS12 日线下穿，说明飞龙区间形成，散户应作好离场的准备。

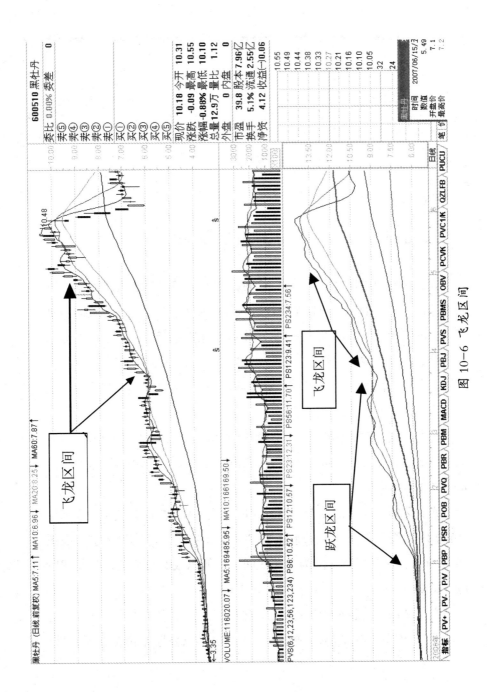

图 10-6 飞龙区间

第七节
亢龙区间：散户要学会居安思危

亢龙在卦象中属九六位。引申到股市中，由于庄家想兑现得益，开始在高位出货，如果散户这个时候进入股市买入股票，就可能终日有悔了。也就是说，在亢龙区间进入股市十有八九要被套牢，还是不动为好，或者落袋为安，或者减仓。

在亢龙区间最好的操作方法就是减仓，开始关注其他投资方向，远离股市，远离股评。

亢龙区间，按照趋势理论，一般都在股市高位阶段作探底箱体整理，成交量放大，相关部门抑市的重大政策开始出台。牛市中继形段典型图谱如图 10-7 所示。

亢龙区间，MA5 日 K 线、MA10 日 K 线、MA20 日 K 线会一起下穿 MA60 日 K 线，不久后又重新上穿 MA60 日 K 线，形成反 8 字。如图 10-7 所示，箭头所指区间为亢龙区间。一般以成交量最高值为亢龙阶段的结束点。

亢龙区间量价特征精解：在亢龙区间，股票价格很难突破新高，有时会形成 M 头或倒 V 形，成交量再大，也难以使股票价格有所突破。

也就是说，成交量不能推动股票价格上涨，这就说明庄家在借机出货。股票价格下跌几天后，庄家会发起一轮反弹行情，但反弹高点也难以突破前期高点，除非成交量明显高于前期。一旦成交量高于前期或者呈巨量而股票价格没有表现出实质性的阳线，说明亢龙区间确立。

　　在亢龙阶段，PVS6 日线、PVS12 日线等短期线会下穿 PVS23 日线，有时甚至突破 PVS56 日中期线。当 PVS6 日线与 PVS12 日线在 PVS56 日线下方纠缠时，说明亢龙阶段确立。这时，PVS56 日线开始向下低头，形如一只倒扣的锅。

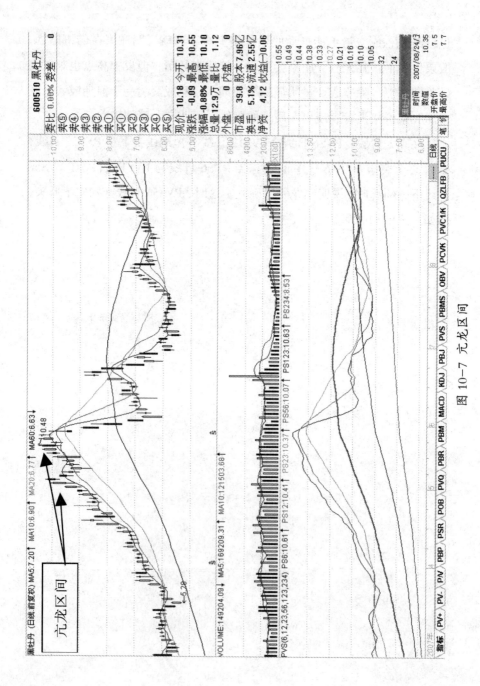

图 10—7 元龙区间

164

第十一章

陷入熊市：散户
要有断腕求生的勇气

经过一轮牛市后，股市会进入熊市，庄家要将收益兑现，就要选择占据坤道（熊市中继），大盘以收阴为主。熊市中继形段按照对称原理或回归原理，有点似牛市中继的镜像。

本章导读

第一节
坤道总解：熊市持币没有过不去的坎

如果把股市上的熊市比喻为坤道的话，即大盘处于下降通道时，最好远离股市，修身养性，做到无为而吉。

熊市的到来不似牛市来得缓慢，而是异常凶猛，让你躲避不及。这是因为在牛市顶部，庄家会施障眼法，能够让散户投资者失去判断意识，没有任何反抗的勇气，犹如任人宰割的绵羊。由此可想，在股市处于下降通道时，应当积极学习新的事物，积累资金，积累财富，厚积薄发。

对于散户投资者来讲，在熊市应以持币为主，手中有钱，心中不慌。只有坚持持币，就没有过不去的坎，最终才能有丰厚的收获。

图 11-1 是黑牡丹（600510）在 2004 年 4 月初至 2005 年 7 月底形成的一轮熊市的行情 K 线轨迹。

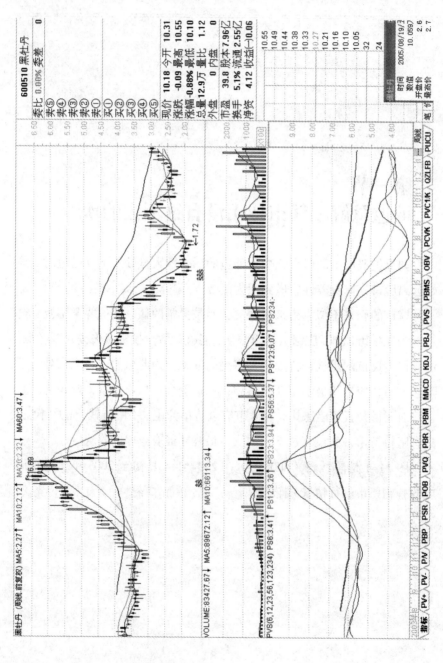

图 11-1 熊市行情 K 线轨迹

第二节
龙亢区间：散户要做好快速离场的决断

龙亢属坤卦初六位。引申到股市中，说明市场推高资金不足，但又不能马上让散户识别，就如乘风直上的亢龙一样，累了也不能表示出来，以此保持自己的亢龙地位，但已开始出现异样。

熊市中继形段典型图谱如图 11-2 所示。

乾坤相交的时段，亢龙与龙亢区间很难严格的区分。散户在龙亢区间一定要做好快速离场的决断，绝不能优柔寡断。

如图 11-2 所示，中国服装（000902）在 K 线图上箭头所示的区间在亢龙区间反弹失败后，通过一段时间整理，发起了一轮新的向上突破，但随之选择了向下突破，形成了龙亢区间。

股票投资者见到龙亢日 K 线图形，要懂得防患于未然。对于散户来讲，就要时时有风险意识。回归原理告诉庄家：股市的冬天即将来临，将自己已经成熟果实全部搬回家吧，还放在股市做什么呢。违反自然规律最终是要被自然规律所摧毁的。

在龙亢区间，最好的选择就是清仓，将视野转移到其他领域，远离股市、远离股评。

龙亢区间，按照回归理论，股市的获利盘开始回吐了，成交量开始无规律的放大。

龙亢区间量价特征精解：一般来讲，在龙亢区间，成交量会从价降量缩趋势逐渐向量升价涨的方向转化，但不久后就会被一根大阴线打压，这根大阴线就是庄家借反弹出货留下的痕迹。接着，成交量缩小持续一段时间，可能是一周，也可能是数周，并可能形成一个新的低点。股票价格无力抬升，偶有放大的成交量也不能聚集市场人气，只能形成快速下跌的动力。无论是散户，还是庄家，都感觉市场人气不足。

在龙亢阶段，PVS6 日线、PVS12 日线、PVS23 日线往往发生纠缠，且会形成渐小的反 8 字或在 PVS56 日中期线上方形成死叉后向下突破 PVS56 日线，PVS56 日线由原来的向上抬升开始趋于平缓甚至选择向下。这时，基本可确定完成龙亢区间。

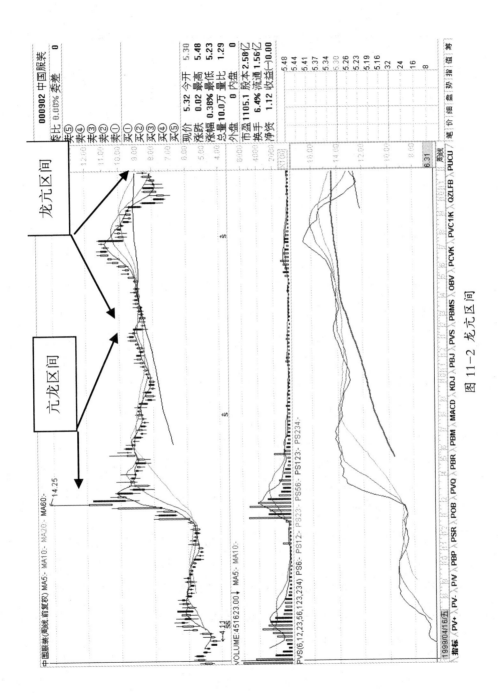

图 11-2 龙亢区间

第三节
龙飞区间：散户绝不要抢反弹

龙飞属坤卦六二位。引申到股市中，对于散户来讲，日K线开始走坏，由于已经清仓出局，对于自己来讲没有什么值得大惊小怪的事。无论庄家如何折腾，好像一切与自己无关了，这当然无妨自己的事业与利益了。

股票投资者见到龙飞日K图形，要守得住寂寞，要站得直、行得正，不要被股评的利益所诱。没有绝对的把握，不要急于抢反弹，要多看、少动。不能见到小涨就如坐针毡。作为散户投资者来说，此时千万不要盲目抢什么反弹。否则，只能陷入熊市，被庄家束手擒获。

要懂得大多股评家就是"庄家之托"的真谛。股评家在电视上占据那么黄金的时间"讲废话"，巨大的费用支出是谁提供的？很简单，庄家。庄家要出货了，就得有人替他接货。

在龙飞区间，最好的选择就是少动、不动，更不要指望通过抢反弹获利。

龙飞区间，按照趋势理论，一般都认为是股市将进入下降通道的最好识别形段，成交量开始减少，市场人气指数开始下滑。

熊市中继形段典型图谱如图11-3所示。

如图 11-3 所示，中国服装（000902）在 2001 年 11 月到 2002 年 1 月间选择向下突破，图 11-3 箭头所示区间即为龙飞区间。在龙亢区间反弹失败后，直接选择向下突破，头部形态出现，或 M 形，或倒 V 形，股票价格总体上选择了向下突破，且力度明显大于龙亢区间，形成龙飞区间。

龙飞区间量价特征精解：一般来讲，在龙飞区间，成交量会逐渐缩小，即使有较大的成交量，但股票价格向下的力量加大的趋势不变，时而伴有大阴线，这是庄家在加大派发力度，会吃掉前期的几根小阳线、小阴线，是庄家出货坚决留下的痕迹。市场人气不足，有些散户还在观望，等待利好政策出台，明智的散户开始分批出货，个别人还想反弹而选择补仓。

在龙飞阶段，PVS6 日线、PVS12 日线、PVS23 日线已突破 PVS56 日中期线，PVS6 日线、PVS12 日线、PVS23 日线呈发散状向下飞流——"疑似银河落九天"的前期，PVS56 日线原来趋于平缓的态势开始向下低头。这时，基本可确定完成龙飞区间。

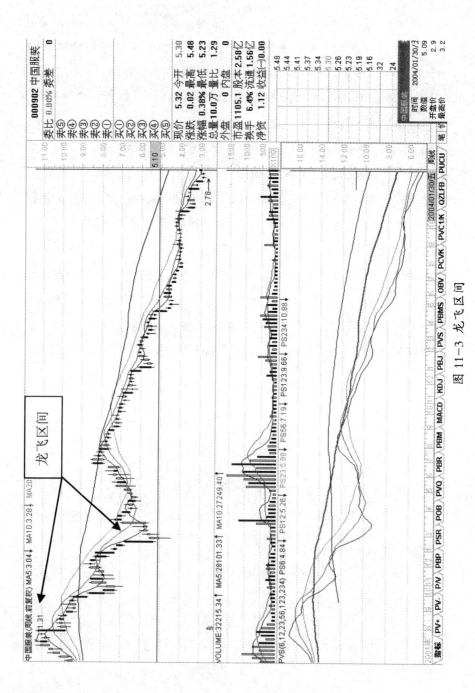

图 11-3 龙飞区间

第四节
龙跃区间：散户要学会远离股市

龙跃属坤卦六三位。引申到股市中，如果你已经远离股市了，哪怕你只是做一名志愿者，即使没有一丁点儿酬金，也不要有怨言，最终还是会有所回报的。

从龙跃区间上讲，股市开始探底，似有加速下滑的迹象。这个时候，你可以去充实你的生活，学会蓄精养锐，也可以把你从股市赚来的钱拿去回报社会，也可以去书店、体育场馆消遣，但千万要牢记：不要把钱投到股市上去，否则，将是"肉包子打狗——有去无回"。

熊市中继形段典型图谱如图11-4所示。

龙跃区间，按照嬗变理论，股市会作加速探底的质变。这时，庄家急于寻找散户接盘，会采取诱、钓等手法来吸引散户上钩；同时，由于庄家可能急于回笼资金，也会不考虑成本的派发，因此会出现急跌行情。这个时候，媒体开始出现呼吁救市的政策出台，但相关部门一般都会保持沉默。

如图11-4所示，中国服装（000902）在2002年2月至2004年1月间选择向上反弹后，再次向下突破，且一泻千里。如图11-4箭头所示区间，在龙飞区间有一次较大下跌后，庄家借机实施反弹，PVS6 日线、PVS12 日线和 PVS23 日线又开始选择向下纠缠，但总被 PVS56 日线打压，最终又选择了向下突破。

龙跃区间量价特征精解：一般来讲，在龙跃区间，成交量总体上不会有大的改变，会逐渐缩小。即使有较大的成交量，但却使股票价格向下的力量加大，时而伴有大阴线，这是庄家在加大派发力度，会吃掉前期的几根小阳线、小阴线，庄家出货的痕迹明显。市场人气不足，有些散户还在观望，等待利好政策出台。明智的散户开始分批出货，个别人还希望反弹而选择补仓，绝大多数人选择静观其变。

在龙跃阶段，PVS6 日线、PVS12 日线、PVS23 日线偶有纠缠，在 PVS56 日中期线下与之形成向右下方向的开口发散三角形，龙跃区间形成。PVS56 日线保持了原来的低头向下态势，并维持着向下 45 度左右的角度。

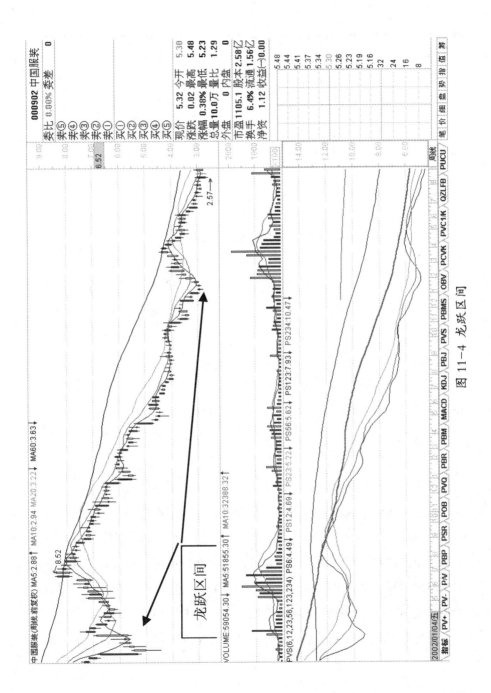

图 11-4 龙跃区间

第五节
龙厉区间：散户要耐得住寂寞

龙厉属坤卦六四位。引申到股市中，作为散户来讲，在这段时间还是要忍得住寂寞，要扎紧自己的钱袋子，更不能随便将银行的资金转到股票账户上去。

熊市中继形段典型图谱如图11-5如示。

中化国际（600500）在龙跃区间（图11-5箭头所示区间）呈现一轮较大跌势后，市场分歧加大。龙厉区间开始给人以探底成功的感觉，实质只是假象，股市价格在一个窄小的区间波动，偶有一两根像样的阳线或向上跳空缺口，但随之会被几根小阴线打掉，形成了龙厉区间。龙厉区间也是散户似乎可以认可的探底区间，但庄家并不认同。

在龙厉区间，股市运行方向出现分歧，但这还不是买入股票的最好时机，这个时候还是要学会多看，要少动或不动。因为按照回归原理，初入股市的散户这时也处于矛盾阶段，由于散户没有及时清仓，现在股票价格回归到了散户的成本区，心里很矛盾，是捂，还是斩，散户左右为难。龙厉区间在形段上体现股市运行缺少向上的动力，向下无力。

龙厉区间量价特征精解：一般来讲，在龙厉区间，成交量会保持原来的小量，偶然的拉升会有所放量，但随后又是沉寂，主要是人气并没得到有效的恢复。即使有较大的成交量，但向上动能不足，庄家在考虑散户的心理承受度，以此检验市场资金的响应程度，这时的成交量和价格所形成的 K 线图形给人以荒芜的感觉。市场人气不足，有些散户还在观望，相关部门开始出台利好政策，明智的散户开始筹集资金。个别套牢盘失去信心，需要用钱的散户选择地板割肉；具有一定资金实力的套牢盘散户开始补仓。也正因为有市场分歧，才使得人们的操作出现矛盾。

在龙厉阶段，PVS6 日线、PVS12 日线、PVS23 日线开始纠缠，并与 PVS56 日中期线的若即若离，PVS56 日中期线开始以 45 度角度向上逐渐平缓。PVS6 日线、PVS12 日线、PVS23 日期线会在 PVS56 日中期线上下之间留下 Z 字型的痕迹。如此，基本可确立完成龙厉区间。

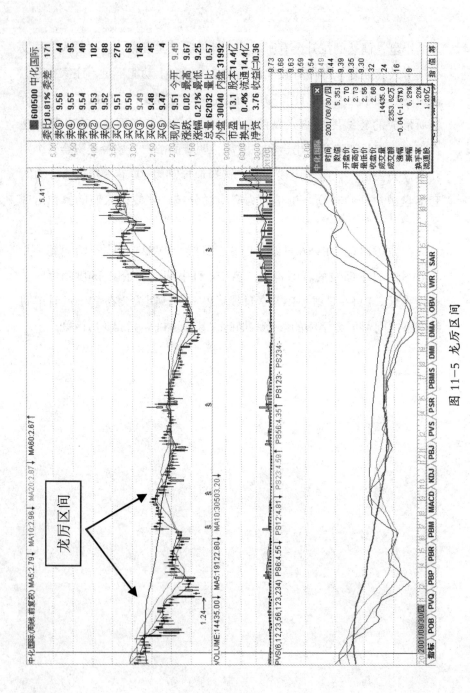

图 11-5 龙厉区间

第六节
龙见区间：散户要准备好进入股市的资金

龙见属坤卦六五位。引申到股市中，说明大盘一时还难以改变跌势。因此，散户还是不能妄动。因为这一形段庄家要通过"为买而卖"的方式让更多套牢盘散户地板割肉，借机收集筹码。

熊市中继形段典型图谱如图11–6所示。

龙见区间量价特征精解：一般来讲，在龙见区间，成交量会明显放大，但成交量的放大并没有选择向上突破，反而选择了向下探底，且探底力度较大，这股力量显然来自于庄家的有意识行为。庄家在龙见区间开始借卖而买，这较大的量就是庄家反向操作的结果。

在龙见阶段，PVS6日线、PVS12日线、PVS23日线会选择突破PVS56日中期线向下，PVS6日线、PVS12日线、PVS23日线呈发散状向下，但空间有限，PVS56日线原来趋于平缓的趋势开始向上抬头。聪明人明白，探底会在短时间内成功，基本可确立完成龙见区间。

中化国际（600500）在龙厉筑底失败后，选择了一轮新的向下探底（如图11–6箭头所示区间），虽然只有一周到两周的时间，但很有杀伤力，很多散户这时拱手交出筹码，向下探底的力度明显大于龙厉区间，形成了龙见区间。

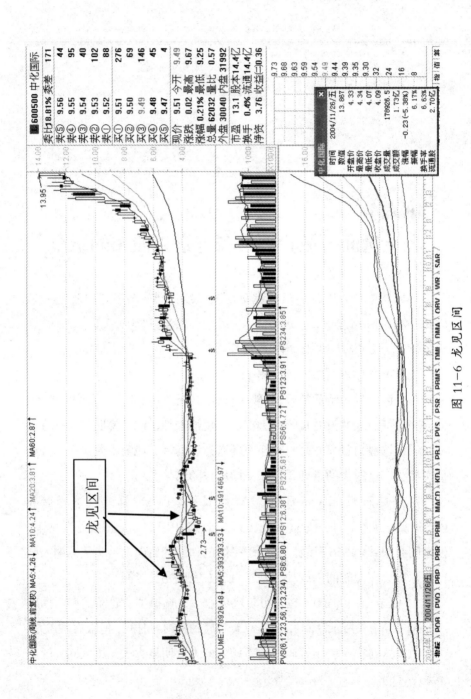

图 11-6 龙见区间

第七节
龙潜区间：散户要做好试探性的买入

龙潜属坤卦上六位。引申到股市中，在这个阶段，许多庄家开始不计成本而低价抛售，没有出逃的散户也杀入其中。然而，也许正是这样的激烈争斗，才能让股市得以重生。

熊市中继形段典型图谱如图11-7所示。

龙飞区间量价特征精解：一般来讲，在龙潜区间，成交量会明显放大，但股票价格却波动较小，时常会出现带长影线的小阴线或小阳线，开始出现探底的特征。这是庄家在借打压股票价格从中吸筹，这时一般伴有利好政策出台，但利好政策还不十分明显。

在龙飞阶段，PVS6日线、PVS12日线、PVS23日线在PVS56日中期线下方运行，还没有改变方向的迹象。但是，PVS6日线、PVS12日线、PVS23日线向下的力度明显放缓，PVS56日线保持原来的向下趋势，但开始靠近PVS123日线。基本可确立完成龙潜区间。

如图11-7所示，贵州茅台（600519）放量后，但股票价格却没有较大的变化，在一个窄小范围波动，且经常收出带上影线或下影线的小阴线或小阳线，形成了龙潜区间。在龙潜区间，股票价格没有了向下的动力，即使有较大的成交量强行向下打压，但很快又被拉起，这是庄家在打压过程中借机吸筹，或者是一些先知先觉的散户开始建仓。

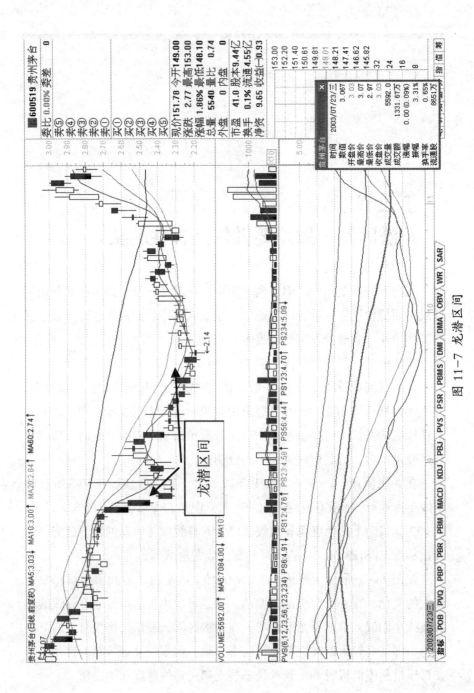

图 11-7 龙潜区间

第八节
本章精要小结

　　为了探寻庄家骗人的伎俩，我潜心研究量价时空，通过 PVS 解盘合成，总结出了判市秘诀及一些综合图解，投资者一看就明白。

　　PVS 解盘合成是我经过研究，以股票价格、成交量为统计对象，给定特定的加权系数，以数理方式确定两者之间的形成空间，从而达到预测市场行情目的的一种实用型股票图形研判技术。总体设计理念是通过量价关系的综合分析，与图形对照，将股票价格不同时期的量价关系通过直观的空间转换，经电脑合成为可以度量的解盘指标。如股票价格运行处于牛市则价升量升，其空间逐步加大，PVS 值增大；价升量缩，PVS 值显著增大。当股票价格运行处于熊市则价降量缩，其空间逐步减少；价降量升，则 PVS 值显著降低。

　　一般来讲，价升量缩时，PVS 值达到最大值时，说明量价空间最大，阶段顶部逐渐形成，散户买进心理强烈，而卖出信号渐增。当价跌量升时，PVS 形成值最小，说明量价空间最小，阶段底部逐渐形成，散户卖出心理强烈，买入信号渐增。同时，通过一些特别形态的解释，能够让读者获得意外收获。

股票价格的运行具有随机性，炒股如登山。其 K 线形段犹如山岚，有高峰，有低谷，也有平缓的山脊或万丈深渊。但股票价格在一定时间受资金进场或离场惯性的作用，总保持着一定的运动方向，维持着一种趋势。当大盘从一个相对低点持续保持向上趋势时，说明牛市来临，庄家占据乾道（牛市中继），散户就要抓住利好消息的时机，准备资金，陆续上场。当大盘从一个相对高点调头向下趋势时，说明牛市将要终结，庄家占据坤道（熊市中继），散户就要果断退场，落袋为安。

利用 PVS 线研究市场时，一定要做好大局分析，因为时空本身就含有政策对股市的影响，特别要注意以下四个问题：需要注意的第一个问题是资金的筹集与资金的回笼；需要注意的第二个问题是人气的聚集与人气的离散；需要注意的第三个问题是现在区间、过去区间与可能发展的区间；需要注意的第四个问题是缺口与反转的实质。

对于 PVS 线的技术合成分析，主要基于其历史图谱进行分类、归纳与分析，散户投资者要学会灵活掌握。同时，更多地分析前期属于那一阶段（泰、乾、否、坤）、区间，从而判断现在的走势属于哪一阶段、哪一区间特征，未来会进入哪一阶段、哪一区间，这样才能正确地指导自己的操盘行为。

在 PVS 线的研究过程中，会发现各种特殊的短期 PVS 形态，具有十分典型的市场信号，值得关注。

第十二章

量价数据：盘口
解密庄家惯用伎俩

这是一个变革时代，是信息时代，是大数据时代。自然，大数据也被应用到股市技术指标的分析上，让技术指标更精确，更具有应用性。很多散户投资者开始自行研发公式、数学模式来洞察庄家的操盘手法，从而敢于与庄家博弈。

本章导读

第一节
大数据：蝴蝶效应转为模型分析成为现实

通俗来讲，大数据就是巨量资料，由数量巨大、结构复杂、类型众多数据构成的数据集合，是基于云计算的数据处理与应用模式，通过数据的整合共享、交叉复用形成的智力资源和知识服务能力，其核心的价值是依托互联网的云计算对于海量数据进行存储和分析。

大数据应用到炒股软件，其特征尤为显著，能够通过各种算法达到自己心里所要求的技术分析数据，能够通过计算机算出各种选择股票的数据，再通过选出的股票决定优先买卖的顺序。

大数据使得炒股的公式、算法更复杂，图表形式更丰富，让操盘手法更具有博弈性、知识性；同时，颠覆性地改造了传统股市指数编制方法和量化投资方法，让蝴蝶效应转为模型分析成为现实。

我利用大数据所发明的量价空间当量指标也要归功于大数据。我们充分利用大盘基础数据挖掘和分析技术，将每天产生的新闻信息、搜索数据等与股票建立起相应的关系，从而通过各种信息的热度变化来实时分析股市板块、个股的异动。

从某种意义上说，股票中的关联信息是度量非结构化投资数据的方法，可用它反映市场的投资意愿或预期。因为有云计算的支撑，才能完成非结构化、非关联化的事物间的可能性趋势的预测，这才是利用大数据炒股的核心思想。

从一定程度上讲，利用大数据炒股利用的是巨量数据汇集而成的整合性信息对股票价格的预测，这给散户投资者带来好的信息：使其预测股票价格更为准确。

如何利用大数据炒股？具体来讲，在资本市场中，传统的技术分析主要是"量价分析"，分析对象是股票价格和成交量，看均线、RSI、OBV 等。而通过"大数据"分析市场，显然是量价之外的技术"第三维"，即包括量化非结构化的信息（政策文件、自然事件、地理环境、科技创新等）以及市场情绪（通过计算机分析新闻、研究报告、社交信息、搜索行为得到）来度量股票价格变动因素，以此来有效预测未来股市活跃度（以交易量指标衡量）及股票价格走势的变化。通过电脑程序精密计算，将金融市场历史交易资料及已有的市场理论、学术研究报告和市场信息有机结合在一起，形成一套较完整的电脑数学自动投资模型。利用计算机处理大量历史数据，通过连续而精密的计算得到两种不同金融工具间的正常历史价格差，然后，结合市场信息分析它们之间的最新价格差。

第二节
关联性：模式化炒股思维凸显

大数据能够通过云计算技术将非模式化的东西通过非线型向线型过渡，并不断修正，最终达到模式化，并不断通过云计算技术将非关联性、非因果性的事物关联性、因果性。

在个股的分析过程中，利用大数据可以按照人性化的设计达到目的，甚至可通过模拟人的思维达到设定的目的。

大盘所提供的数据虽然具有一定的事后性，但利用大数据炒股，在人为假设的情况下，越来越具有可控的预测性，加之云技术的应用，使得个股数据被应用的时差越来越小，几乎达到同步的结果。

现在比较成熟的技术分析是量价空间理论，但市场上成熟软件的技术指标也只能是单一的量或价（或涨跌天数或资金流向或同一属性指标）的当量运算的结果，这样就出现了很多类似于 MACD、OBV、KDJ、MA 等大家较为熟悉的传统的技术指标。当然，从传统 K 线到分时数据，只能算是大数据应用的初级阶段。如今各大庄家推出的量化交易，擅长的就是对于大量交易数据进行复杂数理模式分析，以此来获取暴利。比如对冲基金经理西蒙斯，他本身就是世界级的数学家，还把 IBM 整个语音识别团队都挖来进行金融市场"大数据"的分析，盈利颇丰，甚至是日进斗金！

当前的 K 线大数据主要基于灰色理论，放弃对因果关系的追求，而关注相关关系，这是对于丝袜理论、蝴蝶效应的数据化模型处理。经济学家的眼里，不相关的事件之间存在某种超然的关联，不易察觉，只有慧眼之人用独到的方式、方法才能识别与把握。实质是要用心把一大堆庞大且看似毫无关联的数据用计算机进行分析，找出看似无关数据之间的关系。如通过高速路上卡车与轿车的比例来分析判断区域经济的景气程度，通过大街上女士丝袜的暴露程度分析当地的经济盛衰，通过金价、原油购买比分析黄金与原油的走势，通过股指、金价比预测股市与黄金价格走势等。这些预测无不都是通过数据分析，再找到或发现 K 线奇点或拐点，寻找到某一产品的合理买卖点位。

正是基于相关关系与奇点嬗变原理，我通过数年的研究，找到了 K 线博弈量价当量的相关关系，并探寻出了一种独特的大数据处理模式，打破不同数据特征间的有效整合，并根据模式形成的 SEPV 量价当量线对后市进行预测性分析、评判，效果较佳。

第三节
指标命名：关注量价当量K线的参数设置

我基于大数据理念，合成了一套独特的量价空间分析指标SEPV。SEPV量价当量指标是通过对当时或设定取值范围内的价格与成交量的合成而形成的数据指标，将价格与成交量之间形成的空间通过模式化处理，达到数据化、可视化的效果，属典型的时空数据、异单位的当量数据，具有较强的市场研判作用。

通过大数据合成的SEPV指标，为K线博弈提供了最直观地观察主力筹码与拉升、出货的节奏与力度。K线博弈SEPV指标是和传统K线相对应的一个概念，之所以提出K线博弈这个概念，是基于这样一种认识，那就是同样时空的涨跌在不同价位的含义应该是有所不同的。而同样的成交量相对于价格的涨跌，其市场意义也是不同的，市场价格高位的成交量与市场价格低位的成交量同样表现不同的市场含义。在一般的应用软件K线图中，直观上看，价格形成的K线与成交量形成的K线之间会形成一定的空白空间。而善于K线博弈的人就会从空间的空白的大小来有所感悟，简单地判别市场的阴晴好坏，从中快速地确定自己的操盘思路。如股票价格在低位运行时，成交量减少，形成的空间会变大；而一旦成交量放大时，价格可能还处于滞涨期，但空间由大变小，形成 K 线的奇点，说明出现了市场投资的机会。当市场价位在高位盘整运行时，突然成交量放大，形成的空白空间变小，出现了 K 线奇点，提示股票投资者要适当减仓，获利了结。

实际操作中，当你发现了 K 线博弈低位无量长阳的个股后，也不用急于跟进，还可以继续观察一段时间，耐心等待投资奇点的出现。如果在价格低位出现奇点和空间在缩小后突然放大的现象，则后市上涨的可能和把握就更大一些，这是因为庄家把股票价格向上做需要做多的资金实力、庄家把股票价格向下做需要做空的筹码数量。

如果主力在筹码密集区内（一般是成交量放大阶段）可以控制股票价格涨跌随意、上下自如，那也可以说明该股主力具有很强的控盘实力，后市理所当然可以看涨或看跌，而 SEPV 线（即 PVS 线）形成的奇点往往是庄家控盘留下的痕迹。

PVS 线属于量价合成型的技术指标。PVS 线不同于其他技术指标，要么是单纯的价格指数，要么是单纯的成交量指数，它是价格与成交量的合成指标，但又不同于价格与成交量乘积的资金量能指标（如 OVB 值），适当参考了顶部与底部的空间特征。

PVS 线的常规参数为 6、12、23、56、123、234。其中，PVS6 日线、PVS12 日线为短期指标；PVS23 日线、PVS56 日线为中期指标，PVS56 日线为乾坤线或称为牛熊市转换线；PVS123 日线、PVS234 日线为长期指标。

灵活应用 PVS 技术指标主要通过以下几点来掌握：关注短期线与中期线的黏合与分离信号；关注 PVS 短期指标与股票价格的背离现象；关注 PVS 线特殊形态的市场信号。后文，我将对这三种情况详细分析。

第四节
市场解读：量价当量K线的趋势酝酿

　　股票价格的趋势主要分为上升趋势、下降趋势和水平趋势三种。其趋势根据时期的设置不一样，具有相对性，有时从某一时段来看是上升趋势；但从更长期来看，可能处于下降趋势。作为长期投资者来讲，看中的是长期趋势；对于短线投资者来讲，看中的是短期趋势。

　　作为散户，要研究趋势，不能仅从K线图上去分析把握其趋势的发展方向。因为K线只是股票过去发展留下的痕迹，并不能代表你所希望的发展方向；因为趋势有时会受到场外资金的涌入或撤退而呈现突破，改变原来的运行角度或方向。也就是说，股票价格运行的趋势的改变与维持是场外资金直接作用的结果。因此，研究趋势，应当从场外的资金信息入手，而不能仅凭技术指标来预测。

　　如图12-1所示，预测股票价格处于下降通道时，股票价格可能会维持其下降趋势线，下降趋势线主要以股票价格的K线波峰的两个邻近峰顶连接而成。由于下降趋势已反映股票价格在一定时期的下跌走向，因此，下降趋势线对股票价格上涨起到打压作用。一般来讲，当某一段时期股票价格上升到下降通道时，散户可适当地卖出股票。特别是对于在低谷抢反弹的操作者来讲尤为重要，弄不好就要被套牢。

影响股票价格趋势的另一个重要作用就是股民的心理定式，股民的心理定式会在一定程度上维持股票价格趋势。从"牛市无熊股，熊市无牛股"或"追涨不追跌"等股市谚语可略见一斑。

如图 12-2 所示，预测股票价格处于上升通道时，股票价格可能会维持其上升趋势线，上升趋势线主要以股票价格的 K 线波峰的两个邻近谷底连接而成。由于上升趋势线反映股票价格在一定时期的上涨走向，因此，上升趋势线对股票价格下跌就会起到较好的支撑作用。一般来讲，当某一段时期股票价格回调到上升趋势线时，可以适当买进股票或进行补仓操作。

如果上升趋势线与下降趋势线呈水平状态时，我们又可称之为水平趋势线。一般来讲，上升趋势线是股票价格运行的支撑线，下降趋势线是股票价格运行的压力线。在股票价格接近或碰到上升趋势线或支撑线时，适宜买进股票；在股票价格接近或碰到下降趋势线或压力线时，适宜卖出股票。

股票价格趋势不会总是保持水平状态，有时向上，有时向下。为了形象说明资金作用力的大小，我们用支撑线或压力线与水平线所形成的角度来判断资金涌入与撤退的力度。

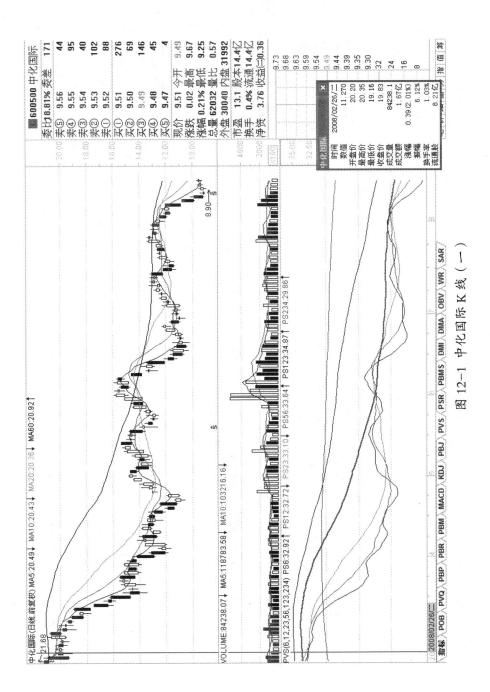

图 12-1　中化国际 K 线（一）

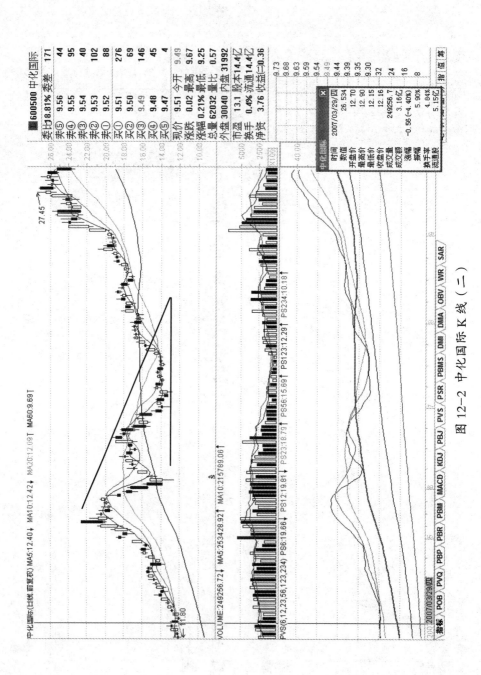

图 12-2 中化国际 K 线（二）

一般来讲，支撑线或压力线与水平线平行时，我们就认为股票价格处于盘整阶段，盘整阶段主要在"龙潜—潜龙"区间，还有的在"厉龙—跃龙"区间与"亢龙—龙亢"区间，前两个区间股票价格一般在一个窄幅震荡，后一个区间作较大幅度震荡。

当支撑线与水平线成 90 度以内锐角时，股票价格一般呈上升趋势。当压力线与水平线成 90 度到 180 以内的钝角时，股票价格一般呈下降趋势。上升趋势一般在"见龙—厉龙—跃龙—飞龙"之间，下降趋势一般在"龙飞—龙跃—龙厉—龙见"之间。

股票投资者可利用 PVS6 日线、PVS12 日线、PVS23 日线在 PVS56 日线上下方的位置来判断股票价格的运行趋势。如果 PVS6 日线、PVS12 日线、PVS23 日线始终在 PVS56 日线上方运行，说明庄家占据牛市中继。如果 PVS6 日线、PVS12 日线、PVS23 日线始终在 PVS56 日线下方运行，说明庄家占据熊市中继。同时，可通过 PVS6 日线、PVS12 日线、PVS23 日线上穿 PVS56 日线或下穿 PVS56 日线来判断股市的运行方向改变。

如图 12-3 所示，如果上升趋势中 PVS56 日线上行角度大于 30 度时，我们可以认为在牛市中。股票价格维持着正常态势的上涨角度，当大于 30 度并接近 60 度时，我们可以认为股市处于牛市中的股票价格强势上涨态势。当上涨角度小于 30 度并接近 30 度时，我们可以认为股市处于牛市中的股票价格弱势上涨态势。

当股票价格从弱势上涨态势向强势上涨态势转变时，可以认为股票价格开始进入加速上涨行情，也反映了资金涌入的踊跃程度。

如果下降趋势中的 PVS56 日线下行角度为 30 度时，我们可以认为在熊市中。股票价格维持着正常态势的下跌角度，当大于 120 度并接近 120 度时，我们可以认为股市处于熊市中的股票价格强势下跌态势。当下跌角度小于 150 度并接近 150 度时，我们可以认为股市处于熊市中的股票价格弱势下跌态势。

当股票价格从弱势下跌态势向强势下跌态势转变时，可以认为股票价格开始进入加速下跌行情，也反映了资金撤退的急切程度。

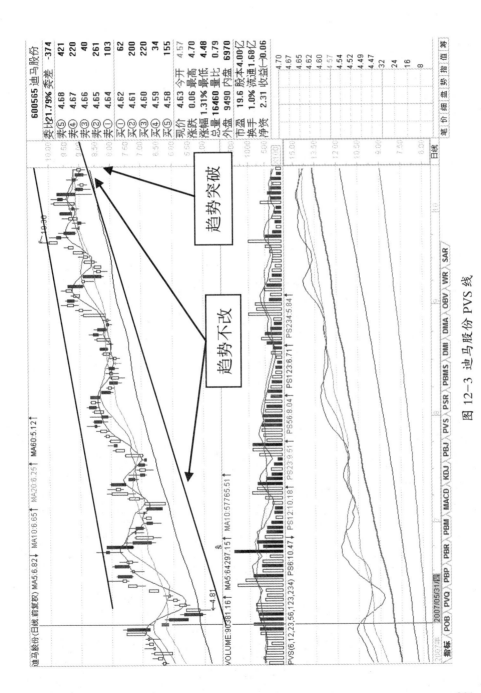

图 12—3　迪马股份 PVS 线

第十三章
量价时空：揭示
庄家骗人伎俩

　　研究股市，进行技术指标分析，无不以成交量和价格作为研究对象，但不同的量价在不同的时空具有不同的市场意义。为了揭示庄家骗人的伎俩，我潜心研究量价时空，总结出了判市秘诀及一些综合图解，散户投资者一看就明白。

本章导读

第一节
乾坤线：判市分析的要领

PVS56 日线能够整体反映股市运行的冷暖，因此可称为乾坤分界线。股市宛如山岚，如图 13-1 所示。

PVS56 日线沿着一定角度向上攀升，说明庄家占据乾道（牛市中继），如图 13-2 所示。

图 13-2 所示的是上海机场（600009）在某一阶段庄家占据乾道（牛市中继）的标准形段。PVS56 日线与 PVS123 日线、PVS234 日线呈向上三角形形态，PVS6 日线、PVS12 日线、PVS23 日线在 PVS56 日线上方纠缠、起伏向上。

PVS56 日线沿着一定角度向下探底，说明庄家占据坤道（熊市中继），如图 13-3 所示。

图 13-3 所示的是海洋生物（000078）在某一阶段形成了庄家占据牛市中继的形段。在 PVS 线上，PVS56 日线、PVS123 日线与 PVS234 日线呈向下的三角形，PVS6 日线、PVS12 日线、PVS23 日线在 PVS56 日线下方纠缠，但总会被 PVS56 日线所压。从图 13-3 可以看出，一般在龙飞与龙跃之间及龙厉与龙见之间形成两次向 PVS56 日线靠拢的时间期，在龙飞、龙跃与龙见后期形成 PVS6 日线、PVS12 日线、PVS23

日线与 PVS56 日线严重偏离的形态。这时，可适当做反弹，但不能恋战。

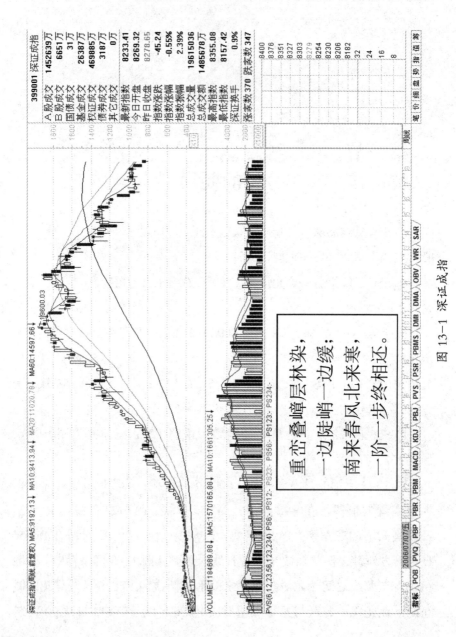

图 13-1 深证成指

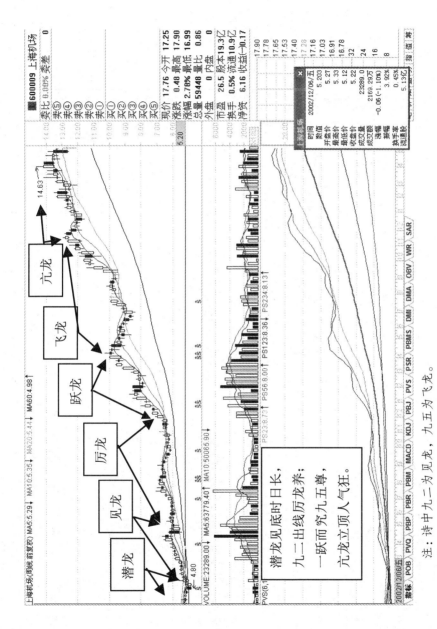

图 13-2　上海机场 PVS 线

注：诗中九二为见龙，九五为飞龙。

潜龙见底时日长，
九二出线历龙养；
一跃而冗九五尊，
冗龙立顶人气狂。

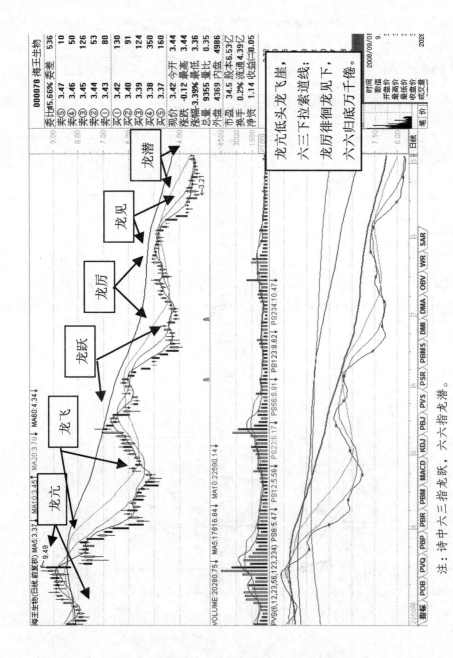

图 13-3 海王生物 PVS 线

注：诗中六三指龙跃，六六指龙潜。

第二节
大局观：利用 PVS 线判市的注意事项

利用 PVS 线研究、判断市场时，一定要做大局分析。PVS 线本身就是价格、成交量的合成指标，数值不同代表不同的市场意义。因此，特别要注意以下四个问题。

一、资金的筹集与资金的回笼

在买卖股票的过程中，无论是散户，还是庄家，都会直面资金的筹集与资金的回笼的问题。一般来讲，庄家在发动行情之前都要对国家货币政策和社会闲散资金进行评估，以确定发动行情后，是否有足够的社会闲散资金跟进。否则，庄家是不会发动一波行情的。在资金筹集方面，庄家的资金成本率一般要比散户的大，因为散户的资金属于自有的部分要多，而庄家的资金大多是通过借贷方式筹集而来。在资金回笼方面，由于散户不存在还贷的压力，除非急用资金，在股市下跌过程中，是不会轻易抛盘的。庄家通过借贷筹的款都是有还款期限的，所以，庄家在还款期限到来之前为了还款会不惜代价抛盘。也可以说，砸盘或下跌缺口在一定程度上是由于庄家还款压力形成的。

　　作为散户，应当认识到一轮行情的启动是由哪方面的资金引起的；在股市行情处于巅峰状态时，要提前思考是否还会有足够的资金入场。散户往往是在一轮行情的最后疯狂时刻入场的，也就是说此时的股市行情处于巅峰时期。散户资金的疯狂入场最明显的特征就是不惜将存款取出投入股市，认为可获得比银行更安全、更实惠的回报收益。实质上，散户资金的大进场，犹如海洋中出现了成群银鱼，即将上演一场被鲨鱼、海豹、企鹅等追杀的壮观场面。一切将会随着这一壮观场面的结束而结束。这就是股市，这就是股市的博弈。

　　无论庄家如何预测后市，股票价格回归市场价值的真理是任何人都不可阻挡的。在股市行情达到一定高度后，股票价格将随着散户资金转换成虚拟的股票货币而开始下移，逐渐回归到应有的价值区间。这一回归可能是上升阶段的镜像，也可能是上升阶段的对称，还可能是一种向后延伸的拖尾，这就看庄家的撤资决心和计划了。

　　当股票价格受到入市资金的影响，会在不断地维持现状与改变现状中发展。当股票价格运行动力越过支撑线或压力线时，我们就说股票价格发生突破。股票价格发生突破无不与资金的涌入与撤退有关。

　　分析研究资金的涌入与撤退，应从以下几方面入手。

　　1. 国家宏观调控政策即将出台的是从紧的财政政策，还是放松的财政政策。

　　2. 银行方面是酝酿抓紧回收资金，还是在继续放贷。如近期是在调高存款准备金，还是在降低存款准备金。

　　3. 股市管理层面是在酝酿出台政策鼓励发展股市，还是在引导股市资金流向生产型领域。股市行情发展到狂热时，由于吸收大量社会资金，会对其他领域资金产生虹吸作用。股市过多地吸收社会资金将对其他领域产生极强的破坏作用。

4.物价指数，物价指数过高，说明社会资金过多地被股市吸引。

5.就个股而言，是否有吸引资金入场的利好方面，或者是否有利坏消息让资金退场。

6.与股市相关的房价、油价、电价等近期是否要调整。

7.外汇管理方面是否有新的政策出台。

8.随机因素是否会拉动特殊行业的生产或对个别行业的生产产生破坏作用。

二、人气的聚集与人气的离散

股市的好坏可通过人气指数来衡量。也就是说，股市在一定程度上是人气的聚焦与离散问题。一轮大的熊市后，人气十分低迷，人们都远离股市，那么，股市就不可能红火。股市不红火，上市公司就不可能通过股市筹集到运营资金，那么，上市公司就难以支撑。相关部门从上市公司的发展考虑就可能出台救市政策，与上市公司的监管部门一道出谋划策，共商股策。要想聚焦人气，就如养鱼一样，也如同休渔一样，要让部分股民能够在股市中挣到钱，或者说让一部分深套其中的股民有机会解套，以此来聚焦人气。在聚焦人气的过程中，银行、税务及监管机构都会相互配合，都会出台相关政策以此来鼓励新的资金入场。如银行会通过降低存贷准备金，让企业资金有更大的流动性，通过降低存贷利率以此来鼓励普通老百姓消费；税务会通过降低印花税或者实施单向收费以此来鼓励交易。

庄家在不同时段利用人气的手法是有差别的，如下所示。

1.潜龙时段——低迷人气。

2.见龙时段——吸引人气。

3.厉龙时段——测试人气。

4. 跃龙时段——聚集人气。

5. 飞龙时段——高涨人气。

6. 亢龙时段——稳住人气。

7. 龙亢时段——人气高涨。

8. 龙飞时段——人气打压。

9. 龙跃时段——人气渐失。

10. 龙厉时段——人气测试。

11. 龙见时段——人气丧失。

12. 龙潜时段——人气低迷。

三、现在区间、过去区间与可能发展区间

为了更好地分析股票价格趋势，我们必须对区间有较深的理解。也就是说，趋势是在一定时期形成的，我们选定的区间不一样，其分析的趋势可能也不一样。因此，我们要把握好区间的相对性，才能更深地理解趋势的相对性。也就是说，趋势是相对的，而不是绝对的。

并不是所有区间或时期都适宜散户进行投资。散户应当正确把握好投资区间，只有在合适的投资区间购买股票，才能给自己带来收益。否则，就可能导致亏损。那么，什么区间才适合投资呢？

一般来说，当散户感觉到牛市来临时，就要选择过去区间向上且资金面没有更多利坏的个股进行投资。选择庄家占据牛市中继的股票进行大胆买入。主要是在见龙区间、厉龙后期区间、跃龙区间或飞龙前期区间。见龙区间可认为是股票价格的趋势形成前期，体现了股票价格的向上趋势。厉龙区间体现了股票价格的调整态势，要把握好在后期区间积极买入。跃龙区间或飞龙前期区间，体现了牛市股票价格大角度向上的趋势。

当散户感觉到熊市来临时，就要选择在过去区间向下且资金面出现

利坏的个股进行快速撤资。选择庄家占据熊市中继的股票进行果断出局。主要是在龙见区间、龙厉后期区间（反弹区间）、龙跃区间或龙飞前期区间保持空仓，在这一时期要果断地清仓，学会耐得住寂寞。

我们在理解投资区间时，要完全理解与把握好风险区间。所谓风险区间，就是主流资金在K线图的变换与掩护下有准备地撤退的区间，这一区间也将是散户因做多操作从而使资金不断地缩水，不断地看着股票价格下行又难以抛售的区间。散户资金在风险区间可能有被套的危险，如上山后处于崖峭之边缘，一失足可酿千古恨。

风险区间一般是在"亢龙—龙亢—龙厉"区间。在亢龙区间，股票价格处于高位滞涨区间，股票价格会随时改变原有运行趋势，成为龙亢。如果此时散户还不清仓，就可能难改被套的局面。庄家在这个时候要让更多散户来接货，以保持将盈利转换成现金。当然，还有一点就是散户在"龙厉—龙见"区间接货，总以为到了股票的最低价位，很可能还是历史最低价位，但由于没有更多的外来资金涌入，或者说人气指数不够，买到股票后，长期盘整，让你犹如拿到鸡肋，"吃不足饱，弃之可惜"。

四、缺口与反转的实质

当股票价格长期在某一段时间处于调整状态时，就会在庄家的带动下作向上或向下的突破。如果力度过大时就会出现缺口。缺口是指股票价格没有成交的范围。它的出现往往是因为受到利多或者利空消息的影响及主力加大介入或出货力度加大的原因形成，多、空双方力量的失衡所致。缺口的出现通常预示着一轮大行情的出现，或者说明股票价格有急速下探可能。尤其是缺口在短期内没有被回补的时候，其预示将加速原有的上升或下跌趋势。

　　股票价格之所以形成缺口，主要是该缺口价位段没有成交量。上升缺口主要是所有散户投资者都认为股票价格还要涨，因此就在该缺口价位范围惜售而不愿卖出股票。下降缺口主要是所有散户投资者都认为股票价格还要跌，因此就在该缺口范围惜币而不愿意买入股票。上升途中不能形成成交，庄家只有通过强力拉升达到让获利盘出手。下降途中不能形成成交，庄家只有通过种种措施让股票价格大幅下跌达到让买入者认为值得才可接盘。实质上，上升缺口往往是庄家将人气完全聚积起来形成的，下降缺口往往是庄家将人气完全打压形成的。

　　向上突破缺口一般发生在"潜龙—见龙"之间，"飞龙—亢龙"之间，"厉龙—跃龙"之间，有时也直接发生在跃龙区间或飞龙区间。

　　当庄家占据牛市中继时，很少发生向下的突破缺口。因为向下的突破缺口需要庄家拿出大量的股票抛售以打压股票价格，而这时就有可能让更多的散户得以低价买入股票，从而坐上庄家的"轿子"。一般向上突破缺口时，庄家会通过对倒的形式保持手中的筹码，而绝不会轻易将筹码交给散户。也就是说，向上突破缺口往往伴随着较大的成交量。

　　向下突破缺口一般发生"龙亢—龙飞"之间，"龙跃—龙厉"之间，"龙见—龙潜"之间，有时也直接发生在龙飞区间或龙跃区间。

　　当庄家占据熊市中继时，很少发生向上的突破缺口。因为向上的突破缺口需要庄家拿出大量的资金推高股票价格，而这时就有可能让更多的散户得以逃脱庄家的圈套。一般向下突破缺口时，庄家会拿出一部分筹码抛售，有时是不计成本，特别是在"龙跃—龙厉"之间以及"龙跃—龙飞"区间，其目的是尽快完成资金的回笼，但也不排除其通过对倒的形式向下突破缺口，让深套的散户抛在地板上。这时，庄家会根据资金情况选择是否重新收集筹码，还是将股票价格打压到底。

无论是向上突破缺口，还是向下突破缺口，几乎都是庄家提前计划好后有预谋的操盘结果，并且都是其对倒后留下的痕迹。

当股票价格长期运行在某一状态而难以维持原先运行趋势时，股票价格就会选择原先相反的趋势运动，也就是运行趋势发生的反转，庄家改变了先前的操作手法。

突破主要有中继旗形突破、中继三角形突破与中继箱形突破三种。

在突破的过程中，庄家为了更好地把握股票价格的走势，有时会采取测试的手法来试探股票价格向上突破所需的资金或者通过测试信号向其他同行发出指令。如在"跃龙—飞龙"区间的突然下探后拉起，就是属于这种情况。

反转一般有底部反转与顶部反转两种。反转一般发生在潜龙、龙潜、亢龙与龙亢的各个区间。在牛市阶段的其他区间，个股不选择向上而选择反转，究其原因很多，无外乎以下几点：既可是庄家的资金没有按照计划筹集到位，或者是由于大势不予配合，或者是庄家没有收集到足够的筹码而改变向上突破的策略。一般来讲，庄家没有完成股票价格的上升过程，是不会轻易选择放弃而在中途出现反转的。

反转一般在牛市较多。在熊市，股票价格在下跌过程中很少会发生像样的反转，只能是短期的反弹。熊市到来后，短时期内很难聚焦人气，庄家如果突然改变操盘策略，必将给散户一次出逃的机会；同时，庄家是绝不可能逆大势而为的。再者，牛市能够在短时间内聚焦人气，而熊市在慢慢地减少人气，总要给人一些以幻想，通过这些幻想让庄家的货出在适当的高点，所以说，股市是夜长昼短。牛市的反转往往是庄家筹码没有足够的原因，正所谓"机不可失，时不我待"。

第三节
PVS 线的常见盈利模式

在多年的市场经济实践中，通过对原油、钢铁、黄金、汇率市场价格走势及技术经济指标的细致分析，我认为单一的技术指标只是对市场要素过去规律的描述，而并不能真正把握未来市场的发展规律。也就是说，单一的技术指标可能会误导操盘手。PVS 量价空间当量 K 线技术属于复合技术指标，能够有效过滤庄家通过对倒而形成的虚假成交量，其技术指标具有领先地位，常见的盈利模式主要有以下几种。

一、交叉——金叉与死叉

PVS 线均线多头排列，方向向上，只多不空；均线空头排列，方向向下，只空不多。均线收敛横走，出场观望；一旦 PVS 线方向出来，股票价位突破盘整带，坚决跟进。走势也有迹可寻，可适当对比参照，永不要逆势而为。如果你根据走势图，无法确定趋势何去何从，就不要买卖股票。一个成功的交易者，对大势不作主观臆断，不是"希望"大势如何走，而是由趋势教自己去跟。跟着这个趋势行动，直到这一趋势结束。一般可借助 PVS 线在相对底部形成的金叉或相对顶部形成的死叉

216

来判断趋势。

1. 金叉：在底部时，会出现短期线向上穿过中期线的情形，这意味一轮行情启动。如果出现短穿中、中穿长，并出现向上延伸的龙爪形，则进入一轮牛市。

2. 死叉：在顶部时，会出现短期线向下穿过中期线的情形，这意味一轮行情的结束。如果出现短穿中、中穿长，并出现向下延伸的龙爪形，则进入一轮熊市。

二、背离——顶背离与底背离

对于投资者来讲，最基本的常识就是要懂得量价配合。也就是说股票价格的上升都要有成交量的配合，股票价格的下跌都是因为没有成交量的配合。即价格与成交量形成正相关是有利于个股健康发展的。否则，就存在背离问题。当价格走势一浪高过一浪，行情一直在上涨，而成交量反而一浪低过一浪，则表示价格虽然创出了新高，但成交量却未创新高，这种情况叫作顶背离。此时，PVS线会走出一条向上挺起的线，表示价格上涨过程外来力量不足、外强中干，暗示未来很快会有一波下跌行情，是强烈的下跌信号。PVS线向上的角度越大，向上延长线越大，股票价格向下回探的概率越大。反之，当价格走势一浪低过一浪，股票价格一直在下跌，而成交量反而确是一浪高过一浪，则表示价格虽创出新低，而成交量却未创新低，这种情况叫底背离。此时，PVS线会选择向下延伸的线，表示价格下跌过程动能不足。当量价齐升，逐渐平缓，暗示未来会有一波反弹行情，是强烈的上涨信号。PVS线向下的角度越大，纵深越大，股票价格向上反弹的概率越大。量价齐跌时，又逐渐平缓。

三、盘整——黏合与离合

一般来讲，个股在上攻的过程中，会出现量价齐升的壮观景象。这时的 PVS 线会是横着的，短期线会相互黏合，个股会维持原来的方向向上或向下行。如果出现大的离合状态，就会选择改变方向。要根据背离情况，选择买入时机或卖出时机，不可盲目判断。一般来说，PVS 线出现底背离后，当走出 PVS 3 日均线与 9 日均线粘连或重合横走一段时间（3 个交易日以上），然后形成向上的金叉，是绝佳的买入时机。一般来说，PVS 线出现顶背离后，当走出 PVS 3 日均线与 9 日均线粘连或重合横走一段时间（3 个交易日以上），然后形成向上的死叉，是绝佳的卖出时机。

四、极值——顶点与底点

PVS 线会出现极值。也就是说，量价空间会形成极值，空间极小时意味股票价格运行到底点。空间极大时，意味股票价格运行到高位。某上涨趋势的 PVS 线的顶点或底点的连线，可以构成对未来趋势的突破、拐点与认定。跌得足够急、足够深就会出现极值，会出现反弹，或者表示反转。

五、特殊形态

当短期 PVS 线形成 Z 字形、躺 8 字、反 8 字形、拱桥形等特殊形态时，可以初步判断一轮行情中继发展的特殊形态，可以适当增仓或减仓。应保持原先的操作盈利模式。这些特殊的形态往往是庄家刻意打压股市或洗盘、震仓所致。

第 十 四 章

灵活掌握：PVS 线 技术合成的关键因素

对于 PVS 线的技术合成分析，主要基于其历史图谱进行分类、归纳与分析，散户投资者要灵活掌握；同时，更多地分析前期属于哪一阶段（泰、乾、否、坤）、哪一区间，从而判断现在走势属于哪一阶段、哪一区间的特征，未来会进入哪一阶段、哪一区间，这样才能正确地指导自己的操盘行为。

本章导读

第一节
横盘整理：短期线、中期线的黏合、分离信号

PVS 线的黏合与分离信号主要从短期线之间及短期线与 PVS56 日线之间产生。特别是当 PVS6 日线、PVS12 日线、PVS23 日线黏合与 PVS56 日线的相对位置不同，其市场信号的解读意义截然不同。如图 14-1 所示，PVS6 日线最高值与 PVS56 日线最高值之间是散户的最佳卖出良机。

总的来讲，PVS6 日线、PVS12 日线、PVS23 日线黏合并与 PVS56 日线纠缠说明股票价格趋势要发生变化，或者说股票价格趋势要发生反转。PVS6 日线、PVS12 日线、PVS23 日线黏合并在 PVS56 日线上作平缓运行，且 PVS56 日线的运行趋势是向上的，一般属于庄家占据牛市中继（牛市）的中继过程。PVS6 日线、PVS12 日线、PVS23 日线黏合并在 PVS56 日线下作平缓运行，且 PVS56 日线的运行趋势是向下的，一般属于庄家占据熊市中继（熊市）的中继过程。如果 PVS6 日线、PVS12 日线、PVS23 日线黏合并与 PVS56 日线呈三角形向上发散运动，说明庄家完全占据牛市中继，大势向好。如果 PVS6 日线、PVS12 日线、PVS23 日线黏合并与 PVS56 日线呈三角形向下发散运动，说明庄家完

全占据熊市中继，大势向坏。

PVS56 日线向上说明处于牛市，PVS56 日线向下运行说明处于熊市。

图 14-1 为中国石化（600028）在某一时段的 PVS 线。该时段内 PVS6 日线、PVS12 日线、PVS23 日线黏合并与 PVS56 日线纠缠一段时间，随着 PVS56 日线选择向下，牛市行情结束。散户应以空仓为主。进入熊市后，PVS6 日线、PVS12 日线、PVS23 日线黏合并与 PVS56 日线呈三角形向下发散运动，且 PVS6 日线、PVS12 日线、PVS23 日线相对于 PVS56 日线始终保持一定的背离，说明熊市行情不改。

PVS6 日线、PVS12 日线、PVS23 日线在 PVS56 日线上方黏合并平缓运行的时间越长，说明释放的能量越大，一旦趋势改变，很难突破。

图 14-2 为宁沪高速（600377）在某一时段的 PVS 线。该时段内 PVS6 日线、PVS12 日线、PVS23 日线黏合并与 PVS56 日线纠缠一段时间，随着 PVS56 日线的两次选择向上，说明熊市行情结束。散户应以建仓为主。

在 PVS6 日线、PVS12 日线、PVS23 日线黏合并平缓运行的时期内，该形段的典型特征是 PVS6 日线几次探底，但都无有效突破，最后一次随着 PVS56 日线的再次选择向上，说明空方能量释放完毕，后市看好。

PVS6 日线最低值与 PVS56 日线最低值之间是散户的买入良机。

图 14-3 为兖州煤业（600188）在某一时段的 PVS 线。该时段内 PVS6 日线、PVS12 日线、PVS23 日线黏合并与 PVS56 日线纠缠一段时间，且横向纠缠时间较长。一旦大盘行情支持，且 PVS56 日线形成圆底，神针探底高于前期底点，可初步认定有轮行情即将展开，说明熊市行情结束。散户应以建仓为主。

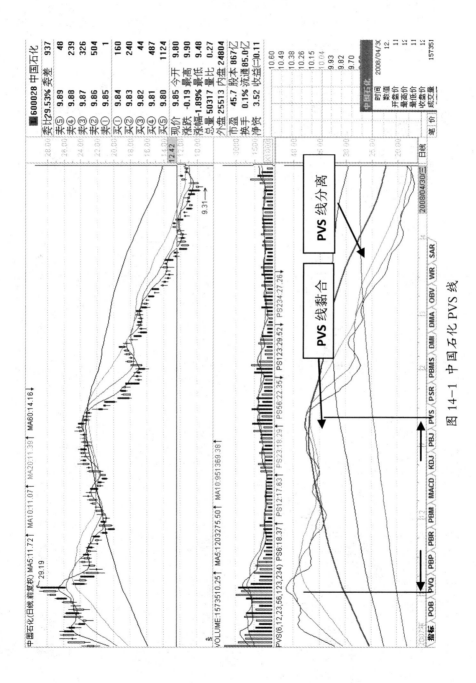

图 14-1　中国石化 PVS 线

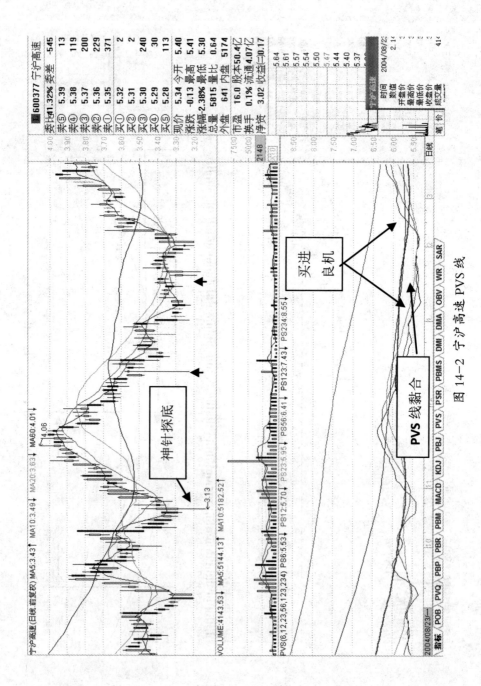

图 14-2 宁沪高速 PVS 线

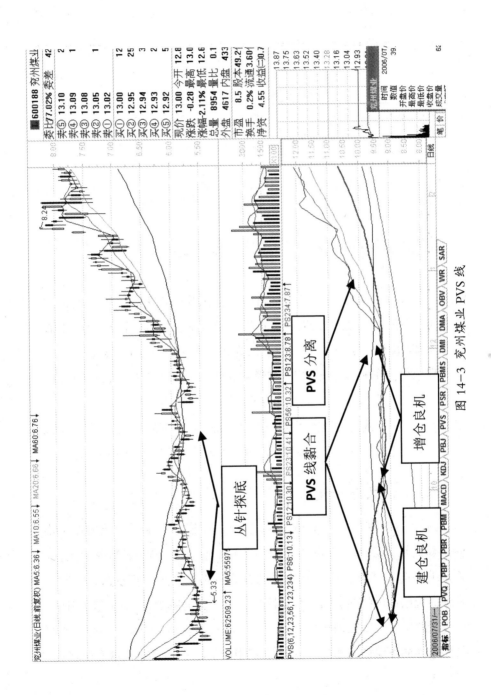

图 14-3　兖州煤业 PVS 线

第二节
时空背离 : PVS 线短期指标与股票价格的背离

当股票价格处于高位盘整运行时，会出现短期 PVS 线指标与股票价格的背离。也就是说，当股票价格创新高时，PVS6 日线、PVS12 日线却未能创新高，两者之间形成了顶背离，构成了明显的卖出信号。

股票价格在顶部一般会出现梯形发散盘头、三角收敛盘头、三角发散盘头、旗形盘头与 M 形、倒 V 形盘头等形式，而 PVS 短期线却不以同样形式而以其他形式与之形成背离形段，以此判断头部特征准确率达 95% 以上。如果辅之以量倍原理、橡胶坝原理与水力喷射原理，准确率会更高。

一、梯形发散盘头

图 14-4 为兖州煤业（600188）在某一时段的周 K 线。当股票价格创出新高后，以梯形发散方式进行盘整，但短期 PVS 线却改变很小，并呈缩小向下状态。短期 PVS 线与股票价格呈严重背离现象，说明庄家在高位已高度控盘。股票价格降低时，成交量减少；股票价格上升时，成交量增加。总体市场人气开始减退，庄家出货动机明显。不久，股票价格选择向下突破，短期 PVS 线下穿中期 PVS 线后预示庄家盘头成功。

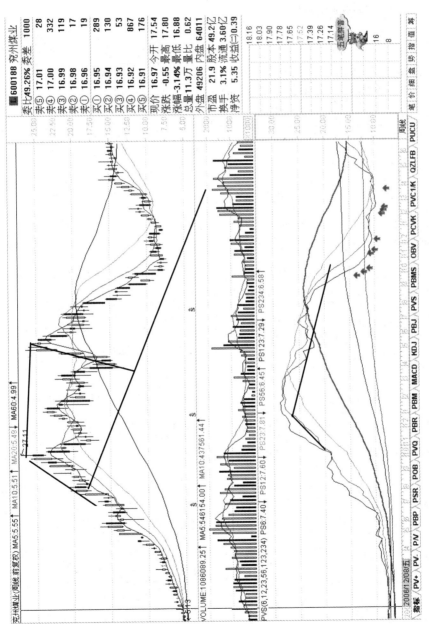

图 14-4　兖州煤业周 K 线

二、三角收敛盘头

图 14-5 为金马股份（000980）在某一时段的周 K 线。当股票价格创出新高后，股票价格呈三角形收敛并向下发展，而短期 PVS 线则保持向上势头，形成了顶背离。不久，股票价格选择向下突破三角形形态，庄家成功盘头的过程中，也预示其成功抛出手中大部分筹码。

三、旗形盘头

图 14-6 为大杨创世（600233）的周 K 线。在某一时段创阶段新高后，股票价格呈宽幅旗形整理，而短期 PVS 线呈窄幅向上，存在严重顶背离，说明庄家出货动机明显。

在旗形盘头整理中，股票价格上升时，成交量萎缩；股票价格下跌或横盘时，成交量反而增加。因此，PVS 线呈向上小幅整理态势。

出现旗形整理时，成交量一般不会出现单根量倍现象，会在一定期间保持成交量的相对稳定，这是庄家维持股票价格所为。散户投资者一定要重视。

再如图 14-7 所示，ST 鲁北（600727）在某一时段的股票价格呈旗形盘整，而短期 PVS 线呈三角形向上作窄幅攀升，说明庄家盘头成功，散户应选择清仓出局，不可恋战。

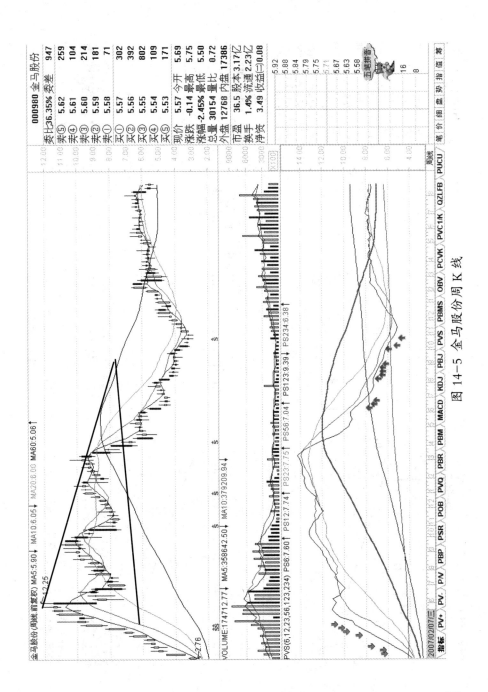

图 14-5　金马股份周 K 线

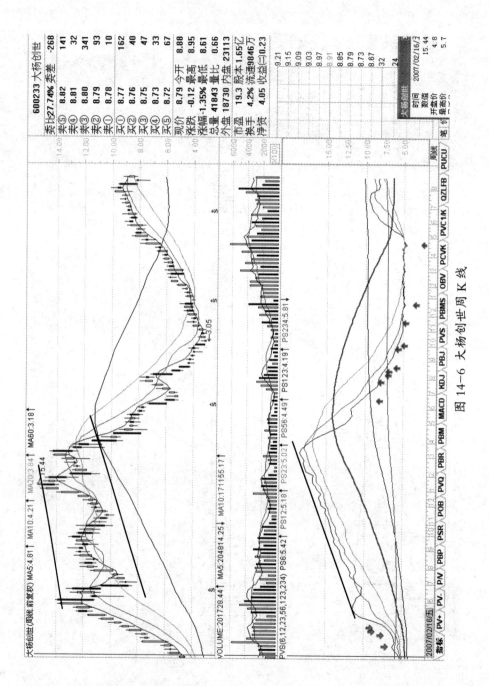

图 14-6 大杨创世周 K 线

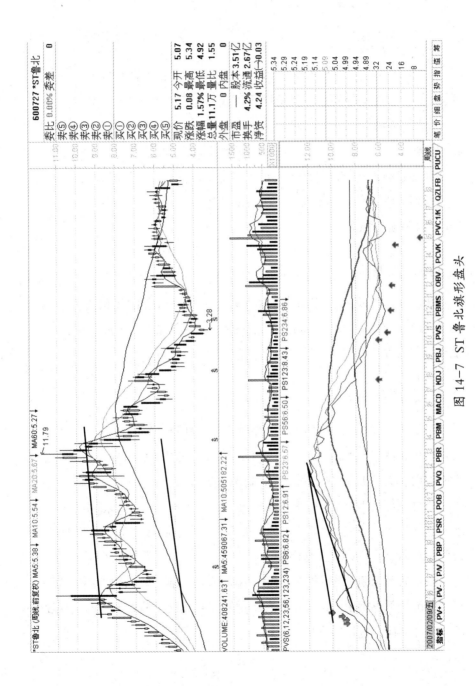

图 14-7　ST 鲁北旗形盘头

231

四、M 形盘头

如图 14-8 所示，龙头股份（600630）的股票价格在高位呈 M 形时，PVS 线两次与股票价格存在严重的顶背离，说明庄家出货动机明显。

如图 14-9 所示，南方航空（600029）在某一时段创新高收出带上影线的阳线后，开始盘头做顶呈 M 形，显然后一新高低于前期新高，但 PVS 短期线却又创出新高，呈严重的顶背离现象。说明后一新高时的成交量小于前期，庄家在前期抛盘成功。成交量缩小说明接盘力度不够，股票价格接下来必然选择向下。

五、W 形盘头

如图 14-10 所示，泸天化（000912）在某一时段的股票价格走出了 W 形，而 PVS 线却作窄幅向上攀升，出现背离现象，庄家盘头成功。说明庄家出货动机明显，散户应以空仓为主。

六、特别关注

对于股票价格与短期 PVS 线的背离，头部特征明显，底部由于成交量较小，从图上难以判断，这里不再赘述。同时，在顶背离的判断过程中，周 K 线比日 K 线效果更佳，提醒读者注意。

相对顶部判断：当价格 K 线后一相对高点与前一相对高点相差不大或明显低于前期高点，且 PVS6 日线形成相对高点明显高于前期高点时，说明相对高点形成，应空仓出局。

相对底部判断：当价格 K 线后一相对低点与前一低点相差不大或明显高于前期低点而 PVS6 日线形成相对低点明显低于前期低点时，说明阶段底部形成，应抢筹进场。

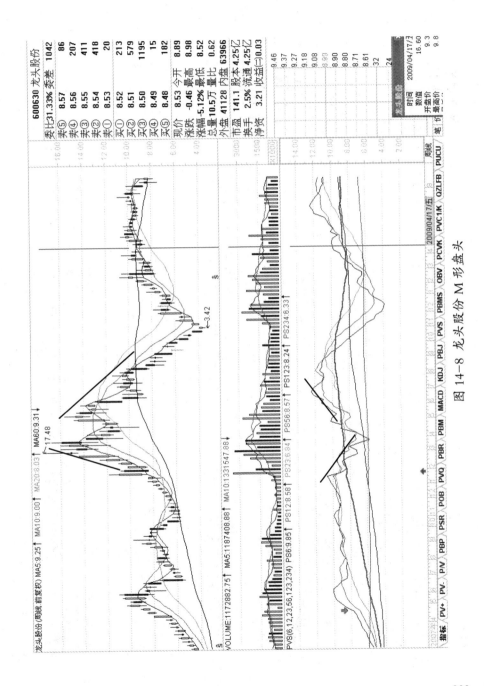

图 14-8 龙头股份 M 形盘头

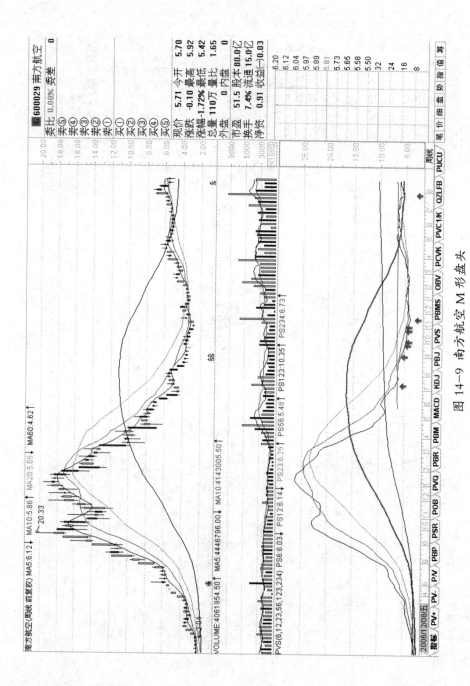

图 14-9 南方航空 M 形盘头

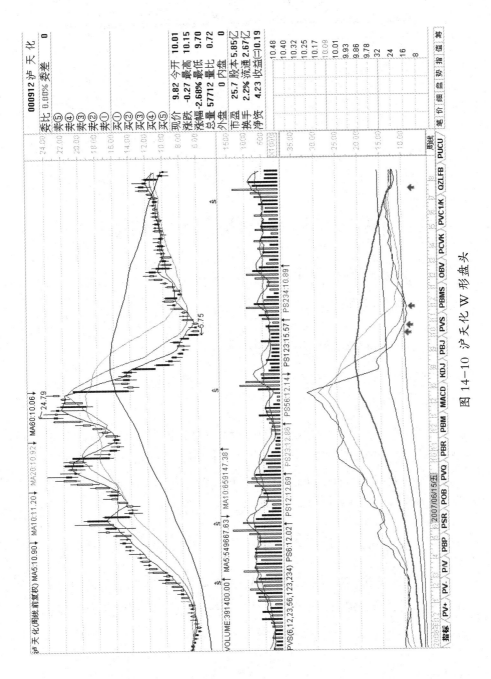

图 14—10 沪天化 W 形盘头

第三节
奇形消解：PVS 线特殊形态的市场信号

在 PVS 线的研究过程中，会发现各种特殊的短期 PVS 线形态，具有十分典型的市场信号，值得关注。

一、短期 PVS 线呈 Z 字形

短期 PVS 线呈 Z 字形，说明庄家操盘风格固定，且进出股市的资金量有一定的计划性。

如图 14-11 所示，宁沪高速（600377）在某一时段的 PVS56 日线成 Z 字形，且 PVS6 日线、PVS12 日线、PVS23 日线向上穿过 PVS56 日线后，PVS6 日线在 PVS56 日线上方攀升。如果某一时段的短期 PVS 线突破前期相对高点，将有一轮大行情。这是庄家呈波浪形推进股票价格的痕迹。

二、瀑布形

当 PVS6 日线、PVS12 日线与 PVS23 日线下穿 PVS56 日线呈向下发散三角形时，形如瀑布，十分壮观，这是庄家加大筹码派发力量留下的痕迹。

如图 14-12 所示，一般在瀑布形状形成前，PVS6 日线、PVS12 日线与 PVS23 日线在 PVS56 日线上方形成死叉。

在龙跃阶段或龙飞阶段，一般会形成瀑布形，这是两次较大跌幅的市场行情，庄家快速打压股票价格。散户投资者最好离场观望。

在瀑布形后期，庄家会乘机做反弹行情。散户投资者可采取快进快出的策略，以少量资金与庄家一搏。

如图 14-13 所示，皇台酒业（000995）的 PVS6 日线缠绕 PVS56 日线成 Z 字形，且没有超过前期高点，随之与 PVS56 日线一同下行，形似瀑布，可确定顶部形成。散户投资者应当以空仓为主。

PVS6 日线达到一个相对低点后，股票价格开始中继反弹，在反弹途中，后峰虽然高于前峰，但收出一根阳线，PVS6 日线、PVS12 日线、PVS23 日线受 PVS56 日线打压，PVS6 日线呈 Z 字形时，说明庄家出货坚决。散户应离场观望，如图 14-14 所示。

后峰低于前峰，且量小于前期高点量，PVS6 日线、PVS12 日线、PVS23 日线缠绕于 PVS56 日线，PVS6 日线呈 Z 字形，说明顶部形成。应坚决空仓离场。

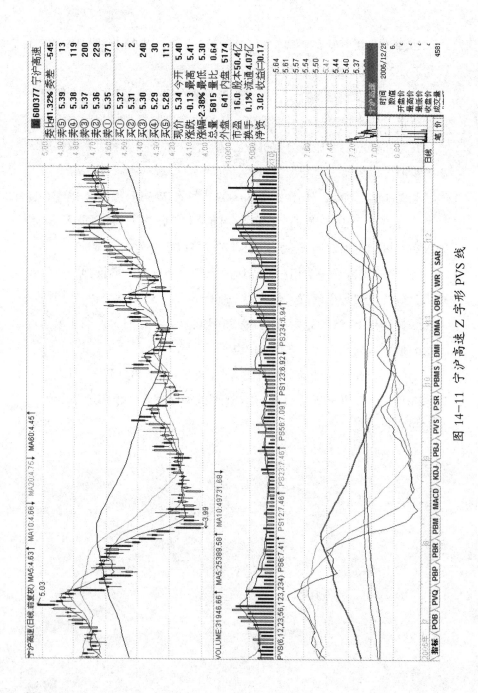

图 14-11　宁沪高速 Z 字形 PVS 线

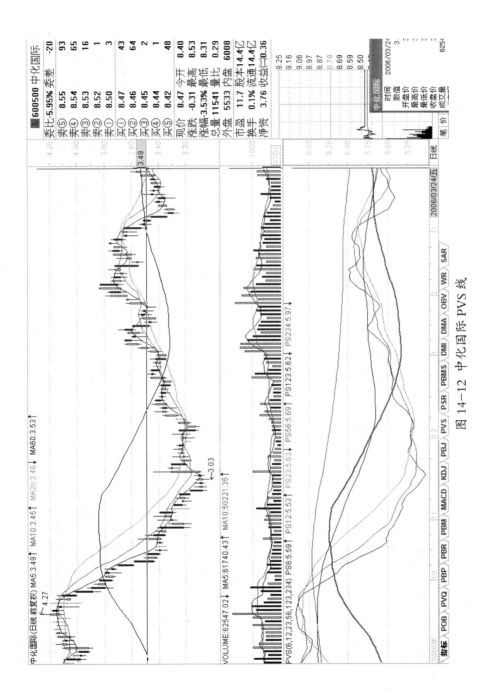

图 14-12　中化国际 PVS 线

239

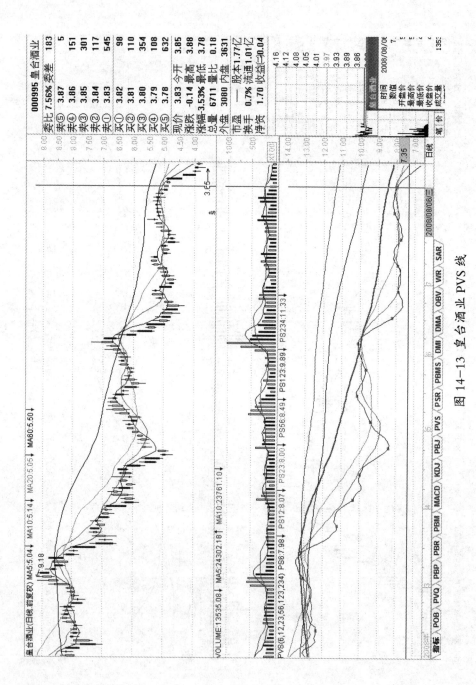

图 14—13 皇台酒业 PVS 线

240

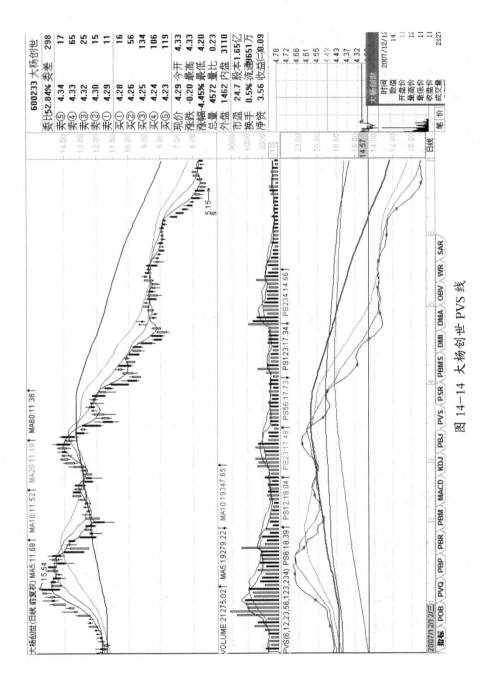

图 14—14　大杨创世 PVS 线

三、牛市启动五部曲之一：PVS 线碰、滑、穿、横、离

熊市中继后期，庄家通过控盘，走出"龙见—龙潜—潜龙—见龙—厉龙"形段，一般会出现 PVS 线碰、滑、穿、横、离的五部曲，如图 14-15 所示。

碰：PVS6 日线——PVS23 日线日均线向上碰触 PVS56 日均线。

滑：PVS6 日线—PVS23 日线日均线向下滑落，并远离 PVS56 日均线。

穿：PVS6 日线——PVS23 日线日均线向上穿过 PVS56 日均线。

横：PVS6 日线—PVS23 日线日均线在 PVS56 日均线附近作横盘整理。

离：PVS6 日线——PVS23 日线日均线向上并远离 PVS56 日均线，形成较大夹角。

四、牛市启动五部曲之二：触、撤、穿、压、离

触：PVS6 日线——PVS23 日线日均线向上碰触 PVS56 日均线。

撤：PVS6 日线——PVS23 日线日均线向后撤退，并稍离 PVS56 日均线。

穿：PVS6 日线——PVS23 日线日均线向上穿过 PVS56 日均线。

压：PVS6 日线——PVS23 日线日均线在 PVS56 日均线之上，并对其产生压迫之势。

离：PVS6 日线——PVS23 日线日均线向上并远离 PVS56 日均线，形成较大夹角。

五、牛市中继三放量型

牛市中继三放量型判断：上升途中形成三堆成交量，当 PVS56 日线呈现向上趋势时，且 PVS6 日线、PVS12 日线、PVS23 日线始终被 PVS56 日线支撑，说明庄家占据牛市中继，以持仓为主。

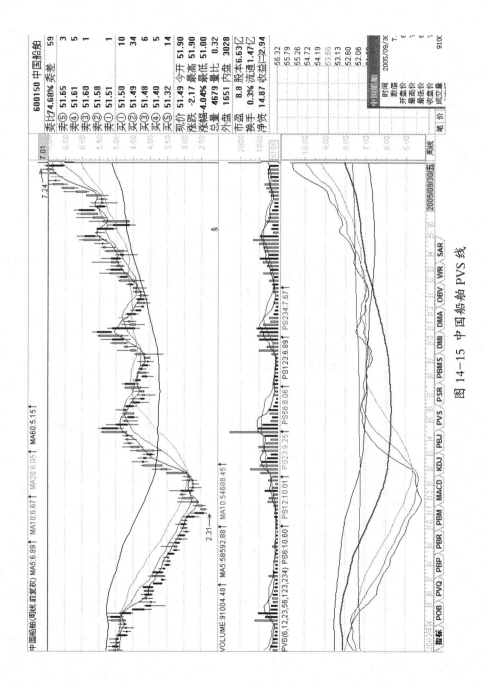

图 14—15 中国船舶 PVS 线

六、熊市中继三放量型

熊市中继三放量型判断：下降途中形成三堆逃量，当 PVS56 日线呈现向下趋势时，如果 PVS6 日线、PVS12 日线、PVS23 日线始终被 PVS56 日线压抑，说明庄家占据熊市中继，以出货为主，如图 14-16、图 14-17、图 14-18 所示。

七、大珠小珠落玉盘形

价跌量缩时，PVS6 日线、PVS12 日线与 PVS23 日线出现银叉形态，形如大珠小珠落玉盘之势。大珠指股票价格出现小幅拉升或下跌，以小阴小阳为主；小珠指成交量出现芝麻粒；玉盘指 PVS56 日线形成的银叉。一般将 PVS56 日均线下的称为银叉，PVS56 日均线上的称为金叉，如图 14-19 所示。

八、大洞小洞山顶洞形

当股票价格上涨而量缩时，PVS6 日线、PVS12 日线与 PVS23 日线出现死叉形态，形如大洞小洞山顶洞之势，如图 14-20 所示。大洞指股票价格出现小幅下跌后又向上拉升；小洞指成交量出现萎缩；山顶洞指 PVS56 日线上 PVS6 日线、PVS12 日线与 PVS23 日线形成的死叉。

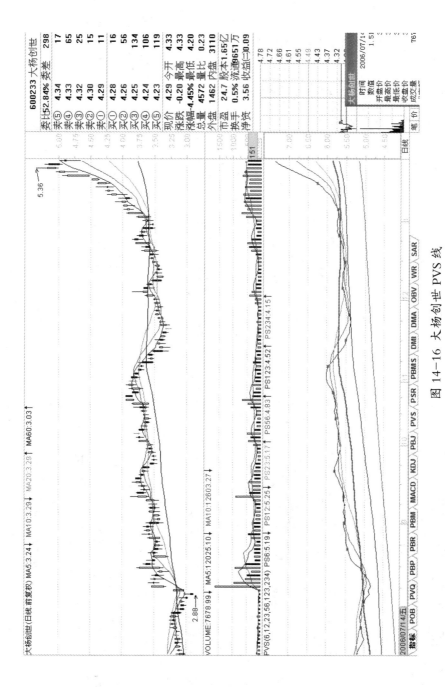

图 14-16　大杨创世 PVS 线

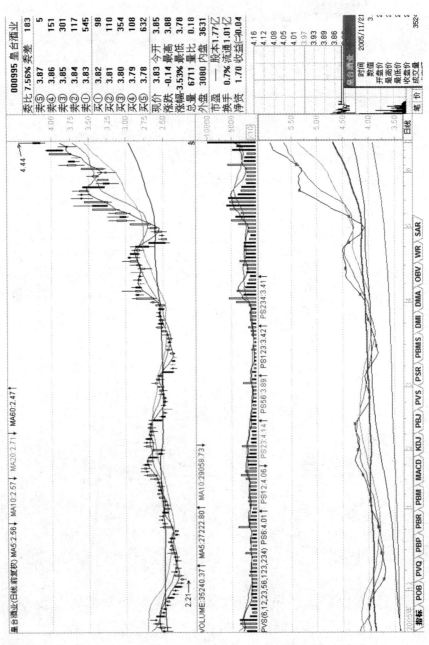

图 14-17 皇台酒业 PVS 线

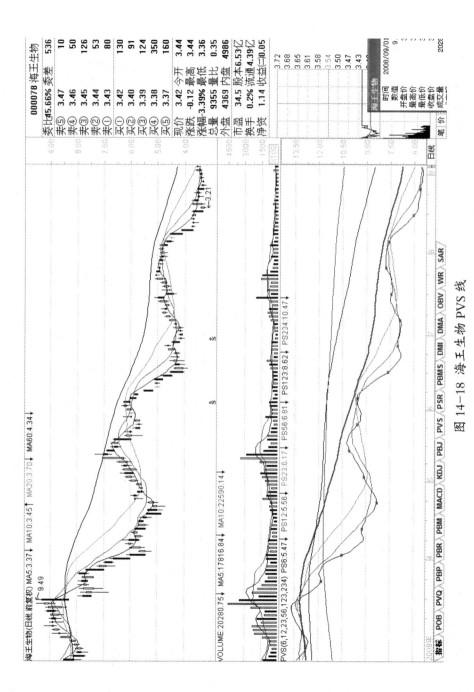

图 14-18　海王生物 PVS 线

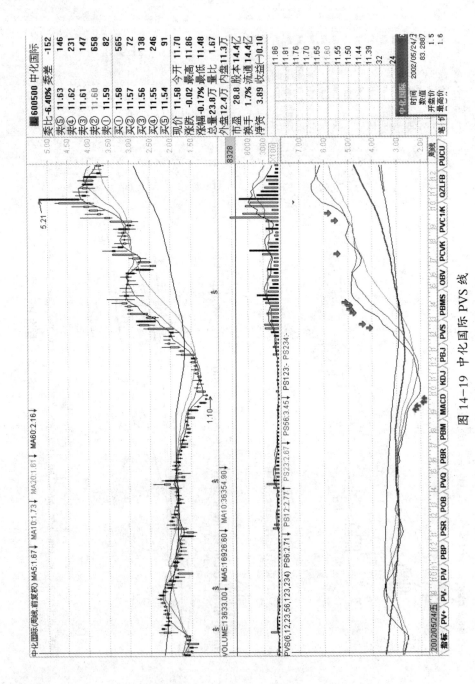

图 14—19 中化国际 PVS 线

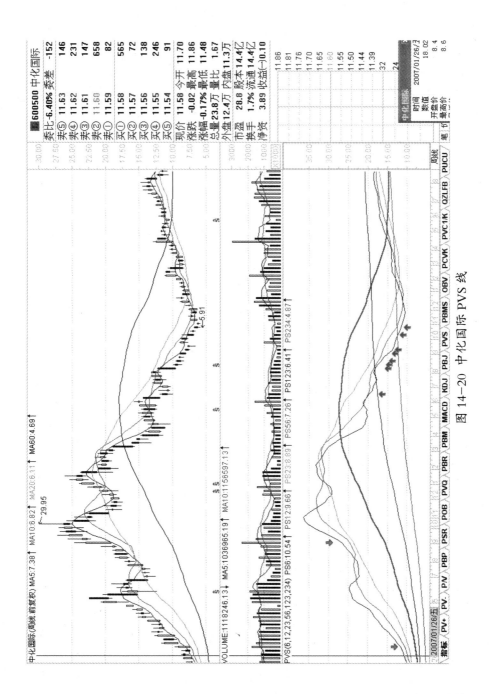

图 14-20　中化国际 PVS 线

第十五章
瞒天过海：探寻
庄家骗量的踪迹

庄家由于拥有资金上的优势，对于某一只个股能够达到完全控盘的目的。庄家要想控盘，也是通过做量来与散户周旋。也就是说，庄家总是通过做量来欺骗散户投资者，达到自由进出股市且同时又能获得丰厚利润的目的。本章通过特别原理，专门研究量价时空中庄家操盘留下的痕迹，以此洞察庄家是如何瞒天过海骗过散户的。

本章导读

第一节
成交量：庄家设伏的最佳陷阱

研究股市，研究股市技术，无不以股票价格与成交量作为研究对象。可以说，对于成交量的研判已成为业界人士用以进行技术分析的重要指标之一。正因为如此，庄家时常以成交量为诱饵，让散户投资者上当受骗。可以说，成交量是庄家设伏散户投资者的最佳陷阱！

股谚云：股市中一切都可以掺假，唯独成交量是真的，因为量是实实在在的资金堆出来的。但是，结合量价运行空间分析，我们发现成交量完全可以造假。如果继续认定只有成交量是真的这个定律，那么，对于成交量的分析就会产生"盲点"，从而掉进新的技术分析陷阱之中。犹如新楼房开盘一样，房地产开发商总要预留一部分房源或找很多"房托"来虚构成交量，让他人感觉买入量大、房源紧张，从而吸引有潜在需求的消费者产生购房冲动。股市也一样，庄家同样也会通过自卖自买或自买自卖来控制股票价格运行趋势，从而控制市场，达到操纵股票价格的目的。事实上，很多老练的庄家会通过多头开户或通过相关方联手大肆造假成交量，这甚至已成为市场主力操盘的基本功。而中小投资者就应该学会识别庄家骗量的伎俩，而不是按照常规理论的理解来看待成交量。

　　我通过潜心研究，从博弈角度出发，分析专家的操盘思维习惯，打破常规的习惯性思维方式，换个角度分析不同时期的量价走势，洞察操盘手如何骗量，跟庄者如何进行反骗量操作，可为散户投资者提供借鉴的思路。

　　庄家的骗量方式很多：在某价位放量，吸引跟风散户注意；或在某特定时间、区间放量，如暴跌——震仓与吸货，拉升——推高建仓或出货。具体还可以描述为：换手放量，换庄放量，震荡放量，平稳放量，打压放量，拉升放量，对倒放量。

　　庄家通过有效骗量，诱使技术高手产生错觉，以保证庄家的操盘意图能够按计划实现。而被搞糊涂了的股民，不见量不敢操作，盼放量；看见放量，神经紧张，怕放量踏空，在"盼量症"和"恐量症"中无奈地徘徊，最后不得不在冲动中交出筹码或被高位套牢。

　　"量在价先，天量之后必有天价"，这几乎是股市分析中颠扑不破的定理。可是，在具体判市操作中，往往越是需要肯定判断时，结论越是否定。缩量、放量永远是相对概念，因此，"天量、地量"都只是滞后于市场运行的确认。成交量大小不是事前能够确定的绝对不变的僵化概念。在下一交易日没有开始时，点位或价格运行空间及轨迹可以大概观察到，而预测明天是否能见到某一时期的天量、地量或具体成交量（有些方法可以判断转势日期，但无法科学准确地回答成交量将如何变化，所以，成交量的判断基本处于经验判断层次）恐怕很难。

　　由于不能准确把握推理和判断的前提，那么，结论必然出现不确定性是显而易见的。因为"越是推理完整严密的判断系统，在初始端输入错误的前提信息被识别的越晚，加工出来的结论出错概率可能越大"。这就是我说的"船时效应"的思维影响。也就是说，严密推理判断是否成立是建立在正确的初始输入数据的正确与否。如果开始的数据就错误，那么，再好的判断系统也会让散户投资者误入歧途。所以，散户投资者在根据成交量判断攀顶或探底时，不应是凭自己感觉轻易给当天成交量下天量或地量的结论，而应根据原理，对庄家的意图进行分析，弄清庄家的操盘意图后，结合大盘所在位置，确定自己操盘方向。

量在价先的"据量判价"方法在一般情况下有效，却不一定在所有情况下管用。尤其是做短线、暴跌抄底时，有的股票成交量根本没有起作用。指数反弹时也有此现象。尤其是冷门庄股或庄家完全独立控盘的股票，不仅仅存在价量背离，而且还存在不管涨跌，成交量几乎没有多大异常的现象。

我觉得"发现并找出成交量常态分析中通常存在的盲点"是研究成交量陷阱，找出防盲点措施，确定反骗量措施的必要前提。我通过多年潜心研究，利用相对理论，总结出了"水力喷射原理、倍量原理、神针伴量"及"堰塞湖原理"，以此探寻庄家的操盘踪迹，有重要的操盘指导意义，我会在本书中陆续与读者分享。

第二节
揭秘庄家瞒天过海的手法

　　庄家是如何通过瞒天过海手法骗过众多散户的呢？我是工科"科班"出身，自然熟悉一些液体输送设备的性能，水力喷射器就是其中的一种。水力喷射器利用少量高压液体释放时产生的真空吸进处于低压部位的液体或液固混合体，而收集池收集到的是全部输送流体。研究经济学后，我发现股市中的庄家会利用水力喷射的放大效应，产生较大成交量，以此来吸引散户跟风。即庄家首先通过少量的买盘带动大量的散户买盘，从而完成抛盘的目的；或者首先通过少量的卖盘带动大量的散户卖盘，从而完成吸筹的目的，如图15-1所示。

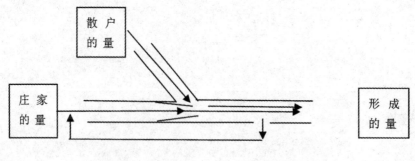

图 15-1 股市成交量水力喷射示意图

　　庄家做多时，首先会卖出手中的股票，以引来更多的抛盘，自己从中低吸。同样，当庄家向外出货时，首先买进一部分筹码，以此引来更多的跟风盘，从而反手做多抛掉手中的筹码。在庄家刻意吸筹时，买盘数大于卖盘数，但为了给散户造成卖盘大的感觉，庄家会在成交点位附近挂上大量卖盘，等快接近成交点位时又迅速撤盘，反手做多，将卖盘数悉数打掉，统统吸进。当庄家刻意抛筹时，卖盘数大于买盘数，但为了给散户造成买盘大的感觉，庄家会在成交点位附近挂上大量买盘，等快接近成交点位时又悉数撤盘，反手做空，将买盘数全部打掉，尽情派发。也就是说，造成成交量放大的根本原因是由于庄家反手做多或反手做空的双向行为所致。

　　当庄家收集筹码时：庄家买盘量＝庄家卖盘量＋散户抛盘量。

　　一般来讲，庄家收集筹码会选择股票价格运行到探底或牛市中继时，而很少出现在股票价格运行到攀顶或熊市中继时。在探底时，由于庄家仓位较轻，或者根本就是空仓，因此，庄家以吸筹为主，股票价格与成交量成相向运行，即价涨量升、价跌量缩（量缩的根本原因就是抛盘少）。在牛市中继时，由于庄家仓位较重，因此，庄家以少量增仓为主，成交量与股票价格不呈正向运行，有时可能出现背离：如价不涨或少涨，甚至出现大阴，而量奇大。

　　当庄家减少仓位时：庄家卖盘量＝庄家买盘量＋散户补仓量。

　　一般来讲，庄家减少仓位会选择股票价格运行到攀顶或熊市中继时，而很少出现在股票价格运行到探底或牛市中继时。在攀顶时，由于庄家仓位较重，或者根本就是满仓，因此，庄家以出货为主，股票价格与成交量成严重背离，即价涨而量缩、价滞涨而量升，价跌量升。在熊市中继时，由于庄家仓位较重，因此，庄家以减仓为主，成交量与股票价格不呈正向运行，有时可能出现背离：如价滞涨或滞跌或少跌时，而量奇大；出现大阳时，量奇小，股票价格大幅下跌时反而量奇大。这主要是庄家在高位卖出部分筹码后，腾出了部分资金，可在低位反手做多，用于拉升股票价格，而拉升的目的不是让股票价格继续上涨，目的还是为了出货。所以，在反弹中，成交量明显低于前期，主要是接盘不力。

庄家的骗量手法无外乎以下几种盘口操作方式。

一、抢卖

所谓抢卖，就是庄家以较高的价位开盘后，会以一分之差，不断抢挂卖一盘口，直到没有散户投资者跟进为止。这样买方买进的货只能与庄家挂出的卖单优先成交。

抢卖一般是庄家高度控盘后常用的出货手法。基本的现象就是卖一盘面的价位在不断下移，而买一盘口的价格与卖一盘口的价差也在不断地被缩小。

抢卖一般出现在个股价位较高的阶段，是庄家急于出货的手法，或者说是庄家刻意打压个股价格的最直观表现形式。

二、抢买

所谓抢买，就是庄家以较低的价位开盘后，会以一分之差，不断抢挂买一盘口，直到没有散户买盘跟进为止。这样卖方卖出的货只能与庄家挂出的买单优先成交。

抢买一般是庄家筹备充足资金后常用的收集筹码的手段。基本的现象就是买一盘口的价位在不断上移，而卖一盘口的价格与买一盘口的价差也在不断地被缩小。

抢买一般出现在个股价位较低的阶段，个股具备了一定的投资价值，价位回落到了庄家吸筹的合理价位区间，或者说是个股运行到了庄家拉升个股价位的阶段。

三、对倒

所谓对倒，就是庄家自行买卖个股的行为。

对倒一般是个股处于相对高位或相对低位阶段。由于个股价位过高或过低，没有或少有散户参与买进股票或卖出股票，成交量极少，庄家为了诱骗散户高价位买进或低价位卖出，因此，有意通过自行控制的两个或多个账户自行买卖，以达到给散户投资者成交量较高且市场并没退热的错误信息。

对倒一般发生在市场较为冷清时，成交量出现了明显的萎缩，是庄家在个股相对高位或相对低位借以提振散户信心的常用操盘手法。

四、打买单

所谓打买单，就是庄家按照买一的盘口价位直接挂卖单，将买一盘口的所有挂单通盘吃掉。

打买单是庄家加大出货力度的惯用手法，也是买一价位不断下移的过程。打买单也是庄家刻意打压个股的行为，成交价在不断向下探底，甚至创新低。

五、打卖单

所谓打卖单，就是庄家按照卖一的盘口价位直接挂买单，将卖一盘口的所有挂单全部吃掉。

打卖单是庄家加大吸筹力度的惯用手法，也是卖一盘口价位不断上移的过程。打卖单也是庄家刻意拉升个股价位的手法，成交价在不断向上拉升，甚至累创新高。

六、压单

压单也称为诱空单，就是庄家在抢卖的过程中，突然在卖一盘口挂出超大单，以恫吓散户交出手中的筹码。散户要想卖出股票，就只有挂出比超大单更低的价格卖出，这样就正中庄家的诡计，庄家会挂出比压单低的买价与想出逃的散户卖单成交。即使散户挂出与超大压单相同的价格，庄家也会等到时机成熟，连同自己挂出的卖单一同收入囊中。这样一来，庄家与散户成交的单成了实单，庄家与自己成交的单成了虚单。而实单与虚单相加构成了实实在在的成交量。

七、托单

托单也称为诱多单，就是庄家在抢买的过程中，突然在买一盘口挂出超大单，以鼓励散户多增加筹码。散户要想买入股票，就只有挂出比超大单更高的价格，这就正中庄家的诡计，庄家会挂出比托单更高的卖盘，从而与想增仓的散户买单成交。即使散户挂出与超大托单相同的价格，庄家也会等到时机成熟，连同自己挂出的买单一同成交，而借此出售一部分给散户。

八、综合手法

在实际的股票交易中，庄家不仅仅会利用单一的手法控盘，也会使用"组合拳"。如"抢卖 + 对倒 + 打买单"，或"抢买 + 对倒 + 打卖单"，或"抢卖 + 压单"，或"抢买 + 托单"。如果是三种手法的组合，说明庄家打压股市或提升股市的决心更凶悍。

第三节
移花接木：庄家在个股不同运行阶段的
操盘手法

庄家在个股不同的运行阶段，会使用不同的操盘手法，给人以移花接木的魔幻效应，具体如下所述。

一、底部吸筹：虚挂卖单引诱散户低价出货

当庄家操作个股运行到探底时，股票价格经过长期的下跌后，会选择在短时间内大跌，甚至呈现直线下滑，同时伴有巨大的成交量。这种情形通常无法运行长久，显示整个跌势即将告一段落（散户处于绝望阶段），这是庄家在以刻意打压的方式将股票价格压到低位，造成恐慌，让大多数散户投资者争着在地板价上出货。大多数散户的痛苦超过了承受的极限，不想再继续接受煎熬，只想快点斩仓出局，而庄家则乘机反手做多。

在 K 线图上，庄家底部吸筹反映为股票价格大阴线（或者是连续多日的阴跌）后的大阳线（或长长的下影线），而大阳线往往伴随大的成交量，从而形成双阳齐升的壮观画面，如图 15-2 所示。

从图 15-2 可以看出，庄家形成了 5 次较大的吸筹行动，也形成了 5

次量堆。其中,第五次引来了散户的跟风盘,从而使股票价格上升速度加快。

在探底过程,观看分时图时,可以看出前期挂在卖盘的大单会在接近成交时迅速撤单。这是庄家有意做出卖盘较大的虚假信息,以迷惑看跌的散户投资者交出手中头寸。

如图 15-3 所示,从 2005 年年初开始,庄家就有意吸筹中化国际(600500)。在吸筹过程中,庄家不可能总是把价格向上抬升,有时会反向打压。这样,在打压过程中,必然拿出一定筹码把价格降到自己所能接受的位置。当散户误以为价格难以维持时,就会纷纷抛出手中头寸,这时庄家就会反手做多,形成放量。

如图 15-4 所示的葛洲坝(600068)股票,通过前几天的洗盘,庄家先卖后买,一方面突破前期高点,另一方面脱离近期成本集中区,充分利用了水力喷射效应,使成交量放大很多。说明下一步必有较大涨幅。

如图 15-5 所示的煤气化(000968)的价格在 2006 年 6 月初被庄家打压到低点后,庄家采用推土式的吸筹方式开始建仓。庄家先卖后买,一方面突破前期高点,另一方面脱离近期成本集中区,充分利用了水力喷射原理,使成交量放大很多。说明下一步必有较大涨幅。

庄家吸筹的股票,走势相对平稳,甚至偶尔还会夹杂着大幅的回调。这些回调走势也是庄家有计划的故意所为,目的无非是避免走势过快发展。如果还想建立仓位,当然不愿意股票价格因为自己的买进而快速上升,同时也希望以后在拉升中就出逃的不坚定者早点出局。如果他们打算买进 500 万股,其中的 100 万股用来打压涨势。也就是说,庄家要视情况在必要时偶尔反手卖出,用以压低股票价格,甚至恐吓持股者。散户投资者因为害怕或担心价格下跌而卖出股票。

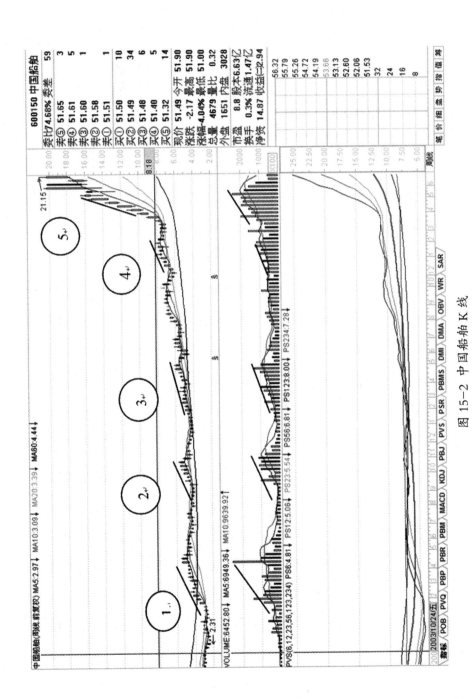

图 15-2 中国船舶 K 线

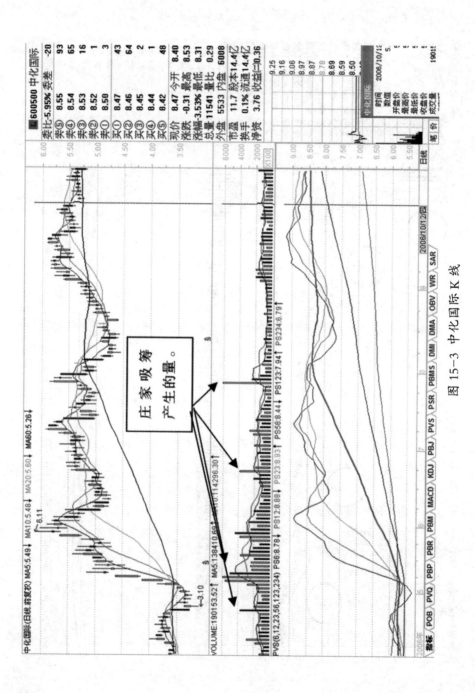

图 15-3 中化国际 K 线

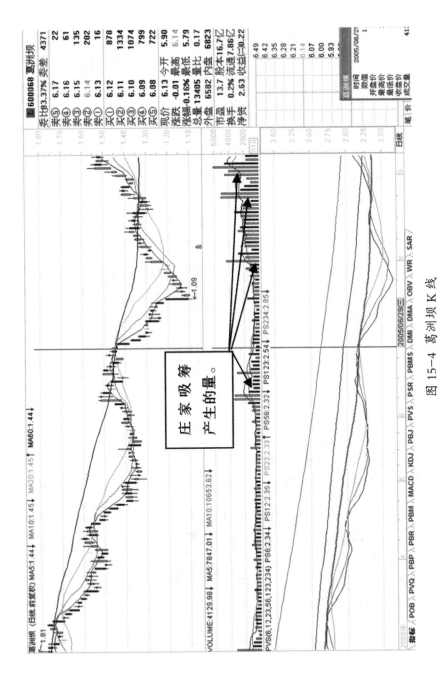

图 15－4　葛洲坝 K 线

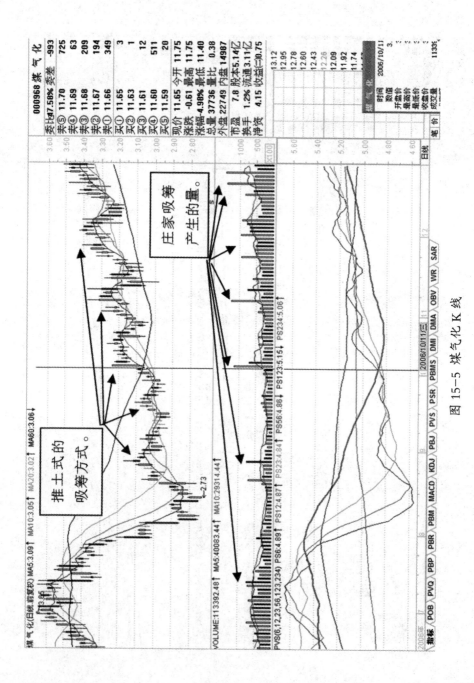

图 15—5 煤气化 K 线

二、牛市中继洗盘：虚挂卖单打压个股，让散户交出筹码

当价格与成交量相互配合，呈现缓慢而稳定的涨势。这时，如果吸引了散户投资者的参与，成交量将快速向上，价格的发展路径也变得更加陡峭。这样，个股走势就可能向牛市中继转变。

在牛市中继，庄家进驻某只个股时，价格与成交量都呈现缓慢而稳定的上升趋势，这意味着获得了理想的买进机会，也代表着庄家开始从探底运行到牛市中继。在这一阶段，庄家的吸筹活动很低调，只有少数人买进股票，其数量虽然足以支撑价格发展，但还不至于引起多数散户的注意。一旦被散户注意，价格与成交量都会急速发展，彻底破坏庄家进驻的布局。如果庄家想要在低价位买进好股票，当然不希望其他人知道而与之抢筹。所以，除非是庄家本身仓位已满，才会鼓励散户跟进，以便他们顺利抛出股票。

当庄家操作个股运行到牛市中继时，就会采取刻意打压的方式进行洗盘。洗盘的目的是要清洗浮筹，让那些意志不坚定的散户投资者及早出局，防止在拉升的过程中动摇军心，影响庄家的拉升节奏。

庄家在洗盘过程中往往会借市场的利空消息打压股票价格，或者直接通过派筹形式让散户心累，有的散户不得不被洗出局。

在K线图上，庄家牛市中继洗盘反映为股票价格高开低走，或是带上影线的阳线，或是带上影线的阴线。成交量明显高于前期，十分的显眼。在牛市中继，观看分时图时，可以看出前期挂在卖盘的大单会在接近成交时迅速撤单。这是庄家有意做出卖盘较大的虚假信息，以迷惑看跌的散户投资者交出手中的头寸。

该涨时不涨是散户投资者在庄家的洗盘中的共同感受。

如图15-6所示，中国船舶（600150）放出大量后，股票价格就开始

向上抬升。每一次的大量，无不都是上影线或下影线，说明庄家有意打压股票价格，不想让股票价格涨的过快，同时也不希望跟庄的量太大。

　　如图 15-7 所示，从 2006 年 11 月开始，庄家在探底吸筹葛洲坝（600068）后，就开始抬升股票价格，利用水力喷射原理实施洗盘。庄家先卖后买，一方面吓退胆大的投资者；另一方面脱离近期成本集中区，让胆小者不敢介入。这样一来，充分利用水力喷射原理使成交量放大很多。接下来，该股必有较大涨幅。

　　如图 15-8 所示，庄家在探底吸筹兖州煤业（600188）后，开始抬升股票价格，利用水力喷射原理实施洗盘。庄家先卖后买，一方面通过大量卖出盘吓退胆大的投资者；另一方面脱离近期成本集中区，让胆小者不敢介入。这样一来，充分利用水力喷射原理使成交量放大很多。接下来，该股必有较大涨幅。

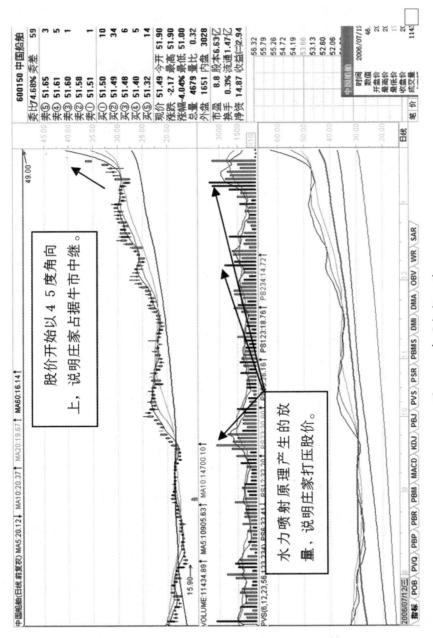

图 15-6 中国船舶 K 线

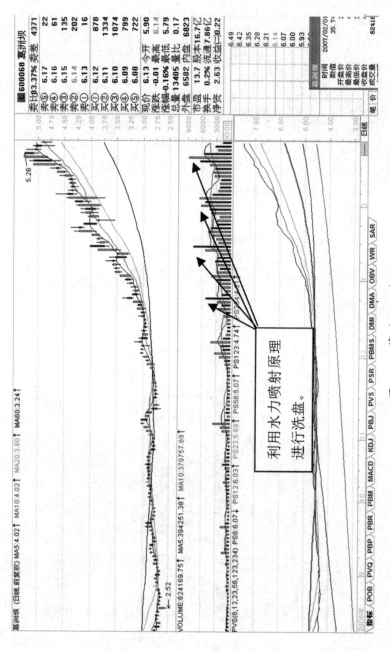

图 15-7 葛洲坝 K 线

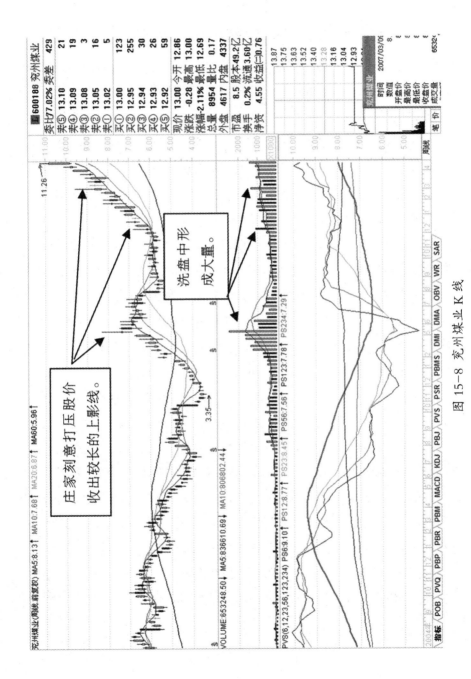

图 15-8 兖州煤业 K 线

三、顶部出货：虚挂买单引诱散户高位吸筹

当庄家操盘个股运行到攀顶过程时股票价格飞涨，呈现直线上升趋势，同时伴有巨大的成交量，这种状况通常不会维持长久，是股票价格运行到攀顶的最后疯狂。在这一过程中，庄家会采取刻意拉升股票价格的方式将股票价格拉到高位，让更多的散户愿意在高位接盘，庄家乘机反手做空出货。大多数人往往会被贪心冲昏头脑，做出错误的选择。散户投资者在这个时候应当释放仓位，或者至少不要被购买的狂潮迷惑而买进股票，这种狂潮是价格到达顶点的信号。

在顶部出货，庄家往往不会一步到位，也不会数单就出完，那样会让股票价格跌落得太快，不利于庄家利益最大化。因此，庄家会极力宣传所谓的个股无终极的理论，让散户充分相信其导演的所谓的反弹行情就在眼前。在 K 线图上，反映为股票价格大阳线（或者是连续多日的阳线）后的大阴线（或长长的上影线），而大阴线往往伴随大的成交量，从而形成双阴的恐怖局面。

如图 15-9 所示，庄家通过前期拉升，使中国船舶（600150）的股票价格达到了派筹的预期高位，便开始向外派发。一般来讲，在派发过程中，庄家又不愿意股票价格降速太高。在攀顶派筹时，一开盘会通过买单抬升股票价格，随后反手做空，利用水力喷射原理实施出货。庄家先买后卖，一方面通过红盘吸引旁观者进入；另一方面，在散户进入者增多时反手做空，对外派筹，让胆大者以为庄家还会拉升，就大胆介入。这样一来，庄家充分利用水力喷射原理使成交量放大很多。

在攀顶过程观看分时图时，可以看出前期挂在买盘的大单会在接近成交时迅速撤单。这是庄家有意做出买盘较大的虚假信息，以迷惑看涨的散户投资者。

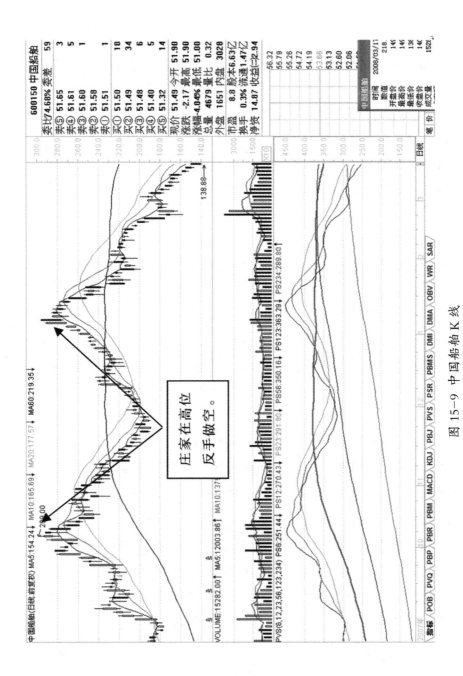

图 15-9　中国船舶 K 线

如图 15-10 所示，庄家通过前期近十个的涨停板拉升，使葛洲坝（600068) 的股票价格达到了派筹的预期高位，便开始向外派发。一般来讲，在派发过程中，庄家又不愿意股票价格降速太快。在攀顶派筹时，一开盘会通过打出买单的形式抬升股票价格，甚至可以涨到停板的价位，随后反手做空。实际上，这是庄家在充分利用水力喷射原理实施出货。庄家先买后卖，一方面通过红盘吸引旁观者进入；另一方面，在散户进入者增多时反手做空，对外派筹，让胆大者以为庄家还会拉升，就大胆介入。这样一来，庄家充分利用水力喷射原理使成交量放大很多。在该股的派筹中，庄家采取了两种方式，一种是带上影线，一种是攀顶的大阴线。开盘时，通过股票价格创新高来吸引旁观者进入，以为创新高的股票一定还会有新高，谁知庄家是守株待兔。在胆大者涌入时，又反手做空，从而使成交量放大。这种情形说明：接下来该股票必有较大跌幅。

再如图 15-11 所示，庄家通过前期拉升后，使葛洲坝（600068）的股票价格达到了派筹的预期高位，便开始向外派发。通过两次高位派发后，又将股票价格拉升上去。因此，在攀顶派筹时，会使股票价格在一定位置震荡，给人以盘整向上的感觉，实质上是庄家在延长派发时间，以使自己的股票能够在较高位派发。开盘会通过买单抬升股票价格，随后反手做空，利用水力喷射原理实施出货。庄家先买后卖，一方面通过红盘吸引旁观者进入；另一方面，在散户进入者增多时反手做空，对外派筹，让胆大者以为庄家还会拉升，就大胆介入。这样一来，庄家充分利用水力喷射原理使成交量放大很多。接下来，该股还有较大跌幅。

再如图 15-12 所示，庄家利用水力喷射原理向外派筹，形成典型的倒 W 头顶形。在 W 头部的中间，收出带上影线的阴线，且成交量超过近期任何时候，说明庄家反手做空动机十分明显。

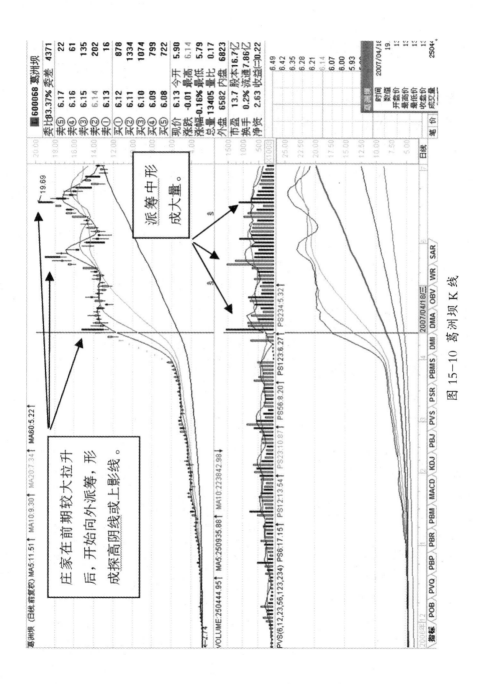

图 15—10 葛洲坝 K 线

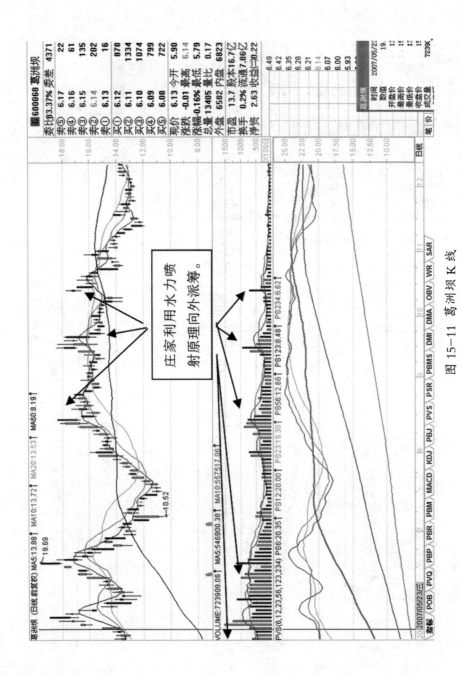

图 15-11 葛洲坝 K 线

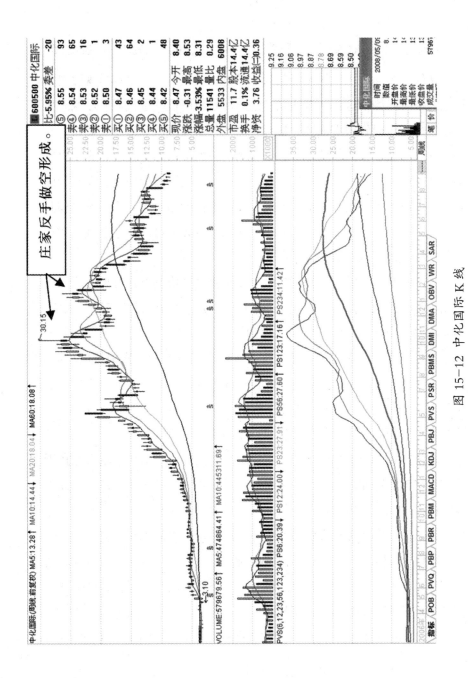

图 15-12　中化国际 K 线

四、熊市中继反弹：虚挂买单提振个股，让散户持股待涨

在熊市中继，庄家想抛售某只个股时，价格与成交量都呈现缓慢而稳定的下降趋势，这意味着达到了理想的卖出时机，也代表着庄家开始从攀顶过程运行到熊市中继。在这一阶段，庄家的派筹活动很低调，只有少数人卖出股票，其数量不足以支撑价格的下滑趋势，也不至于引起多数散户的注意。一旦被散户注意，价格与成交量都会极度萎缩，彻底破坏庄家派筹的计划。如果庄家想要在高价位卖出股票，当然不希望其他人知道而与之抢卖。所以，除非是庄家本身无货可出，才会鼓励散户跟着出货，以便他们顺利反手做多。

当庄家操作个股运行到熊市中继时，就会采取刻意拉升的方式促成一轮反弹行情，反弹的目的是放缓减仓的节奏。因为股票价格跌落太快，会使庄家出货价格偏低。庄家认为：股票价格运行到一定价位时，散户认为该反弹了，庄家也会拉出大阳线，让那些持股者不丧失持股信心，甚至会采取补仓的手法增加仓位。由于庄家在拉出大阳线的过程中还会出货，因此在 K 线图上反映为股票价格低开高走，或是带下影线的阳线，或是带下影线的阴线。成交量明显高于前期，十分的显眼。

在熊市中继观看分时图时，可以看出前期挂在买盘的大单会在接近成交价格时迅速撤单。这是庄家有意做出买盘较大的虚假信息，以迷惑看涨的散户投资者做出错误决策，从而采取补仓行为。

该跌时不跌是散户投资者在庄家的徘徊震荡中的共同感受。

如图 15-13 所示，兖州煤业（600188）的股票价格达到一个新高后，庄家借机向外派发。特别是经过较长时间下跌后的某一天，在向上冲破前期高点后的派发意图更为明显。

再如图 15-14 所示，煤气化（000968）的股票价格在下跌过程中，

走出一个相对低点，随之出现放量，反弹后到一定高点后回落。在自然回落过程中，某一天借反弹创出成交量新高，而股票价格并没有实质性突破。

如图 15-15 所示，中国船舶（600150）的股票价格在下跌过程中，走出一个相对低点，随之出现放量，反弹后到一定高点后回落。在自然回落过程中，某一天借反弹创出成交量新高，而股票价格并没有实质性突破。

庄家派发的股票，走势相对紊乱，甚至偶尔还会夹杂着大涨大跌的起伏。这种起伏较大的走势也是庄家有计划的故意所为，目的无非是避免走势过快向下滑落，也可在下跌过程中赚点差价。如果想清仓，当然不愿意股票价格因为自己的出货而快速下滑，同时也希望以后在反弹拉升中让想捡便宜货的坚定者早点被套牢。如果他们打算卖出 500 万股，其中的 100 万股是用来拉升个股价格的，以此对冲跌势。也就是说，庄家要视情况在必要时偶尔反手买进，用以抬升股票价格，甚至鼓励旁观者进入，诱惑散户投资者观察价格上升而买进股票。如果这时挫伤了散户投资者参与的积极性，成交量将快速萎缩，价格的发展路径也是极速下滑。

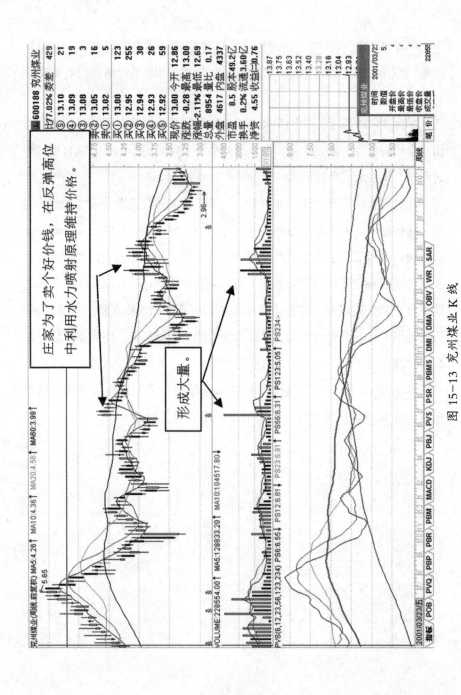

图 15—13 兖州煤业 K 线

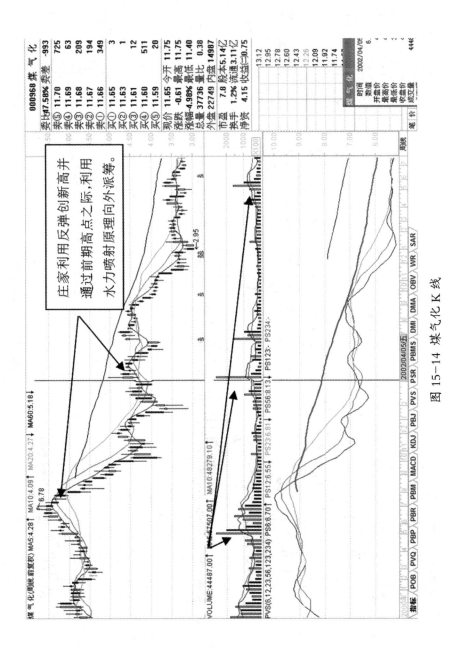

图 15—14　煤气化 K 线

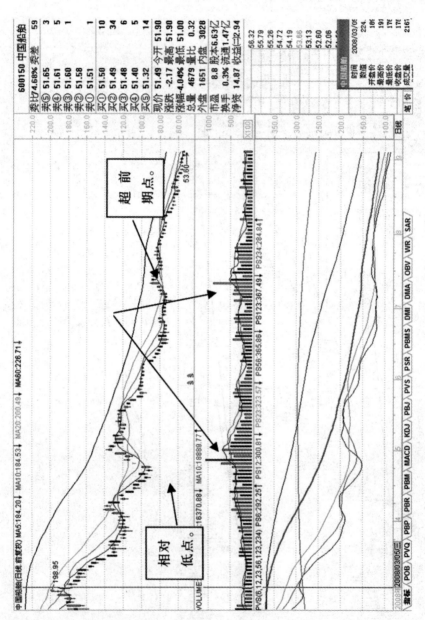

图 15-15 中国船舶 K 线

第十六章

倍量原理：探寻
庄家做量的操盘手法

倍量一般相对于 5 日平均值而言。倍量有增倍量，还有缩倍量。增倍量指当日成交量达到或超过 5 日均线的两倍以上，缩倍量指当日成交量缩小到或低于 5 日均线的二分之一以下，前者称为倍量现象，后者称为半量现象。

倍量现象属于庄家实施水力喷射原理而形成，而半量现象是庄家或散户有一方不参与交易而形成。如在相对低部，庄家想吸筹，但却没有散户愿意交出筹码；在相对攀顶，庄家想派筹，却没有散户愿意接盘，成交量自然成半量萎缩。半量萎缩也印证了前期有庄家运用倍量原理导致有虚假成交量参与其中的事实。

本章导读

第一节
图谱分析：倍量原理在不同K线运行阶段的特征

个股在不同的K线运行阶段会表现出不同的运行规律，这一规律通过分析，会有不同的图谱形式呈现在操盘手的面前。因此，对于操盘手来讲，应掌握基本的图谱特征，做到熟能生巧、见图设方。

一、底部吸筹：通过倍量刻意打压股票价格

庄家在探底吸筹时，由于刻意打压股票价格后反手做多，因此会形成倍量现象。

如图 16-1 所示，2008 年 12 月 4 日的兖州煤业（600188）日 K 线显示在承接上一交易日利好走势的情况下高开低走，其成交量在 5 日均线、10 日均线的两倍以上，符合倍量原理，表明庄家在刻意打压股票价格。一方面，庄家想借利空打压吸筹；另一方面，可能是庄家认为吸筹成本还偏高，希望通过打压股票价格后再反手做多。从 2008 年 9 月 23 日的情况来分析，庄家在打压股票价格。从而可以分析 2008 年 10 月 28 日形成的阶段性探底基本确立，有庄家开始吸筹，值得散户关注。

从后几天的走势来看其价格、成交量都没有超过 2008 年 12 月 4 日的，这说明在庄家不参与的情况下，靠散户的力量是难以拉升股票价格的，难以超越前期高点和成交量，顺其自然的结果是半量现象出现。

如图 16-2 所示，回顾 2006 年 8 月 21 日的兖州煤业（600188）日 K 线显示阶段性探底确立（急跌后形成平底），2006 年 8 月 29 日、2006 年 10 月 16 日、2006 年 11 月 17 日形成了较为突出的倍量现象，说明庄家正在探底吸筹。每一次的倍量价格都是一个阶段性价格高位，如果一段时间后期突破所有阶段性高位，股票价格就会进入拉升阶段。

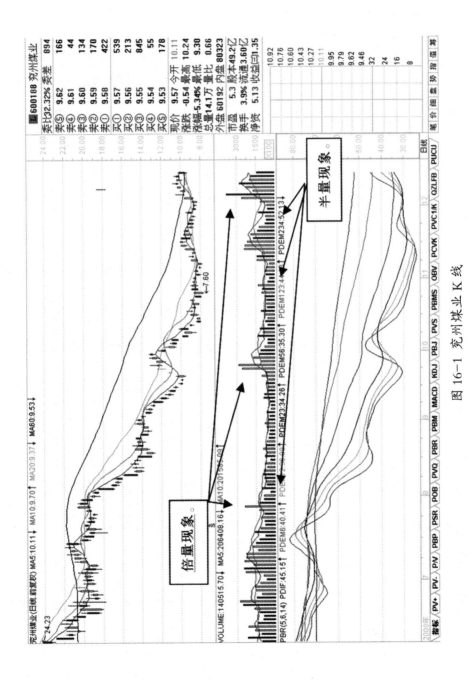

图 16-1 兖州煤业 K 线

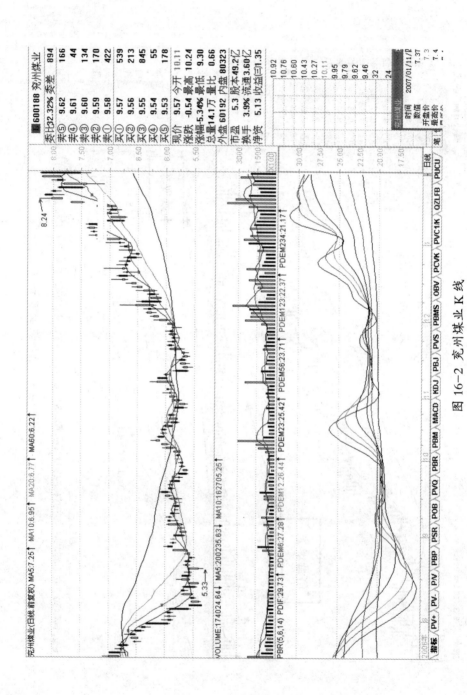

图 16-2 兖州煤业 K 线

二、牛市中继拉升：通过倍量达到清洗浮筹的目的

股票价格在阶段拉升中，主要是庄家占据牛市中继后为了尽量让股票价格脱离成本区，让"三小"（资金量小、心理承受力小、持股时间短）散户出局或者观望，会通过迅速拉升股票价格的方式突破前期压力位，在压力位附近放量，借机再次震仓，从而达到清洗浮筹的目的。

如图 16-3 所示，兖州煤业（600188）的日 K 线显示相对高点倍量特征形成后，股票价格一直持续走低，到 2005 年 11 月 16 日相对探底形成，后期庄家处于打压吸筹阶段。2006 年 2 月 16 日，兖州煤业（600188）的股票价格在承接前几日趋势冲破 2005 年 10 月 13 日相对高点后突然高开低走，且出现倍量特征，这说明庄家在这一高位有意打压股票价格，或者让前期进入的获利散户回吐，说明庄家开始酝酿有节奏的拉升。一般走出的 5 日价格均 K 线呈 45 度角向上发展。

2007 年 2 月 27 日，兖州煤业（600188）日 K 线显示承接前一日拉出一根大阳线后，第二天突然高开低走收出一根带上影线的阴线，其出现倍量特征。说明庄家不想让股票价格快速拉升，也想吓跑一些不坚定的散户；或者说庄家为了更大拉升，正在筹集足够的资金；也可以理解为拉升前的试盘动作。在后期的拉升过程中，庄家前期以进货为主，后期边拉升边出货，从而在相对高点驱赶走一部分不坚定的散户筹码。

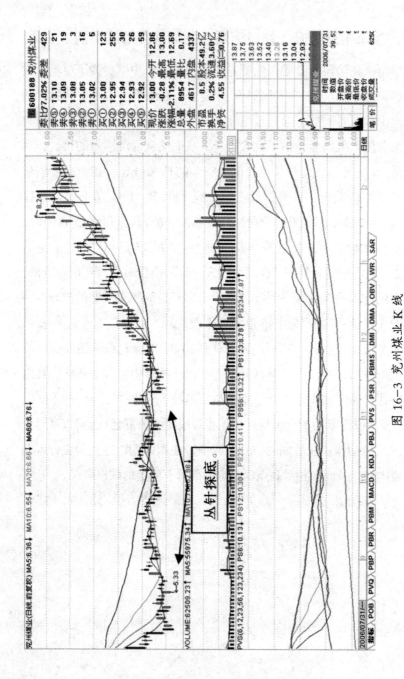

图 16-3 兖州煤业 K 线

三、顶部派筹：通过倍量刻意反手做空

在攀顶过程中，由于庄家为了维持较高较价位派筹，以稳定散户持股信心，会在攀顶过程中拿出一部分资金刻意拉升股票价格，吸引散户注意，让散户放松警惕后反手做空、大肆派筹。这样一来，成交量往往会超出 5 日量的一倍以上。

如图 16-4 所示，兖州煤业（600188）周 K 线显示在前期拉升的情况下，继续拉升回探，但成交量却达到了成交量 5 日均线、成交量 10 日均线的两倍以上，加之其最高价又没有超过前期最高点，因此，此 K 线图完全符合倍量原理。以此可以判定其攀顶特征明显，反映出庄家在通过量能来吸引散户跟庄，自己乘势出货。

四、熊市中继打压：通过倍量达到引诱散户吸筹

股票价格的下跌过程中，散户的信心渐失，而庄家手中的筹码还没有完全派发，特别是在股票价格运行到龙跃前期阶段时，庄家会利用急跌后的反弹引起散户注意，从而反手做空，形成倍量。

一般来讲，分析倍量现象在庄家占据熊市中继时可判断阶段下行方向，把握好熊市中继持币不持股的良言，切不可抢反弹而被高位套牢。

如图 16-5 所示，海王生物（000078）的股票延续前期反弹行情，突然高开低走，让散户以为股势向好，因此买入盘涌入，庄家反手做空，乘机卖出。

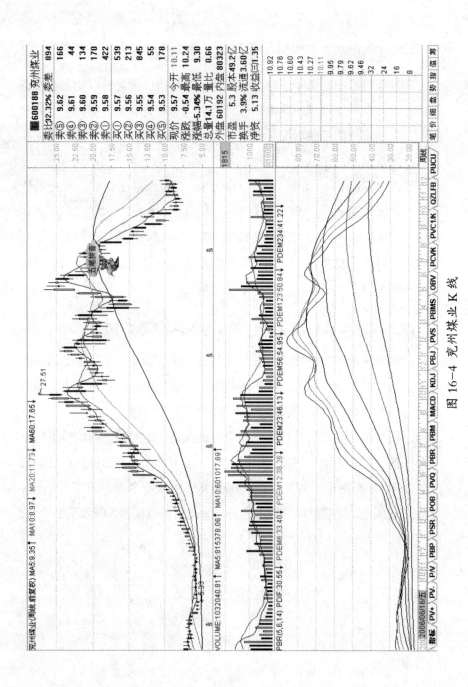

图 16-4 兖州煤业 K 线

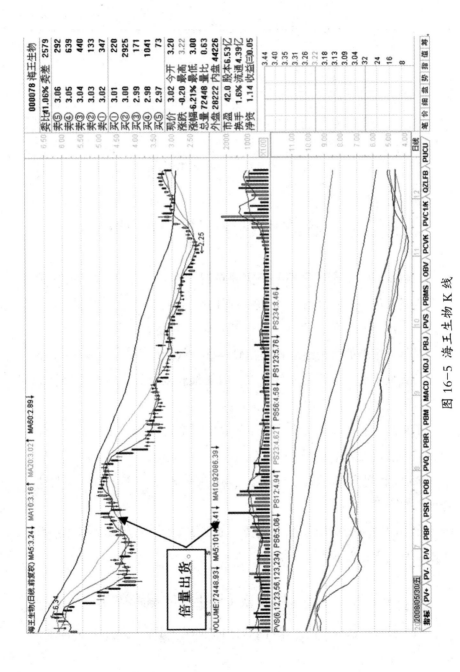

图 16-5　海王生物 K 线

第二节
影线伴量：解读庄家反手控盘的妙招

一般来讲，如果庄家不刻意实施对倒，股票日 K 线应当以实阳线或实阴线收盘，且量价相行，体现较好的配合性。实质上，庄家为了迷惑散户，经常会采取对倒或虚单的招法来达到吸筹、洗盘、控盘的目的。对倒或虚单的直接结果就是在股票日 K 线上留下明显的影线痕迹，直接的表现就是带影线的 K 线增多，且影线长度增长。无论是上影线，还是下影线，都会伴有较大的成交量。

正常情况下，日 K 线出现上影线说明上档抛盘压力大；出现下影线，说明下档接盘支撑阻力大。从短期来讲，这一理论是完全正确的，但从整体来讲，影线同时也反映出了庄家的下一目标价位。影线犹如指路明灯，让你心如镜明。

在不同时期观察影线时，一定要以成交量是否异常放大来综合分析。否则，其实质意义不大。

一、上影线：牛市中继反映个股上涨的指路神针

当个股价位从底部向上攀升的启动初期时，上影线能够告诉你未来

个股价格的运行趋势就是要拉升吞并掉相对高位收出的上影线。个股价格按照上影线的指引，一路走高。上影线成了庄家下一阶段或下一目标位向上攀升的路标或决心。在个股日 K 线的上行通道中，上影线如牛市中继个股上涨的指路神针（如图 16–6 所示），也成为个股价格上行的初级目标。但是，随着资金量的耗散与仓位筹码的增加，后一上影线的成交量总要小于前一上影线。而异常的成交量放大往往是一波新高造成的。不难看出，每一次的影线伴量所形成的倍量现象都成为下一阶段突破的阻力线。

在 PVS 线上，PVS6 日线、PVS12 日线、PVS23 日线在 PVS56 日线的上方作向上运行态势。很少出现向下穿越 PVS56 日线的现象。

只要 PVS6 日线、PVS12 日线、PVS23 日线没有向下突破 PVS56 日线的迹象，散户可在影线伴量现象出现后几天逢低加仓，后市必有较大的上涨空间。

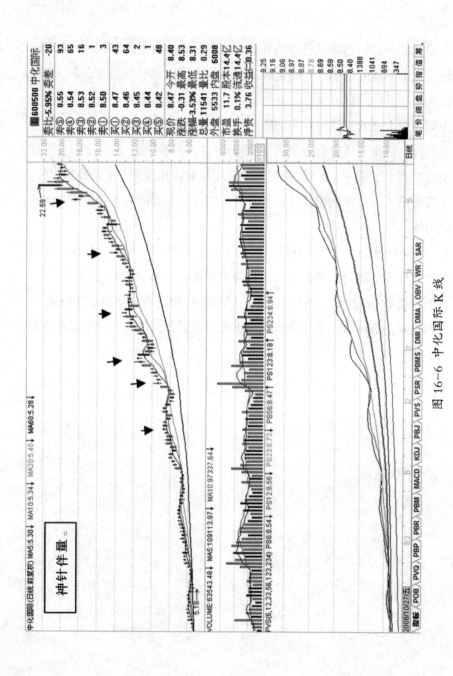

图 16－6 中化国际 K 线

二、攀顶影线：预示后市有较大的下跌空间

在个股攀顶的过程中，资金的筹措越来越困难，人心也开始浮躁。当个股价位处于相对高位时，上影线能够告诉你股票价格处于高位的混沌阶段，泰极否来，庄家正准备筑顶脱逃。当然，在山顶，庄家不希望坐轮滑直达底部，而是希望散户陪着自己转山似地慢慢下山，能够心甘情愿地帮助自己卸下包袱。

在 PVS 线上，PVS6 日线、PVS12 日线、PVS23 日线在 PVS56 日线的上方作黏合平缓运行态势，随时有向下穿越 PVS56 日线的迹象。

只要一出现 PVS6 日线、PVS12 日线、PVS23 日线向下突破 PVS56 日线的情况，散户可在第二次影线伴量出现后减半出逃，随后必有较大的下跌空间。

如图 16–7 所示，中化国际（600500）的股票出现两次量价背离。在第一次攀顶收出一根大阳线后收出一根带上下影线的阴线，且接着的三根阴线吃掉那根诱多的大阳线，基本可确立个股攀顶成功。随后，第二次上影线的最高价低于第一次上影线的最高价，说明股票价格处于攀顶，应当看空后市。散户应抓紧时机离场，否则以后就很难卖出好价钱。

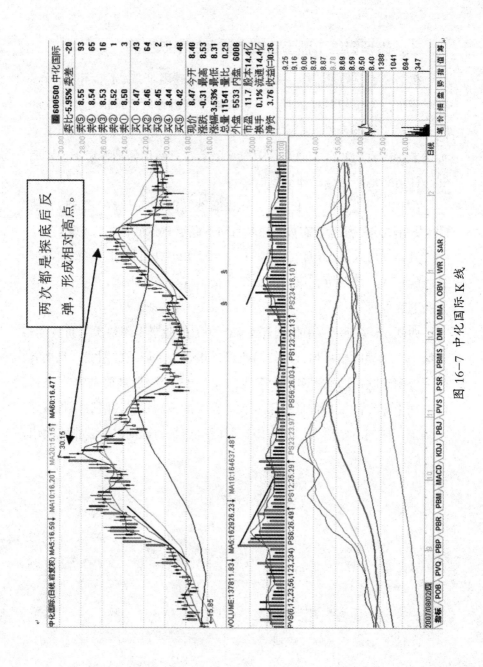

图 16-7 中化国际 K 线

三、下影线：熊市中继股市下跌的警示航标

当个股价位从顶部处于向下滑落的启动初期时，下影线能够告诉你未来个股价格的运行趋势就是要打压掉相对低位收出的下影线。个股价格按照下影线的指引，一路走低。下影线成了庄家下一阶段或下一目标位向下打压的路标或决心。在个股日 K 线的下行通道中，下影线如熊市中继个股下跌的警示航标（如图 16-8 所示），也成为个股价格下行的初级目标。但是，随着资金量的耗散与仓位筹码的增加，后一下影线的成交量总要小于前一下影线。随着价格的再创新低，散户的守仓心理越来越重，不愿意出货，而感觉恐慌的散户也不愿意吸货，成交量自然萎缩。而异常的成交量放大往往是一波新低的产生，极有可能创出新低。不难看出，每一次的影线伴量所形成的倍量现象都成为下一阶段突破的阻力线。

在 PVS 线上，PVS6 日线、PVS12 日线、PVS23 日线在 PVS56 日线的下方作向下运行态势，很少有向上穿越 PVS56 日线的现象。

只要 PVS6 日线、PVS12 日线、PVS23 日线没有向上突破 PVS56 日线的迹象，散户可在影线伴量现象后出现后几天逢高减仓，后市必有更大的下跌空间。

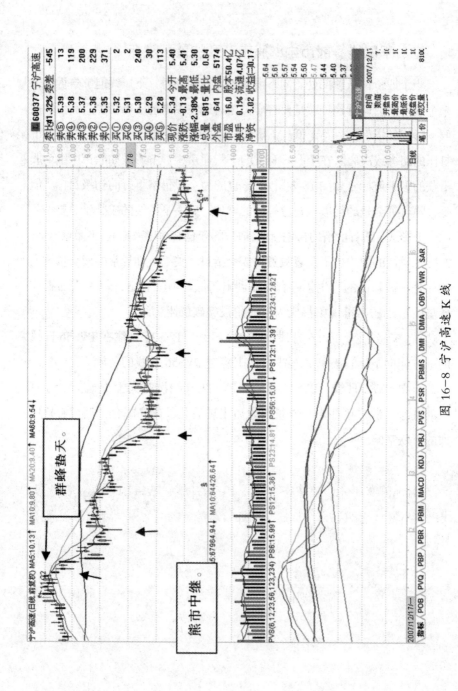

图 16-8 宁沪高速 K 线

四、探底影线：如同股市楼阁打下的桩基

在个股筑底的过程中，愿意出货的散户越来越少，庄家想低价吸筹的愿望越来越难以实现，散户的内心也开始接受熊市的现实。

当个股价位处于相对位时，下影线能够告诉你个股价位处于相对低位的混沌阶段，否极泰来。这时，勇敢买入屯货反倒显得更加安全与理性，而庄家也开始筑底吸筹，不再大量抛售手中的筹码，反而开始筹措资金，按照计划增仓。当然，在底部，庄家也不希望个股价格坐电梯似地直达顶部，而是希望散户陪着自己游山玩水似地慢慢上山，能够心甘情愿地把手中的筹码交一部分出来给庄家，再到价位较高位时有资金重新杀入接盘。

股市渐入底部，价格日 K 线会出现众多下影线。一旦这些下影线如在同一水平面时，说明个股没有了更大的下跌空间。如同股市楼阁在地面上打下的无数桩基，桩基越密，楼阁的高度越高，也预示后市上涨的空间也就越大。

个股在探底过程中，当股票价格处于相对低位时，特别是前期有几根急跌的大阴线支持时，下影线能够告诉你股票价格处于低位的混沌阶段，先知先觉的庄家已开始筑底吸筹。

如图 16-9 所示，在 PVS 线上，PVS6 日线、PVS12 日线、PVS23 日线在 PVS56 日线的下方作加速乖离运行态势，随时有变换方向平缓横穿 PVS56 日线的迹象。

只要 PVS6 日线、PVS12 日线、PVS23 日线向上突破 PVS56 日线，散户可在第一次影线伴量后试探性进场买入，第二次影线伴量出现后加倍进场，后市必有较大的上涨空间。

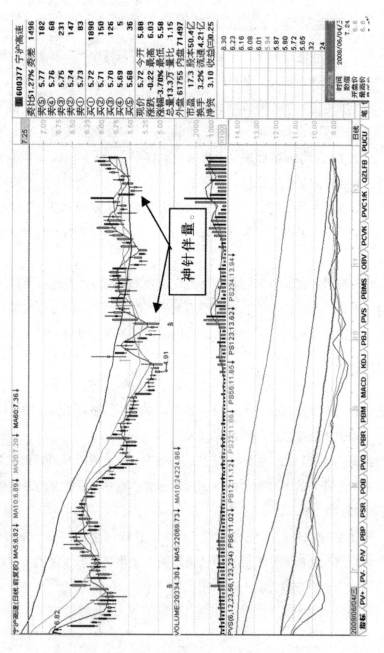

图 16-9 宁沪高速 K 线

第 十 七 章

堰塞湖原理：揭示
庄家的造势与徘徊心理

大量资金涌入股市，使得股票价格走势会改变原来的趋势，从而出现一波转势行情。但是，由于获利盘吐出，又会出现一波下跌行情。在个股价格的下跌中，由于亏损盘的补仓，使得某一区域的成交量异常放大。不可否认，大量资金的涌入会使股票价格向上抬升，或者由于获利盘的离场使得股票价格向下探底，或者由于维持原方向的资金量不足使得股票价格在一定范围内波动。但是，不可排除的是有实力的庄家会利用水力喷射原理做反向操作。这样一来，就更加重了资金集中区域的支撑与压力。我通过研究、分析，总结出了股市的堰塞湖原理（或效应），对指导散户投资者的操盘行为具有十分重要的借鉴作用。

本章导读

第一节
堰塞湖的形成：解密个股箱体震荡的原因及表现形式

个股在某一相对价位或成交量聚积区间会形成箱体震荡，这是股市堰塞湖形成的原因所在。所谓股市的堰塞湖原理，就是股市在急跌或急升过程中，由于反向进出资金的强烈介入，使得股市向下或向上的力量受到了强烈阻截，犹如河流中突然形成的堰塞湖一样，起到了对上游来水的暂时拦截作用；同时，也对反方向一切通行物（包括鱼类）起到了隔离。在堰塞湖附近，庄家建仓会有人抛盘，庄家抛盘会有人接盘。总之，市场的力量与庄家的力量形成针锋相对的抗衡，多方与空方的争夺自然异常激烈。无论是庄家，还是散户投资者都会选择在堰塞湖附近暂时休整，放松心态，为下步的拉升或下跌积蓄力量或释放能量做好资金或技术上的准备。

如图17-1所示,2008年9月14日至9月17日,工商银行（601398）在四天连续放量下跌后，9月18日突然低开高走，且收出一根带上下影线的中阳线，其成交量远超过前两日收阴线时的成交量，这就预示有外来资金在借势打压后吸筹。头一天阴线的收盘价就形成了做空资金股票价格底线，构成价堰塞湖。也就是说，在以后的时间，股票价格将被拉升，即使回调下跌，也不会突破其堰塞湖形成的支撑线。在这一价位，持有大量资金的庄家将会毫不犹豫地对散户的涌出盘做到来者不拒、通抛通吃。

股市堰塞湖可能因量能异常放大形成，也可能因价格异常拉升或下挫形成。

一、股市量堰塞湖：解读成交量异常的原因所在

股票价格运行到一个相对高点或低点后，由于庄家的反向做空或反向做多，使得成交量出现异常放大现象（同时又符合倍量原理），股票价格形成最高点或最低点后开始回落或反弹，从而使股票价格在最高点下方或最低点上方运行，这就构成一个量堰塞湖。以后，股票价格很难突破或下穿该量堰塞湖对应的相对最高价或相对最低价。只有经过一段时间盘整蓄势或释放量能后，股票价格在新的密集成交量的情况下才会选择突破前期高点或低点，构成新的高点或低点筑成的堰塞湖。

如图 17-2 所示，宁沪高速（600377）的股票价格下跌到上一次缺口位置时，突然放量上攻，收出一根放量的阳线；第二天又放量低开高走，显然是有人在打压股票价格，形成了做空资金的量堰塞湖。也就是说，在以后的时间，股票价格将会被庄家刻意打压，即使反弹上涨，也不会突破其堰塞湖形成的做空压力线。

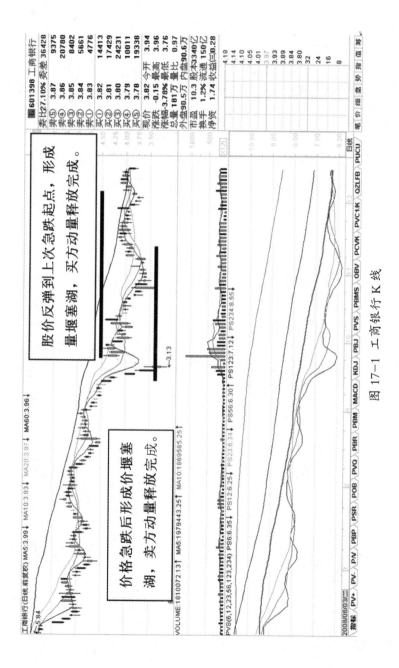

图 17-1　工商银行 K 线

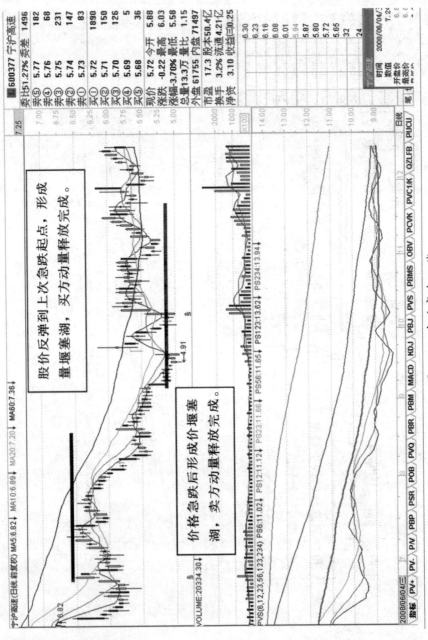

图 17-2 宁沪高速 K 线

二、股市价堰塞湖：解读价格急跌急涨的原因所在

股票价格在运行到一个相对高点或低点后，由于无人接盘或无人抛盘，使得成交量出现异常萎缩现象（同时又符合半倍原理），股票价格形成最高点或最低点后开始回落或反弹，从而使股票价格在最高点下方或最低点上方运行，这就构成一个价堰塞湖，以后股票价格很难突破或下穿该价堰塞湖对应的相对高价或相对低价。只有经过一段时间盘整蓄积或释放量能后，股票价格在新的聚集成交量的情况下才会选择突破前期新高点或新低点。

常规来讲，股票价格在量堰塞湖下运行一段时间后，某一天，突然放量下跌，收出一根大阴线，其阴线的收盘价会构成价堰塞湖。这样，按照"量比价先行"的原则，价堰塞湖一般滞后于量堰塞湖的形成时间。也就是说，价堰塞湖的形成预示着在未来的日子里，股票价格将在上压力线与下支撑线之间盘整。

如图 17-3 所示，2008 年 11 月 24 日，海王生物（000078）放量向上高开低走；第二天又放量，但收盘价却反比昨日最高价低，说明有庄家借机出货，这里形成了做空资金的堰塞湖。也就是说，在以后的时间里，股票价格将被庄家刻意打压，价格即使反弹上涨，也不会突破其堰塞湖形成的上压力线。

一般来讲，价堰塞湖会在股票价格连续阳线上攻时或连续阴线下跌时形成。在个股价格上涨时，以连续的阳线报收，可以最大的阳线（量较大者）的收盘价为价堰塞湖；或在下跌时，以连续的阴线报收，可以最大的阴线（量较大者）的收盘价为价堰塞湖。我在这里要再次阐明："上涨中出现量缩是因为无人抛盘，下跌中出现量缩是因为无人接盘。"

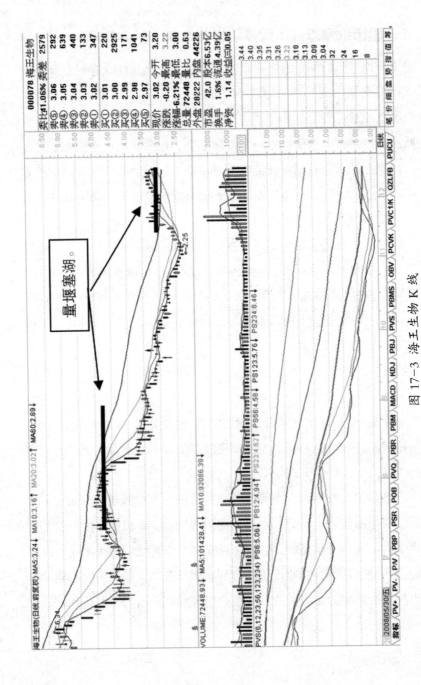

图 17-3 海王生物 K 线

如图 17-4 所示，煤气化（000968）在某日形成价堰塞湖后，PVS6 日线、PVS12 日线、PVS23 日线在价堰塞湖下方纠缠运行，即使以后阳线放量，也难以突破。一旦在异常成交量带动下突破，必然有较大涨幅。

如图 17-5 所示，贵州茅台（600519）的股票价格运行到一定相对高位时，突然放量收出一根带上影线的小阳线，该最高价将成为一个量堰塞湖，以后股票价格将在其上面横盘运行。如果某一天突然向上突破，且成交量并不比量堰塞湖时的成交量大，说明有一轮较好的行情。以后出现带上影线的小阳线，且成交量较小，说明庄家开始控盘，多方力量呈强，并在连续的阳线中形成一根阳线价堰塞湖。随后，空方力量加强，其中有一天收出一根大阴线，空方企图突破量堰塞湖，但第二天又重上量堰塞湖上之上，不久以后，又被价堰塞湖所困。多、空双方经过多日的横盘整理，最终选择突破。

体现在 PVS 线上，从量堰塞湖开始，PVS6 日线、PVS12 日线、PVS23 日线在 PVS56 日线上方运行。随之，与 PVS56 日线作横向纠缠，其后期突破形成的面积明显说明后市向好。只要突破，必然有较大的行情。

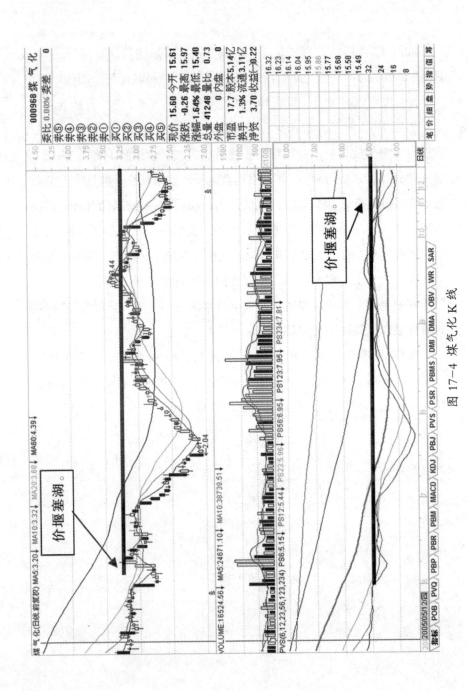

图 17-4 煤气化K线

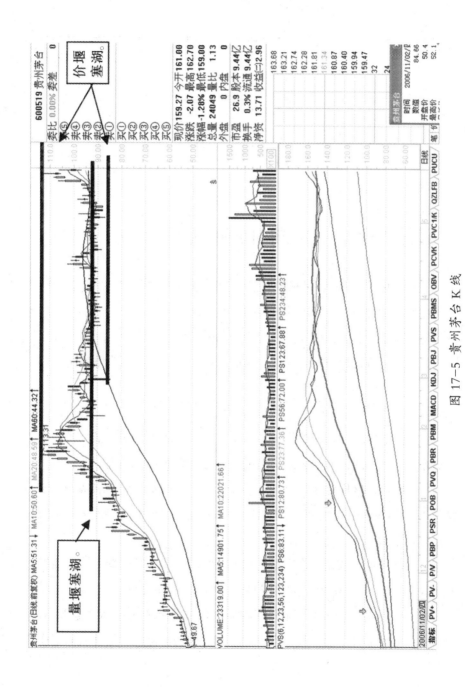

图 17−5　贵州茅台 K 线

第二节
箱体震荡：堰塞湖面的暗流涌动

一般情况下，个股经过长期底部盘整，在初始上升阶段会突然拉升，形成一个堰塞湖。在相当短的时间内，在堰塞湖湖内三分之二以上至湖顶作箱体震荡。不久，量价齐升，脱离湖面，形成新的堰塞湖。而股票价格在堰塞湖的湖面与湖底的徘徊具有不同的市场含义，值得关注。

一、湖面蓄势：庄家洗盘留下的资金堆砌

个股价格在堰塞湖湖面的长期盘整，会堆积很多成交资金，犹如湖面蓄势。也就是说，前期股票价格因受利好消息的带动达到一个相对高点后开始回落，这样就在相对高点形成了一个价堰塞湖或量堰塞湖。该堰塞湖也就构成了一个相对的压力区间（对多方的压力）或支撑区间（对空方的支撑）。

股票价格在堰塞湖下作震荡运动一段时间后，会突破堰塞湖（前期抛压区间），达到一个更新的相对高点。由于空方的抛盘，股票价格将会在坝上作调整走势（湖面形成了对空方的支撑，称为湖面蓄势）。这个调整或盘整走势虽然在某种程度意味着一些弱势特征，但其实却是庄

家的一种洗盘行为，其目的就是让那些较高位买入的投资者以为股票价格还会下跌而忍耐不住将手中筹码抛出去，从而将庄家的持仓成本集中在横盘的区间之内。

湖面蓄势区间，成交量会比前两次相对高点的成交量小，出现萎缩迹象。量能缩小说明庄家并没有在盘中出货，且股票价格的波动低点还很容易受到前期攀顶形成的堰塞湖的强大支撑。当然，也有个别狠心的庄家会将股票价格打压到堰塞湖下方作盘整（给人的感觉是坝形成了对多方的压力，称为湖底蓄势）。实质上，由于成交量很小，庄家略微介入，就会向上突破压力位，反而使压力位变成了支撑位。

如图 17–6 所示，上证指数（999999）在形成一个相对高点后，指数开始下跌，形成一个价堰塞湖。经过一段时间低位运行后，又穿过堰塞湖，后又回落，但接触到堰塞湖后，向上拉升。湖面蓄势特征明显，散户投资者可积极介入，选择相似性很强的个股试探性建仓，必有较好回报。

面对突破区间，投资者可以在调整低点受到支撑时介入，稳健的操作可以在股票价格再度向上突破前期时介入。湖面蓄势区间可以印证股票价格已经突破了前期攀顶压力，前期压力将会对现在的波动起到强大的支撑作用，完成突破，上升趋势变得更加明显。所以，一旦股票价格再度突破湖面蓄势区间，将会给投资者带来风险极低的获利机会。

湖面蓄势形段一般出现在庄家占据牛市中继时，为"厉龙—跃龙"过渡区间或"跃龙—飞龙"过渡区间。

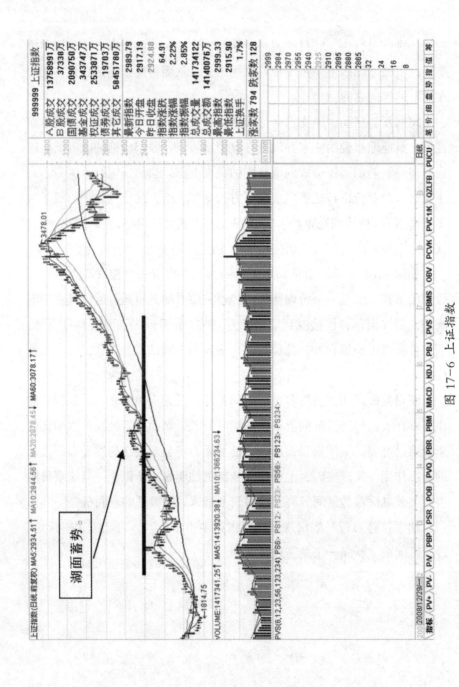

图 17-6 上证指数

　　如图 17-7 所示，中化国际（600500）在从熊市中继向牛市中继转势过程中形成第一次价堰塞湖，在牛市中继形成两次堰塞湖，相对高点的成交量一次比一次大，而第三次低点成交量比第二次明显萎缩，说明庄家还没有出货的动机。因此，后市必然有较大的涨幅。

　　每一次价堰塞湖形成时，都形成较大量，且每一次股票价格的相对高点形成的成交量都比前一次高，而在湖面蓄势时其成交量明显萎缩，说明庄家在湖面蓄势阶段吸筹动机明显。

　　从 PVS 线来看，第一次堰塞湖形成时，PVS6 日线、PVS12 日线、PVS23 日线在 PVS56 日线下形成银叉，第二次堰塞湖、第三次堰塞湖在 PVS56 日线上形成金叉；同时，PVS6 日线、PVS12 日线、PVS23 日线始终在 PVS56 日线上，说明庄家占据牛市中继，散户可大胆介入。

　　如图 17-8 所示，堰塞湖的蓄势对后期影响是十分长远的，在股票价格上涨途中，它会形成支撑或压力；在下跌途中，它同样会形成压力或支撑。如图 17-8 所示，说明成交量的聚集区在任何时候都会形成多、空力量较量与争夺之地，资金的堆积区间也意味着是投资者进场与离场的心理承受区间。

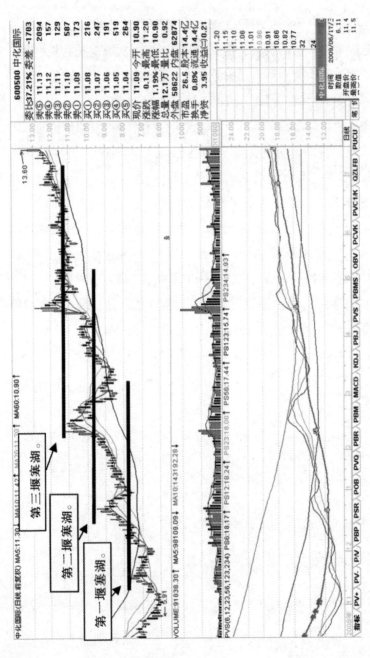

图 17-7 中化国际 PVS 线

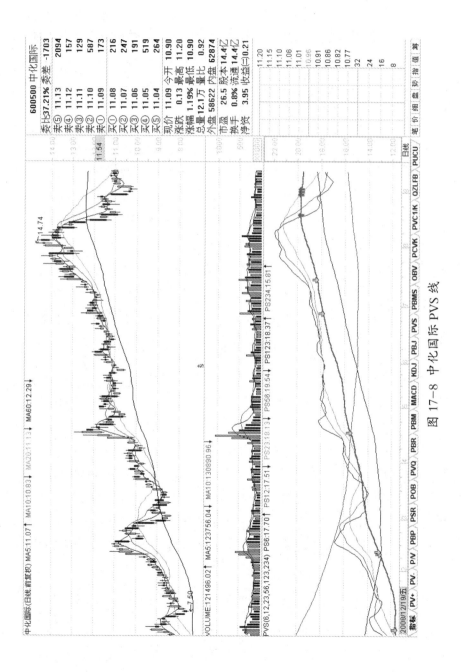

图 17-8 中化国际 PVS 线

二、湖底（坝上、坝下）徘徊：庄家不愿急速下跌的原因

坝下徘徊就是在前期股票价格因受到利坏刺激下跌到一个相对低点后开始反弹，这样就在相对低点形成了一个价堰塞湖或量堰塞湖，该堰塞湖也就构成了一个相对的支撑区间（对空方的支撑）或压力区间（对多方的支撑）。

股票价格在堰塞湖上作震荡运动一段时间后，会下穿堰塞湖（前期做多区间），达到一个更新的相对低点。由于多方的接盘或受损方的被动补仓，股票价格将会在坝下作徘徊调整走势（形成了对多方的压力）。这个调整走势虽然在某种程度意味着一些强势特征，其实是可以认定为庄家的一种控盘行为，其目的就是让那些高位买入的投资者在此补仓，形成更重的仓位，从而将投资者的脱盘利润集中在横盘的区间之内。

坝下徘徊区间，成交量会比前两次相对低点的成交量大，会出现异常放大迹象。量能放大说明庄家在此控盘出货；并且，股票价格的波动高点还很容易受到前期相对探底形成的堰塞湖的强大压力。当然，也有个别心狠的庄家会将股票价格反弹到堰塞湖上方作盘整（给人的感觉是形成了对空方的支撑，称为坝上徘徊蓄势）。实质上，由于成交量很大，庄家略微介入，就会向下突破支撑位，反而使支撑位变成了压力位。

如图 17-9 所示，深证成指（399001）在形成一个相对高点后，指数开始下跌，形成一个价堰塞湖。股票价格经过一段时间低位运行后，又穿过堰塞湖，后又升高，但接触到堰塞湖后，向下探底。坝下徘徊区间形段明显，散户投资者应离场观望，选择相似性很强的个股分批离场。否则，前期收获将有较大损失。

面对坝下区间，投资者可以在调整高点受到压力或异常放量时出货，稳健的操作者可以在股票价格再度向下探底前期出手。坝下徘徊区间可

以印证股票价格已经突破了前期探底支撑，前期支撑将会对现在的波动起到强大的压力作用。完成破位，下降趋势变得更加明显。所以，一旦股票价格再度突破坝下徘徊区间，将可能给投资者带来风险极高的损失。

坝下徘徊区间形段一般出现在庄家占据熊市中继时，出现在特征明显的"龙飞—龙跃"过渡区间或"龙跃—龙厉"过渡区间。

坝下徘徊形段一个明显的特征就是股票价格上涨无量，横盘放量，下跌放异量。

再如图 17-10 所示，钱江生化（600796）在前期形成相对底部后，出现了一轮持续上涨的走势。股票价格在第一个堰塞湖（相对成交量较大的较大阴线收盘价）后形成的相对低位区间成交量明显缩小，这种走势说明这个位置接盘的散户很少，反而有散户开始补仓，而庄家又不愿意在这么低的价位出货。所以，接盘在某个区间内聚集数量越多。一旦股票价格后期再度接近这个区间，必然会受到多方的接盘支撑。

股票价格上涨到一个相对高位后，便在成交量放大的推动下展开了一轮急跌行情。下跌行情确立后，在股票价格接近前期低位时，投资者必须对股票价格的波动重视。

当股票价格下跌到支撑区间，往往会出现震荡走势。股票价格下跌并突破了前期支撑后，便在前期低部下方形成了震荡调整格局。这种走势预示庄家想继续做空。否则，肯定不会让股票价格突破徘徊区间。这个区间的形成意味着股票价格只是下跌了一部分，调整一旦结束，股票价格必然还会下跌。

股票价格下跌到坝下徘徊区间，只要股票价格调整的高点受到了前期底部的压力，投资者便应果断斩仓。一旦股票价格向下突破了坝下徘徊区间，就一定要进行离场操作，再次突破的形成标志着新一轮的下跌行情的开始。

从 PVS 线上分析，当 PVS6 日线、PVS12 日线、PVS23 日线呈向下发散三角形，并向 PVS56 日线下穿后，说明龙飞出现。随之，PVS56 日线开始改变大角度向上的趋势，并逐渐向下，随之在两次相对低点成交量萎缩，说明庄家降低筹码的目的锁定，并出现"龙飞—龙跃"阶段和"龙跃—龙厉"阶段两次坝下徘徊形段。PVS6 日线、PVS12 日线、PVS23 日线始终在 PVS56 日线下方向下运动，充分证明了坝下徘徊形段形成。

如图 17-11 所示，双钱股份（600623）在牛市中继向熊市中继转势过程中形成第一次堰塞湖，在熊市中继形成两次堰塞湖。相对低点的成交量一次比一次放大，而第三次低点成交量比第二次明显大，说明庄家出货动机明显，后市必然有较大的跌幅。

每一次价堰塞湖形成时，都形成较大量，且每一次堰塞湖股票价格的相对低点形成的成交量都比前一次高，而在坝下徘徊区间时，其成交量明显放大，说明庄家在坝下徘徊区间阶段出货动机明显。

从 PVS 线来看，第一次堰塞湖形成时，PVS6 日线、PVS12 日线、PVS23 日线在 PVS56 日线上形成死叉；第一次堰塞湖、第二次堰塞湖、第三次堰塞湖在 PVS6 日线上形成死叉；同时，PVS6 日线、PVS12 日线、PVS23 日线始终在 PVS56 日线下，说明庄家占据熊市中继，散户应离场观望。

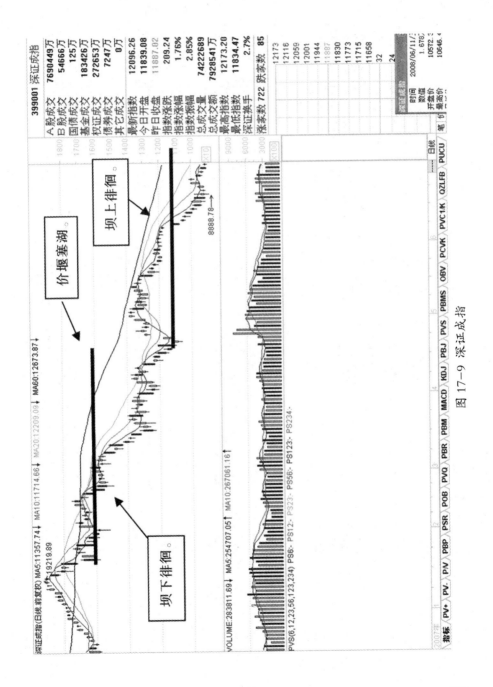

图 17-9　深证成指

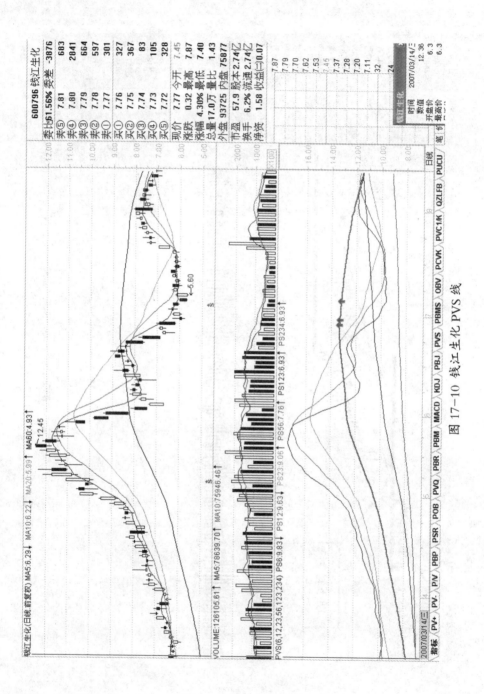

图 17-10 钱江生化 PVS 线

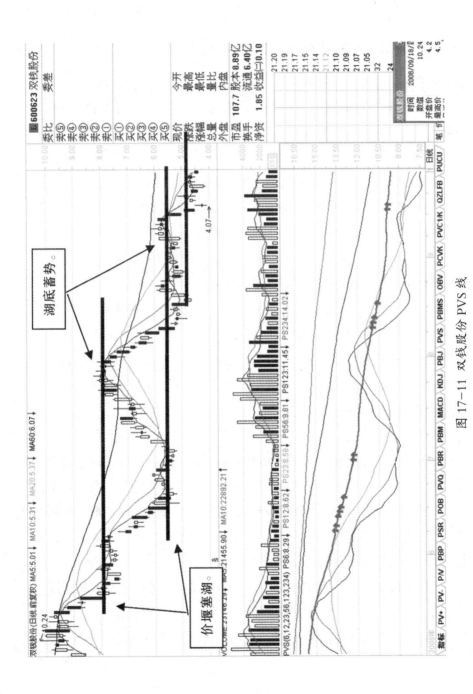

图 17-11 双线股份 PVS 线

三、堰塞湖取财的常用操盘手法

个股价格运行的堰塞湖的形成是一个漫长的过程，对于散户来讲，也是一个十分煎熬的过程，而箱体震荡并非没有机会，关键是看你如何把握。

（一）湖面浮财

个股经过箱体震荡，在箱体之上的区间的一段时间会形成较大的成交量，这往往是个股在积蓄突破的能量，犹如湖面漂着的浮财。这时，散户应以增仓或建仓为主，等待个股的强势启动。

湖面浮财的一个明显量价特征是：股票价格形成堰塞湖时成交量放大，下跌量小，上涨量大，浮财之下的成交量异常低。

如图 17-12 所示，工商银行（601398）在前期形成相对顶部后，出现了一轮持续下跌的走势，股票价格在第一个相对攀顶区间堆积的成交量非常大。这种走势说明这个位置有大量的投资者被套其中，套牢盘在某个区间内聚集数量越多，一旦股票价格后期再度接近这个区间，必然会受到空方的抛盘压力。

股票价格下跌到一个相对探底位置后，便在成交量放大的推动下展开一轮新的上攻行情。上升行情确立后，在股票价格接近前期顶部时，投资者必然会对股票价格的波动重视。需要说明的是，股票价格在上升过程中虽然成交量有几次较明显的放大，并且比形成堰塞湖时的成交量还高，但股票价格却没有突破前期高点，说明庄家有意打压股票价格，总想在堰塞湖内完成吸筹。

当股票价格上涨到压力区间，往往会出现震荡走势。股票价格上涨并突破了前期压力后，便在前期顶部上方形成了震荡调整格局。这种走势预示庄家想继续做多，同时又想将不坚定的散户驱赶出局。否则，庄家不会再次让股票价格停滞不前；同时，庄家也肯定不会让股票价格跌破蓄势。对于散户投资者来讲，要抓紧进场，捞点浮财，等着升值。

（二）湖底沉宝

股票价格经过长期底部盘整，在初始上升阶段会突然拉升，形成一个堰塞湖，在一个相当短的时间内在湖面三分之一以下至湖底作箱体震荡。不久，量价齐跌，脱离坝底，形成新的堰塞湖，而一些资金堆积的成交量看上去就如湖底的沉宝，十分可惜。正是这些沉宝成就了个股价格的上升。

在股票价格上涨到湖面蓄势区间，只要股票价格调整的低点受到了前期攀顶的支撑，投资者便可以进行试探性的建仓。一旦股票价格向上突破了蓄势区间，就一定要进行追涨操作，再次突破的形成标志着新一轮的行情的开始。

如图 17-13 所示，兖州煤业（600188）的股票从 PVS 线上看，当 PVS6 日线、PVS12 日线、PVS23 日线黏合平缓向 PVS56 日线靠近并上穿后，说明见龙出现。随之，PVS56 日线开始改变大角度向下的趋势，并逐渐向上，在两次相对高点放出较大成交量，说明庄家收集筹码的目的锁定，并出现"厉龙—跃龙"阶段和"跃龙—飞龙"阶段两次湖面蓄势形段。PVS6 日线、PVS12 日线、PVS23 日线始终在 PVS56 日线上方向上运动，充分证明湖面蓄势判断的正确性。

如图 17-13 所示，形成两次堰塞湖，出现湖底沉宝的买入机会。这也是两次绝好的补仓机会。机不可失，时不我待。

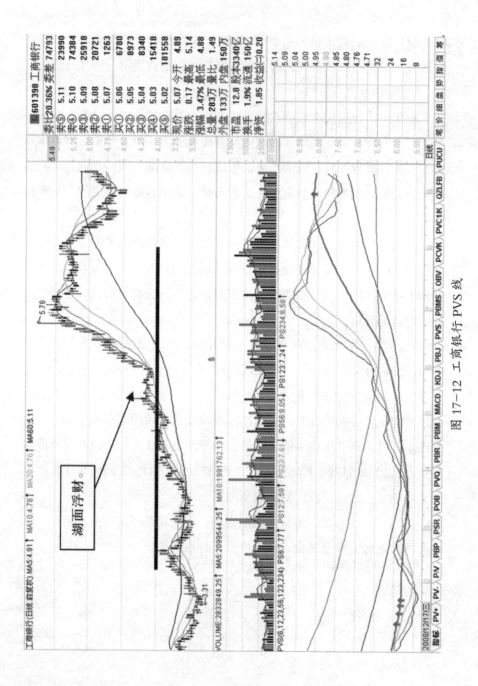

图 17-12 工商银行 PVS 线

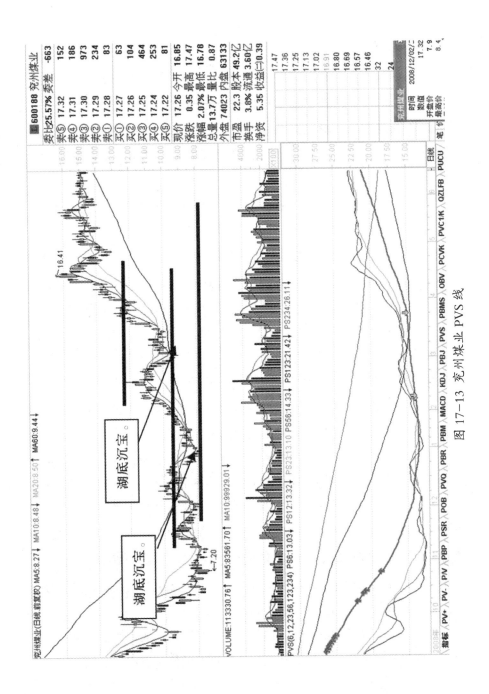

图 17-13 兖州煤业 PVS 线

（三）湖底泄财

　　股票价格经过长期底部盘整，在初始上升阶段会突然拉升，形成一个堰塞湖，在一个相当短的时间内在底部作箱体震荡。不久，量价齐跌，脱离湖底，形成新的堰塞湖。其中以单针探底形式表示底部形成，预示行情会反转。在资金向外流时，往往会形成比较经典的湖底泄财图状。

　　股票价格在下跌过程中突破湖底的徘徊区间的市场含义为：股票价格在破位以后，大量的股票处于套死的状况，抛盘随着破位走势的出现开始变得越来越少。在这个抛压真空带，庄家开始进行大量的减仓，这个区间虽然看似 K 线形态有了企稳迹象，但其波动背后的含义却是为继续下跌释放筹码资金，以便轻装搏杀。虽然股票价格暂时停止了下跌走势，但是该区间依然是风险区间，不能入场操作。

　　如图 17-14 所示，迪马股份（600565）上涨行情结束后，在资金连续离场情况下出现一波快速杀跌走势。由于下跌力度非常大，下跌的角度也变得非常陡峭。这种下跌形态使得大量资金被牢牢地套在场中，如果没有解套的机会，这些资金是不会轻松出局的。

　　庄家出货时为什么要让股票价格破位？因为只有破位才会减轻投资者的抛盘压力。破位走势形成后，下跌便停止了，随之而来的是长时间的震荡。在股票价格震荡区间，成交量越来越小，这说明随着出货的不断延续，庄家手中的股票数量越来越少，量能萎缩是很正常的。由于资金在这个区间不断地离场，得不到买盘支持，后期下跌的概率极大，量能萎缩是促使股票价格下跌的主要原因。下跌的形成是由投资者离场心理加重的趋势所决定的。

　　经过一段时间的横盘震荡，破位下跌走势随之形成，如果不小心在这个区间进行了操作，一定要在股票价格再度破位时进行止损。

（四）湖面散金

股票价格经过长期底部盘整，在初始上升阶段会突然向上拉升，达到一定高度后开始横盘，形成一个堰塞湖。在一个相当长的时间，在湖面作箱体震荡。不久，量价齐升，脱离湖面，形成新的堰塞湖。其中以天线作为湖面形成的标志，一般会出现股票价格反转。这就是湖面散金。

如图 17-15 所示，价堰塞湖确认后，要选择下跌过程中跌幅最大的收盘价为准。如果是连续下跌，应以最后一根阴线的收盘价为准。上升过程中，要以涨幅最大的收盘价为准。如果是连续上涨，应以最后一根阳线的收盘价为准。需要说明的是：价堰塞湖一般不以最低价或最高价为准，而以阴线或阳线的收盘价为准；同时，在能量上，连续的几根大阳线或连续的几根大阴线可视同单一的一根大阳线或单一的一根大阴线来看待。

如图 17-15 所示，宁沪高速（600377）承接前几天的急跌后，突破低开高走，收出了一根与前一交易时相比比较大的阳线；同时，成交量高于前一交易日，这就说明有做多资金护盘。因此，形成了做多的支撑线，以后的股票价格将在这一支撑线的上方运行相当长一段时间，也可以说构筑成了庄家出货维持股票价格的心理护盘区间。散户投资者应当在股票价格处于上压力线附近时出货，胆大的可在下支撑线附近少量吸货，小玩几手，少赚一把。上压力线之上就形成了湖面散金的状况，出现这一状态，对散户投资者来讲，应尽快落袋为安，切不可恋战。

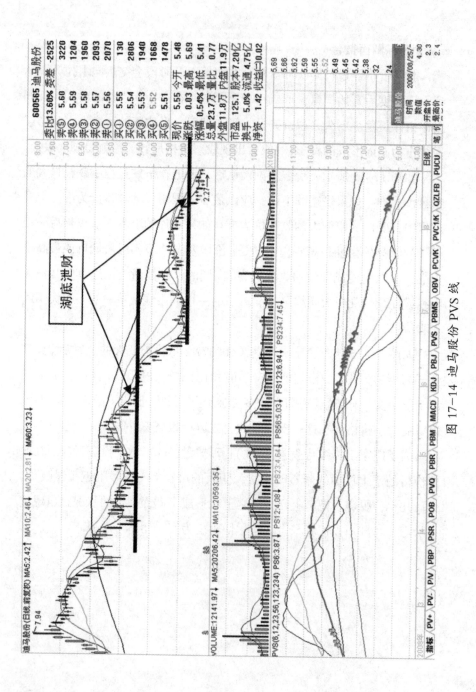

图 17-14 迪马股份 PVS 线

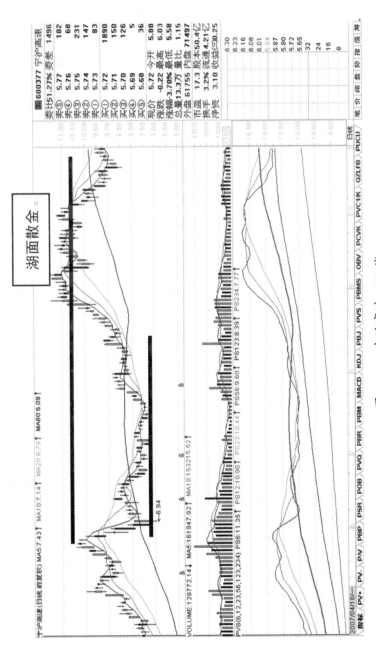

图 17-15　宁沪高速 PVS 线

第 十 八 章

底部解盘：PVS
技术泰道典型图解

正所谓"柳暗花明又一村"，漫长的熊市过后就是庄家从占据坤道转向占据泰道。"泰者，平安也"。这时，有准备的庄家就会选择有投资价值的个股进行分析、判断，从而借利空打压股票价格来收集筹码，制定自己的坐庄计划。

本章导读

第一节
底部局势分析：判断入市的最佳时机

作为散户投资者，学会分析庄家从坤道转入泰道的时机十分重要，要懂得底部的研判。

一般来讲，龙潜在向潜龙转化的过程中，会有以下信息供散户参考，以此把握底部是否到来。

1.宏观政策面趋向于支持社会资金向股市流转，最显著的特征就是低印花税率、低储蓄利率、低存款准备金率与政策层面的低通货膨胀率。

2.大盘成交量极度萎缩，达到了历史的低点，形成地量，多、空双方都无力恋战。

3.绝大多数的个股日 K 线处于较窄范围的箱形整理，向上突破没有资金量推动，向下突破没有人愿意出货，使得成交量如同芝麻点，如图 18-1 所示。任你风吹雨淋，散户就是"持币不买，持股不卖"。

4.很多媒体开始大量报道金融机构重组的新闻，似乎没有人从股市中获得收益。

5.人气指数低迷到了极点，成交量稀少，整个市场都在祈盼利空的同时，甚至利好者也希望股票价格加速向下运行，但股票价格却保持在一定范围内波动，似乎在考验股民的耐心。

6. 庄家不愿股票价格再次下探，防止更多的散户或比自己更有理性的新庄家与自己抢筹。还没有出逃的散户认为已是地板价，不如以静观动，甚至做好了补仓的准备，选择好了补仓的合理价位。

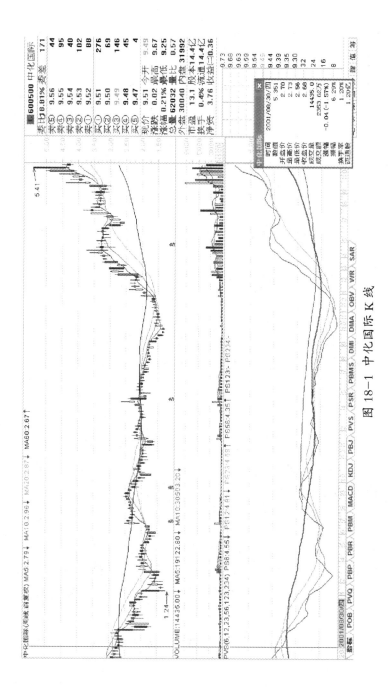

图 18-1　中化国际 K 线

第二节
底部形段区间：掌握入市的最佳区间

股市底部，庄家占据底部区域，就是"龙潜—潜龙"区间。从形段上来讲，主要有以下几点。

1. 股市底部，前期有较大的下跌过程，如从龙厉区间向龙见区间的转变，有较长时期的整理后的向下突破。否则，就不是底部。因为龙飞、龙跃不可能直接过渡到龙潜区间。

2. 底部最显著的特征是成交量成极度萎缩状态，在日K线图上，量柱状成了量点的连接，给人以"锅底拣芝麻"的直观感觉。偶有较大的成交量，也是庄家对倒的结果，即成交量的放大并没有实质性地推高股票价格；反之，还加速了股票价格的下跌。

3. 股民信心受到了极大的打击，没有仓位的不想进入股市。有仓位的也捂着不动。

4. 股民所熟悉的技术指标都处于超卖状态，技术上都具有了向上反转的信号，而这种反转信号越来越强烈，只是人气指数还处于极度低迷的形态。

5. 市场上没有什么绩优股可言，也没有什么垃圾股之分。从板块轮动效应上讲，似乎不可能再有需要下跌的板块了，整个市场处于一片沉寂之中，似有"黎明前的静悄悄"的意境。

散户理解到底部即将来临时，要冷静地采取试探性建仓手法，或者等待见龙形段时分批建仓，从而将主动权掌握在自己手中。从技术的角度来讲，此时的股票价格已接近历史低点或突破历史低点，成交量萎缩到了极小。

第三节
底部典型图解：选择入市的最佳良机

下面，我通过通俗语言解读底部典型图谱，用 PVS 合成技术分析，并以此判断和确认底部的到来。

一、潜龙昂头

当股票价格经过较长时间的下跌后，突然某一天拉出长阳线，价格与成交量双双突破 MA6 日线、MA10 日线与 MA20 日线日均线，给人以潜龙昂头的感觉，后市看好，散户投资者应密切关注。如果 PVS6 日线、PVS12 日线与 PVS23 日线被 PVS56 日线所压，运行一段时间后，PVS6 日线呈 Z 字形向上穿过 PVS56 日线时，可大胆买入，如图 18-2 所示。

二、厉龙蓄势

当潜龙昂头之后，股票价格会呈窄幅整理状态，属厉龙储能，这是庄家借机打压股票价格并乘机吸筹。一般而言，股票价格不会超过前期高点，庄家在做"坝上蓄势"，后市看好，必有较大涨幅，如图 18-3 所示。

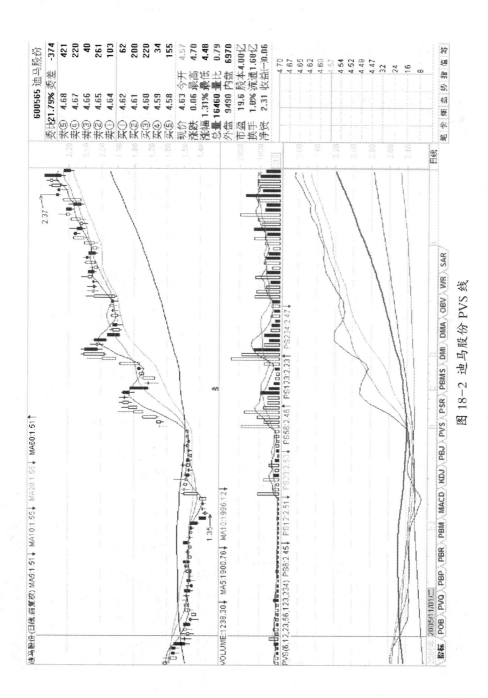

图 18-2　迪马股份 PVS 线

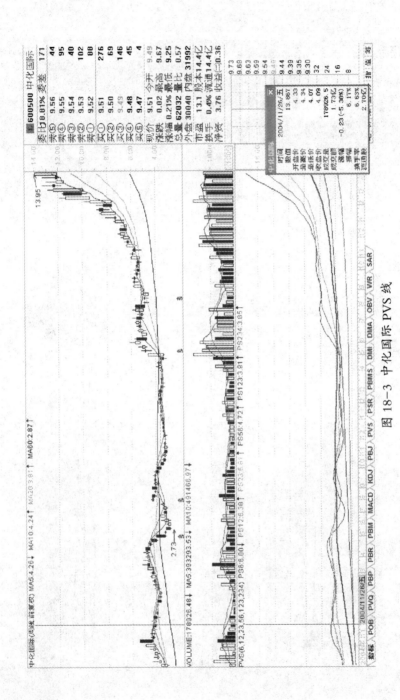

图 18-3 中化国际 PVS 线

三、鱼跃龙门

股票价格经过前期窄幅震荡后，某一天突然放量下跌形成一根大阴线，接着几天收出无数带上下影线的小阴线或小阳线，且量价齐跌。突然，某一天股票价格收出一根大阳线，收盘价大于前期大阴线的开盘价，一阴一阳，两根 K 线宛如龙门，中间的小阴线、小阳线犹如几只小鱼，给人以群鱼跃龙门的感觉。一旦后市连续小阴线或小阳线报收，说明群鱼跃过龙门，股票价格突破有望，短期向好，如图 18-4 所示。

当股票价格跌无可跌时，庄家会通过倒仓达到收集筹码的目的。体现在 PVS 线上，PVS6 日线拐头向上，穿过 PVS12 日线、PVS23 日线。在收出大阳线后的股票价格自然下跌过程中介入会有所收益，但当股票价格突然跳空高开，且成交量异常放大时，要减仓观望。

在鱼跃龙门形段的第一根大阴线时，PVS6 日线与 PVS56 日线的负乖离达到最大，随后几天开始平缓运行。一旦股票价格高出大阴线时的开盘价时，后市看好，多方占据主动。

四、网兜捞鱼

PVS6 日线、PVS12 日线与 PVS23 日线经过较长时间横盘黏合后，会在 PVS56 日线下方形成银叉，形如网兜。当 PVS6 日线、PVS12 日线与 PVS23 日线穿过 PVS56 日线呈向上发散三角形时，一般会伴有鱼跃龙门的形段。因此，后市会走出一张捞鱼的网兜，如图 18-5 所示。此时，散户投资者可积极介入。

网兜形成时，PVS56 日线从下降趋势向上升趋势转变。

PVS6 日线、PVS12 日线、PVS23 日线黏合平缓运行一段时间后突然出现"网兜捞鱼"，也就是一般股票类图书上所说的"银三角"或"金三角"。网兜的形成原因主要是庄家为了收集到更多的低价筹码，拿出少量筹码打压股票价格，使股票价格产生急跌，让不知情的散户产生恐慌性抛盘，庄家大肆反手做多，使得股票价格又迅速回升，从而形成"网兜捞鱼"状（如图 18-5 所示）。如果短期 PVS 线形成网兜底后，又突破中期 PVS56 日线，则可基本确立大势向好，散户可果断增仓。

五、大括雄起

如果 PVS6 日线、PVS12 日线、PVS23 日线在 PVS56 日线下黏合，在平缓运行过程中，形如躺着的大括号，说明底部基本确立。这是"龙潜——潜龙"形态，特别是当后半部成交量明显大于前半部成交量，且有量倍现象出现时，买入信号更强。

如图 18-6 所示，迪马股份（600565）在某一时段的 PVS 线形如一个躺着的大括号，左边量小，右边量大，同时以长阳雄起，意味大盘反转。一旦 PVS6 日线、PVS12 日线、PVS23 日线相继突破 PVS56 日线，则买入信号更强烈。

六、单井测试

股票价格经过一段时间盘整后，某一天突然放量下跌形成量价橡胶坝，且第二天又收出一根带较长下影线的小阳线，当天的收盘价大于头天的收盘价，说明庄家收集筹码完成后在测试散户的持股信心，下一步庄家会强力拉升，脱离成本区。在 PVS 线上，PVS6 日线会纠缠 PVS56 日线作 Z 字形运行。一旦 PVS6 日线再次突破 PVS56 日线向上运行，且 PVS56 日线从平缓运行选择向上，则多方力量加强，散户应增仓为上，如图 18-7 所示。

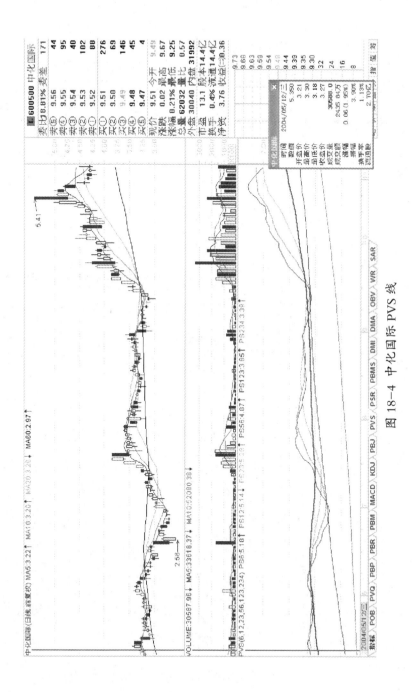

图18-4　中化国际PVS线

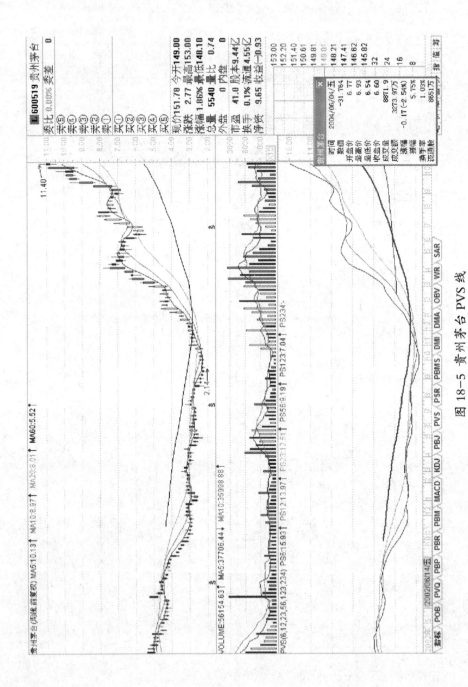

图 18-5 贵州茅台 PVS 线

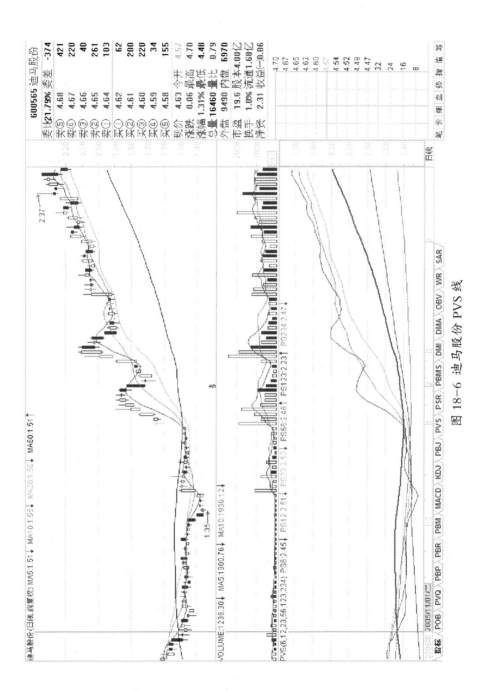

图 18-6　迪马股份 PVS 线

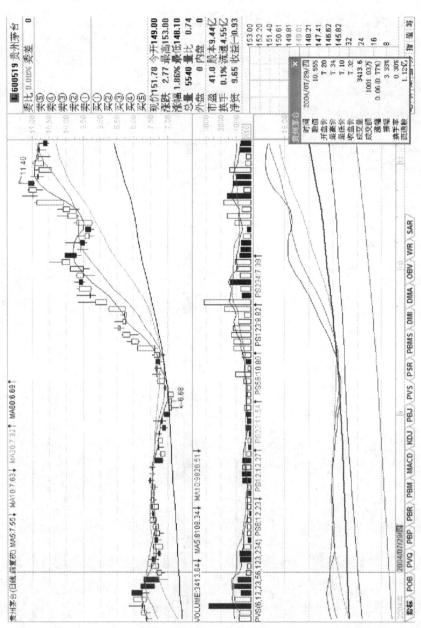

图 18-7 贵州茅台 PVS 线

七、丛井生花

当股票价格运行到一个相对底部时，短时间内的股票价格会形成无数带下影线的阳线或阴线，且成交量较小，偶有放大，也难以使股票价格发生突破。反映在PVS线上，PVS6日线、PVS12日线达到一个相对低点，以后的股票价格很难向下突破，如丛井生花状。丛井生花时带小影线时收出的最低价，构成价橡胶坝。

丛井生花一般在"龙潜—潜龙"形段或"见龙—厉龙"形段出现。其与顶部的"群蜂蛰天"市场信号相反，如图18-8所示。

八、隔山丛井

当股票价格K线山峰两边有无数带下影线的K线时，且右边形成的相对底部明显高于前左边底部，说明庄家打压难度加大，且成交量明显缩小，说明市场认同度增大。因此，后市看涨。从PVS线上看，PVS6日线、PVS12日线、PVS23日线形如草帽，而PVS56日线开始平缓，且右边的帽檐与PVS56日线形成的空间要小于左边帽檐与PVS56日线形成的空间，说明庄家出货力度减缓，建仓愿望强烈。散户投资者应在帽檐窜过PVS56日线时果断进场，甚至可提前到PVS6日线、PVS12日线与PVS23日线在PVS56日线之下形成银叉时入场，效果更佳，如图18-9所示。

九、隔山减量

股票价格达到一个相对底部后，突然放量向上突破，几周内形成山顶后，又向下探底，在二次探底过程中，成交量明显低于前期相对底部，形成PVS线隔山减量的形段。

如图 18-10 所示，迪马股份（600565）在某一时段收出 2.63 元的新低后，横盘整理一段时间后向上拉起，股票价格到达 3.68 元后又选择向下跌落，当急拉后股票价格平缓运行，形成 PVS 线隔山减量。股票价格在下跌时，抛盘减少，后一底部的价高于前期，而成交量却降低（因为惜售，所以卖盘很少）。这样一来，PVS 值增加，给人以空旷的感觉，量价之间形成的空间空旷是阳光的表现，说明庄家要占据牛市中继，空方力量在退却。因此，散户可选择增仓。

十、隔山突破

隔山突破与隔山缩量原理相同，不同的是 PVS6 日线、PVS12 日线与 PVS23 日线在 PVS56 日线下方形成银叉后，突破橡胶坝与 PVS56 日线，可确立牛市行情启动，散户投资者可适量买入。隔山突破一般形成二次放量，前一次在山顶，且后一次放量一般大于前一次，如图 18-11 所示。

十一、当头一棒

当股票价格运行到某一相对高位时，股票价格突然高开低走收出一根大阴线，形成价橡胶坝，以后的股票价格很难超过当日的开盘价。一旦股票价格突破，说明行情转势。当头一棒如果是处于股票价格上升途中，说明庄家在洗盘，要将不坚定者清理出局，从中增加筹码。股票价格还有下跌空间，庄家要让散户投资者抛筹，乘机捡便宜，如图 18-12 所示。

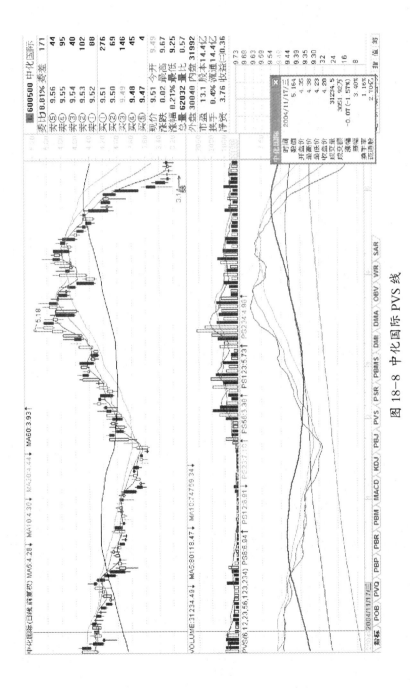

图 18-8　中化国际 PVS 线

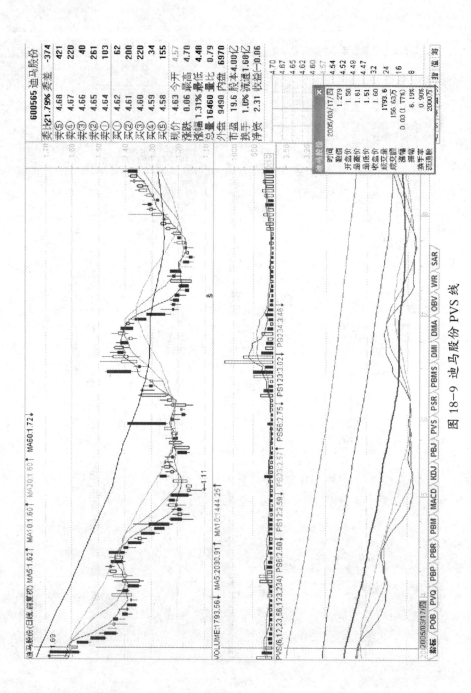

图 18-9 迪马股份 PVS 线

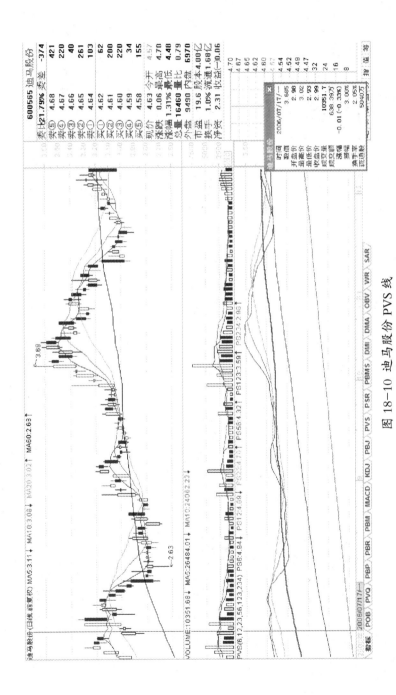

图 18—10 迪马股份 PVS 线

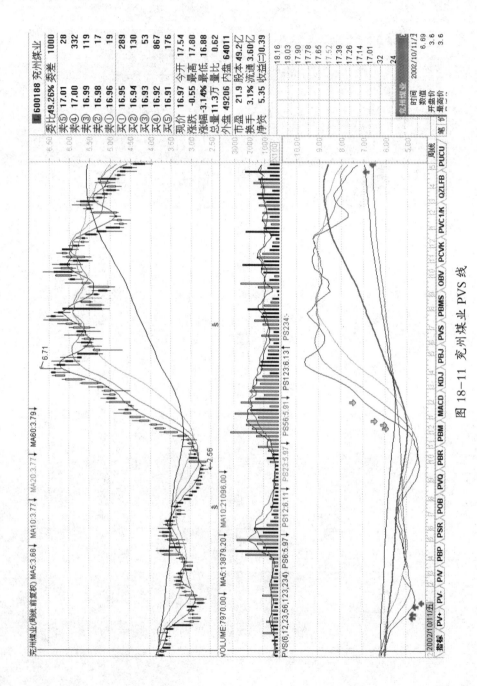

图 18-11 兖州煤业 PVS 线

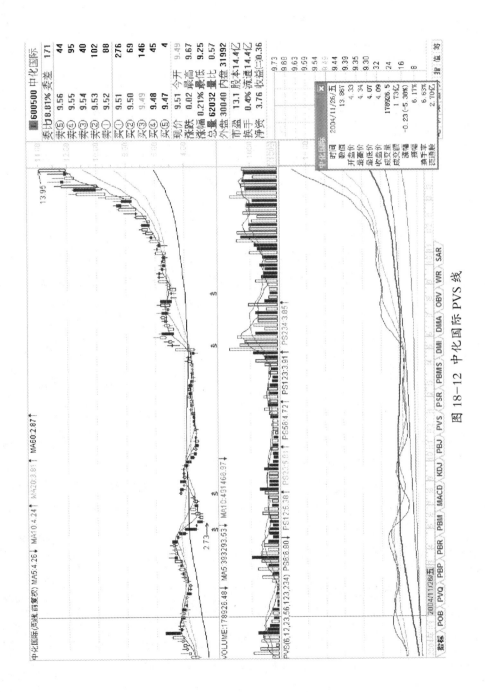

图 18-12　中化国际 PVS 线

十二、久病输液

股票价格在某一段时间出现横盘整理,收出无数带下影线的小阴线、小阳线时,某一天突然收出一根带上影线的中阳线,且量能放大,给人以久病输液的形态。此形段说明庄家开始收集筹码,随后几天的股票价格在阳线的开盘价与收盘价间震荡,后市看好。在 PVS 线上,短期 PVS 线会作黏合平缓运行,并向 PVS56 日线靠近,或者说 PVS6 日线与 PVS56 日线的乖离值渐小。

如图 18-13 所示,中化国际(600500)在某一时段出现了"久病输液"的形段,运行相当长的一段时间后,又出现"单井测试",且"单井测试"时的收盘价与"久病输液"时相差不大,可初步确认底部成立,距离拉升的时间不远了。从"久病输液"到"单井测试"形段,庄家完成了筹码收集,犹如吸收了营养、养足了精力的卧龙即将腾空,跃龙指日可待!从见龙到厉龙,PVS6 日线、PVS12 日线、PVS23 日线在 PVS56 日线上下摇摆,相互纠缠,形成 Z 字形,一旦突破 Z 字前期拐点,后市向好。

与"单井测试"相对的市场信号是"双井测试"。经过前期运行,价跌量缩到一定程度后,股票价格突然放量向下,同时在一周时间内收出两根带上影线的小阳线或小阴线,且两根线的最低价基本持平,给人以双井测试的感觉,说明股票价格已到底部,庄家开始吸筹。

十三、老夫携子

如图 18-14 所示,贵州茅台(600519)的股票价格运行到一定相对高度时突然放量向下,接着收出齐头带下影线的一根小阴线和一根小阳线,第三天又收出一根阳线,且收盘价大于放量阴线的开盘价,形成老夫携子形态。运行一段时间后,又以同样形式收成一根单针探底形态(成交量明显小于前期，说明空方力量不够，有利于多方），相对底部确立，后市看涨。体现在 PVS 线上，从量橡胶坝开始,PVS6 日线、PVS12 日线、PVS23 日线在 PVS56 日线上方纠缠平缓运行。当某一日穿过 PVS56 日线后不久又向上突破，且 PVS6 日线、PVS12 日线、PVS23 日线在 PVS56 日下方形成的面积明显接近前期或略大，说明后市向好，只要突破，必然有较大行情。

十四、地狱门闭

当股票价格在缩量下跌中突然收出一根大阴线，且成交量显著放大，形成地狱之门要关闭的样子，这就说明庄家的杀跌空间有限。PVS6 日线不久就向上调头，这根大阴线应该是庄家借机吸筹所致。庄家通过先卖后买，使成交量放大，既符合量倍现象，也符合水力喷射原理，还符合橡胶坝原理，如图 18-15 所示。

再如图 18-16 所示，地狱闭门也会出现在熊市中继，形成加速向下探底趋势，一般在龙飞区间或龙跃区间。有时也会在龙见区间形成加速探底形态。

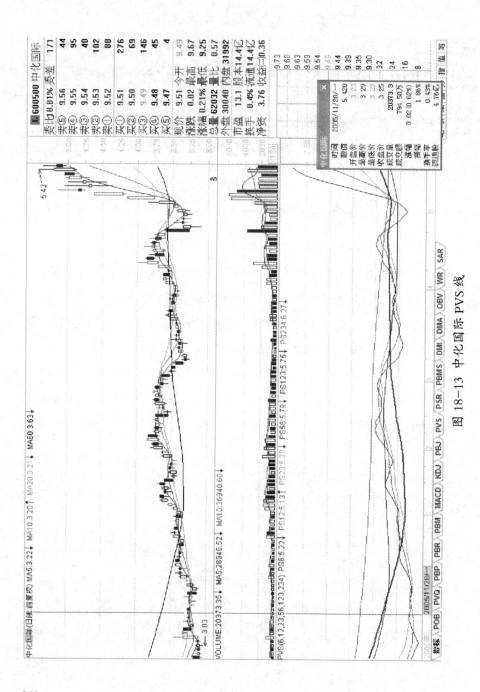

图 18—13 中化国际 PVS 线

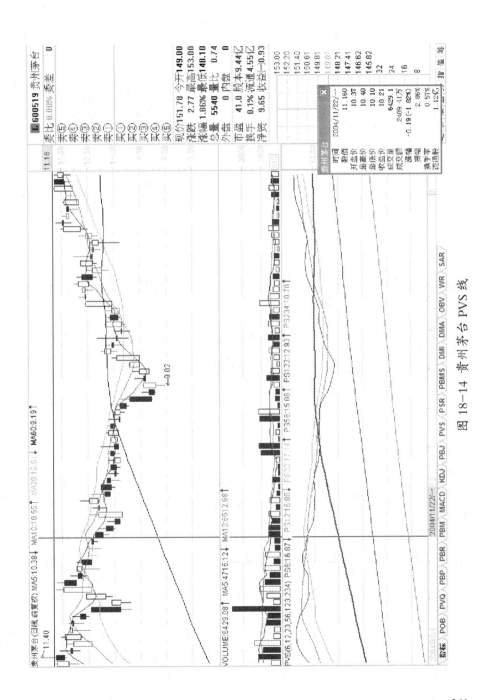

图 18-14　贵州茅台 PVS 线

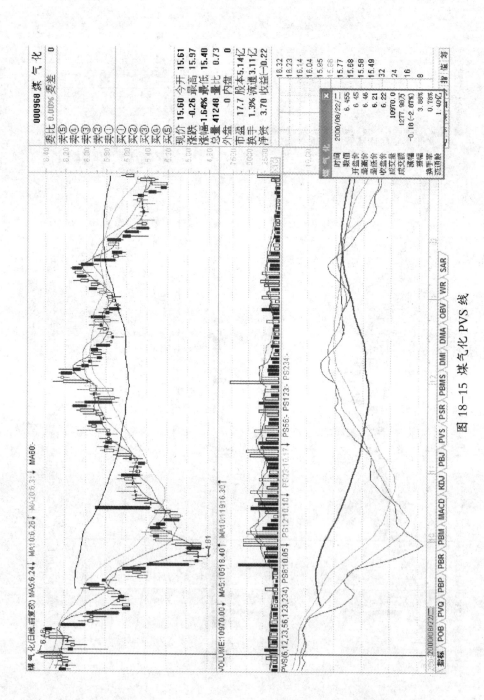

图 18-15 煤气化 PVS 线

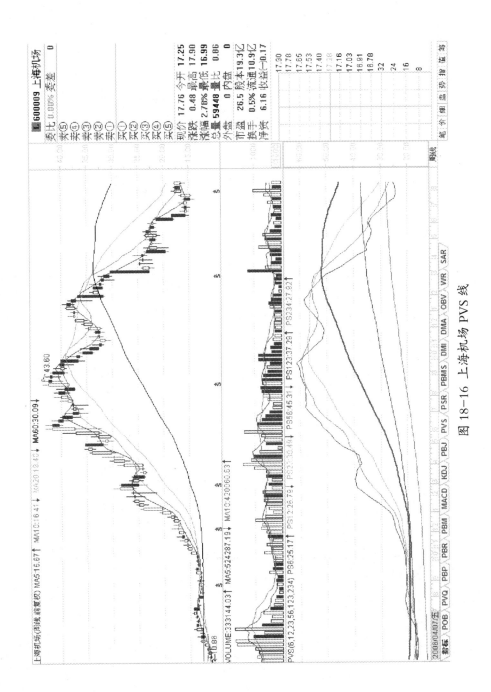

图 18-16 上海机场 PVS 线

第十九章

牛市中继：PVS
技术乾道典型图谱

前期低潮期后，人们对股市的信心开始恢复。底部特征已十分明显。PVS56 日线开始向上抬头。庄家从底部转向占据牛市中继。以后，股票价格当然以收阳为主。PVS6 日线、PVS12 日线、PVS23 日线会上穿 PVS56 日线，形成银叉、金叉。乖离率时大时小，但以正乖离为主。这时，有准备的庄家就会借机加大筹码，从而选择有投资价值的个股进行分析、判断，制定自己的震仓计划。

本章导读

第一节
牛市中继局势判断：是否是继续持股的
最佳时机

作为散户，要学会分析庄家从底部转入牛市中继的时机，要懂得乾道（牛市中继）的研判。

一般来讲，潜龙在向见龙、厉龙的转化过程中，会有以下信息供散户参考，以此把握牛市中继的到来。

1.宏观政策面趋向于支持社会资金向股市流转或采取有力措施支持股市，从而有效带动大盘向上发展。

2.大盘成交量逐渐放大，但还没有达到历史的高点，天量也不可能过早地出现，相反会出现量堆，多、空双方会在"潜龙—见龙"之间、"见龙—厉龙"之间拉开战场。

3.绝大多数的个股日K线处于较小幅度的波动，一到两周内总会有大阳线的出现。每一次的大阳线都是对股市人气的提振，特别是星期一、星期四这些敏感日。每次向上的突破都会有资金量反向操作，向上突破就会有抛盘者。要突破前期高点，就得有异常的成交量。在前期成交密集区，总有人喜欢尽早了结，使得成交量异常放大，总有人会卖出了结，总会有人认为是庄家做反弹。明眼人都知道探底成功了，庄家还会放风说熊市不问底部。散户要做到"持股不卖，持币速买"。

4.很多媒体开始报道上市公司的业绩或预期收益增长点或大的合同订单，基金经理的业绩开始被关注，一些证券公司的规则开始出现修改。

5.人气指数开始回升，有个别龙头股（尤其是小盘股）开始带动大盘向上而行，成交量会异常放大，整个市场都开始活跃起来，相关部门也开始出台实质性的利好政策。股民开始关注大盘，有的开始从银行账号向股市账号转账。股票交易所申请股票账户的人数开始增加。

6.庄家不是不愿股票价格再次抬升，但买方盘的不断涌出，让庄家难以招架，也不得不加入到增仓的行列，大阳线就是这么生成的。多方占据绝对主动，空方难以为继。散户不如以动制动，开始精选个股。

第二节
牛市中继形段区间：是否是继续持股的最佳区间

股市牛市中继，庄家占据牛市中继区域，就是"见龙后期—厉龙—跃龙—飞龙前期"区间，如图 19-1 所示。从形段上来讲，主要有以下几点。

1.前期有探顶的横盘过程，如从龙潜区间到潜龙区间的转变；有成交量缩小区间，否则就不会过渡到牛市中继。庄家通过抬升股票价格适当震仓，让股票价格不要涨得过高，否则，庄家就要出过高的成本价了。谁都希望在较低点吸筹，急于买到股票，不然，没有其他理由可解释股票价格的急速上涨原因了。

2.牛市中继最显著的特征是成交量与股票价格呈价涨量升态势，或者是价跌量缩。收阴线是庄家少量的卖盘所致，都会带动股票价格下跌，但没有散户出货，所以成交量始终上不去。成交量之所以小，要么是没有人接盘，要么是没有人出货。否则，成交量总会放大的。

3.股民信心开始恢复，只有极少数人在持币观望，大多数人都又会冲进股市。

4. 股民所熟悉的技术指标都处于超买状态，技术上看不出向下反转的信号，而偶尔的杀跌也会被 PVS56 日均线所支撑，人气指数处于较为高涨的形态。可喜的是基金开始上涨。基金的赎盘释放完毕。

5. 前期市场上所谓的垃圾股也开始连连收阳，有的出现涨停板报收，沉寂的只是极个别的大盘股。到了散户极度兴奋时，大盘股会有所表现，把大盘指数不断向上抬升，人气有所恢复，但还是很难聚集到攀顶时的极度高昂状态。

散户认识到牛市中继即将来临时，要冷静地采取满仓策略，或者等待厉龙形段时迅速增仓，从而将主动权掌握在自己手中。从技术上来讲，PVS6 日线、PVS12 日线、PVS23 日线开始脱离 PVS56 日线，它们难以向下穿越，只能高高在上，一直在 PVS56 日线的上方运行，偶有靠近，也会很快乖离。

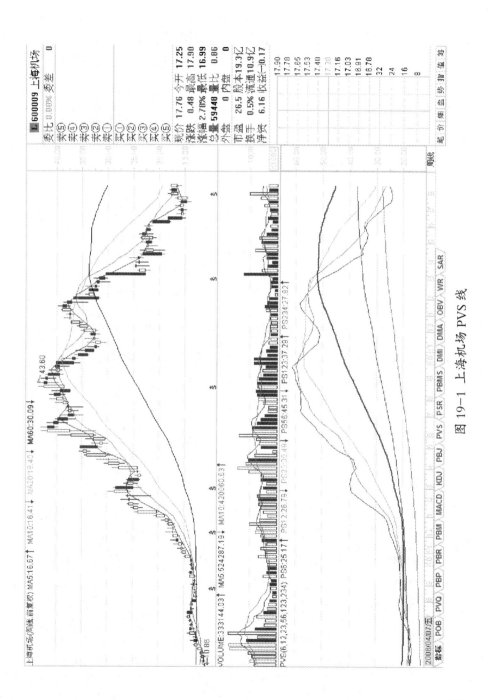

图19-1　上海机场 PVS 线

第三节
牛市中继典型图解：是否是继续持股的
最佳良机

牛市中继趋势一般指股票价格在上压力线与下支撑线之间作一定角度的向上运动,保持原趋势不变。从PVS线来看,PVS6日线、PVS12日线、PVS23日线纠缠在PVS56日线上方作向上运动,PVS56日线几乎成直线状以30度以上角度向上运行, 这说明个股处于牛市中继, 庄家占据牛市中继, 散户可积极介入。

下面, 我通过通俗语言解读典型图谱, 用PVS合成技术分析, 判断与确认牛市中继。

一、跃龙腾空

当股票价格在中继上升过程中, 出现一段时间价降量缩的形段后, 股票价格突然向上抬升, 且成交量没有显著放大, 如腾空的飞龙, 说明庄家高度控盘, 只要少量买盘就可带动价格的上升, 散户一般应持股观望,接盘也开始减少。这时的量价关系主要体现在价升量升或价升量缩。表现在PVS线上, PVS6日线、PVS12日线、PVS23日线经过一段时间平缓运行后，会选择向上突破 PVS56 日线，并远离 PVS56 日线，保持向上趋势。当 PVS6 日线开始选择向下时，说明飞龙行情即将开始，如图 19-2 所示。

二、飞龙在天

当股票价格经过前期一段时间的暴涨后，会在短时间内调整，调整到位将是一轮更大行情的疯涨，犹如飞龙在天。此时，会出现严重的量价背离现象。不久将会是云雾遮天，股票价格进入亢龙与龙亢形段。表现在 PVS 线上，PVS6 日线、PVS12 日线、PVS23 日线在 PVS56 日线上方保持向上趋势。当 PVS6 日线趋于平缓时，说明飞龙行情即将结束，如图 19-3 所示。

三、双乳育犊

当股票价格离开底部不久，庄家会做两次较大的资金介入，形成两次较大拉升，使得 PVS6 日线如同奶牛的双乳，如图 19-4 所示。初生牛犊必成大器，后市股票价格定有较大的涨幅。

当 PVS6 日线、PVS12 日线、PVS23 日线作一段时间横向整理后，向上穿过 PVS56 日线后，PVS6 日线对 PVS56 日线的乖离率会发生两次大的变化，一般都会伴有较大阳线，这是庄家急于让股票价格脱离成本区所为。随后，PVS56 日线会作 45 度角的向上运行，这是有实力的庄家所为。散户应果断增仓，后市必有较大涨幅。

双乳育犊形段一般在"见龙—厉龙"区间形成，主要是庄家为了突破前期高点所为，散户投资者可逢低介入。

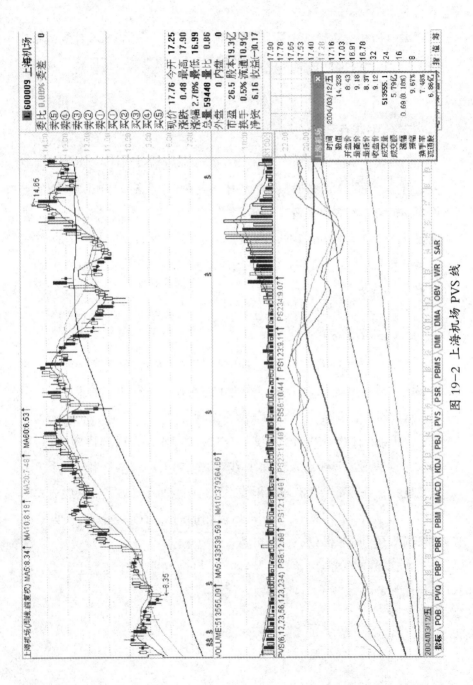

图 19-2 上海机场 PVS 线

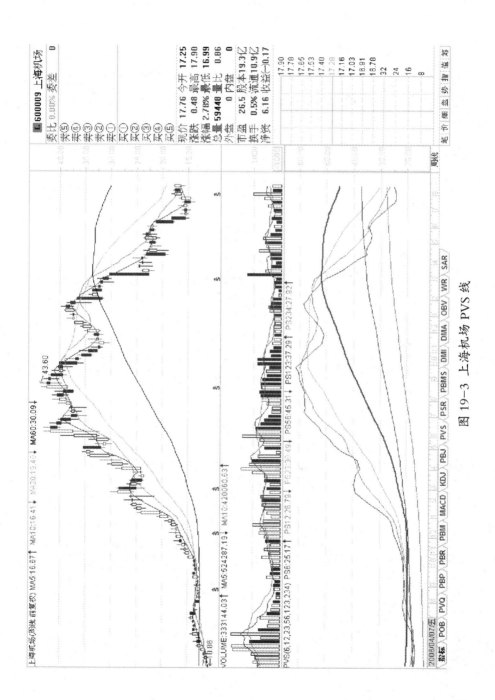

图 19-3　上海机场 PVS 线

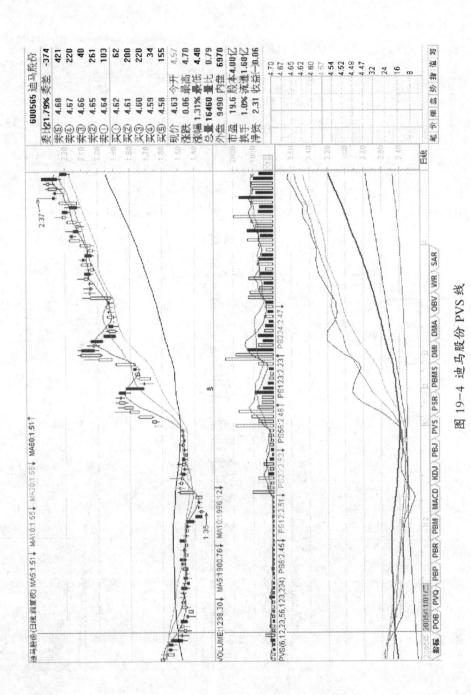

图 19-4 迪马股份 PVS 线

四、双阳拾阶

股票价格在上升途中间隔一段时间后，拉出两根大阳线或中阳线，且后一阳线的开盘价大于或接近前一阳线的收盘价，中间夹着无数根小阴线或小阳线，个别中阳线上升后也会等量回落，形成双阳拾阶形态。在成交量上，后一阳线明显小于前一阳线对应的成交量，说明庄家高度控盘，其向上拉升时所需要的能量越来越小，后市看涨，如图 19-5 所示。

五、老夫携子

老夫携子状态一般在股票价格处于相对底部或股票价格处于中继上升过程中。在上升途中出现多个老夫携子，一般后一个的成交量明显小于前者，说明庄家控盘较好。在相对底部出现老夫携子时，一般首日的阴线量大，第二天的阳线成交量小，说明庄家在股票价格打压过程中借机吸筹，有借卖实买的不良动机。

老夫携子体现在 PVS 线上，PVS56 日线一般呈向上抬起，PVS6 日线、PVS12 日线、PVS23 日线在 PVS56 日线上方运行，如图 19-6 所示。

六、价阴无忧

在"潜龙—见龙—厉龙"区间，经常收出价阴无忧形段，如图 19-7 所示。当 PVS56 日线呈向上态势后，每收一根较大阴线后都能接着几天被小阳线吃掉，在股票价格突破前期大阴线的开盘价时又收出一根阴线，接着又被几根小阳线打掉，股票价格整体运行不改向上趋势，价虽阴，但对于散户来讲，并无大忧。这是庄家有意打压股票价格所为，说明庄家筹码没有抢够，还在借机吸筹。

庄家占据牛市中继时，如果收大阴线而量缩，放量而阴线短，说明庄家骗筹动机很强。只要 PVS6 日线、PVS12 日线、PVS23 日线在 PVS56 日线上方运行，散户投资者就可高枕无忧。

七、阴脸阳助

如图 19-8 所示，当某一天股票价格在某一相对底突然高开低走，收出一根大阴线时，且收盘价与昨日收盘价接近，犹如乌云盖顶，大棒吓人，这是阴脸阳助形态。庄家在测试市场人气，通过拉高引人注意，但又不急于抢筹，或在等政策利好，或在准备资金。总之，庄家开始关注个股，下步必有较大的成交量。尤其是第二根"阴脸阳助"，次日的放量收出带上影线的阳线，且倍量原理明显，说明庄家测试市场的良苦用心。

八、放量而跃

如图 19-9 所示，当股票价格运行到需要突破前期高点时，庄家、散户会在此点形成多、空争夺战，犹如鲤鱼跃龙门，跳过去就相安无事，也将成为以后的下跌支撑线，是为放量而跃。以后，PVS56 日线会调头向上，形成价跌量缩、价升量升的量价规律，以此维持 PVS 线的向上抬升态势。

九、海湾楼影

当 PVS56 日线沿 30 度以上角度直线向上延伸时，犹如一条海边的高速公路，而 PVS56 日线、PVS12 日线与 PVS23 日线远离 PVS56 日线，形成沙滩，而成交量又像海湾对面的高楼，是为海湾楼影，如图 19-10 所示。这是庄家占据牛市中继，散户投资者可踊跃参与。

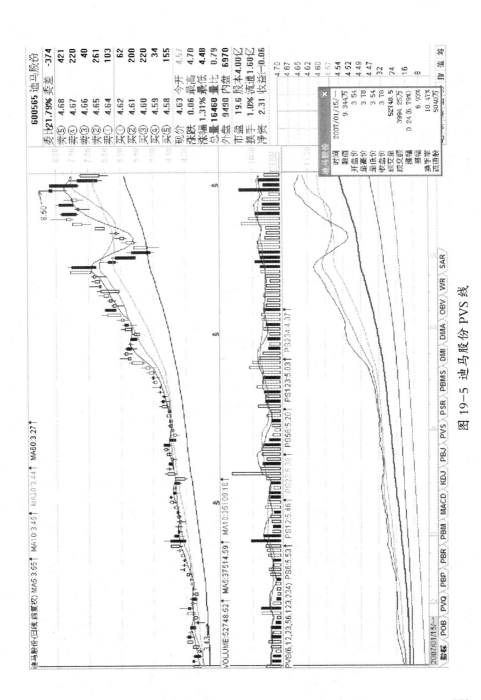

图 19-5 迪马股份 PVS 线

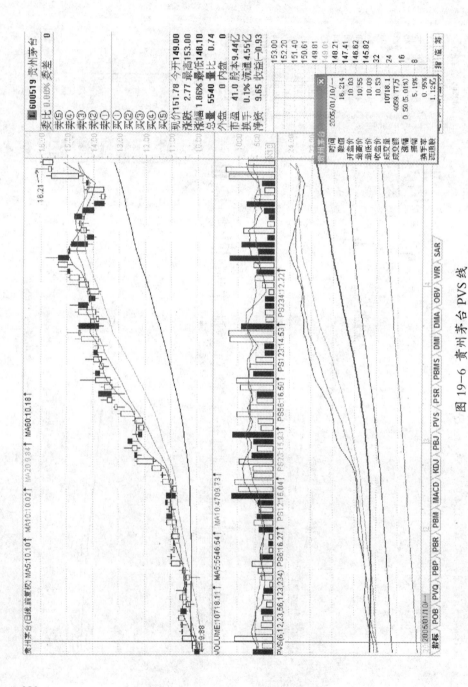

图 19-6 贵州茅台 PVS 线

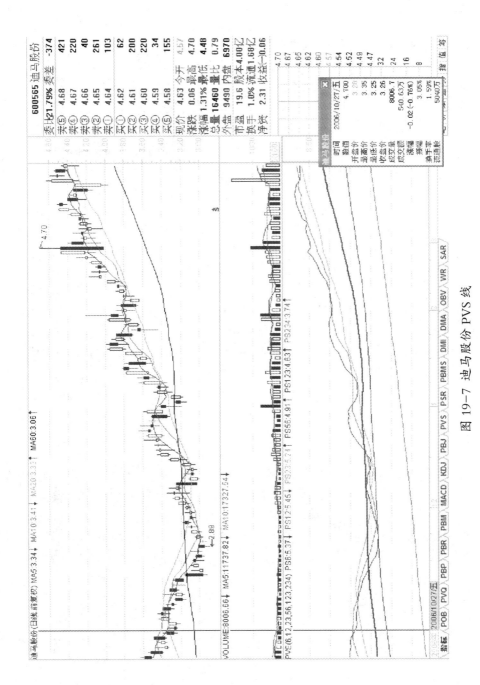

图 19—7　迪马股份 PVS 线

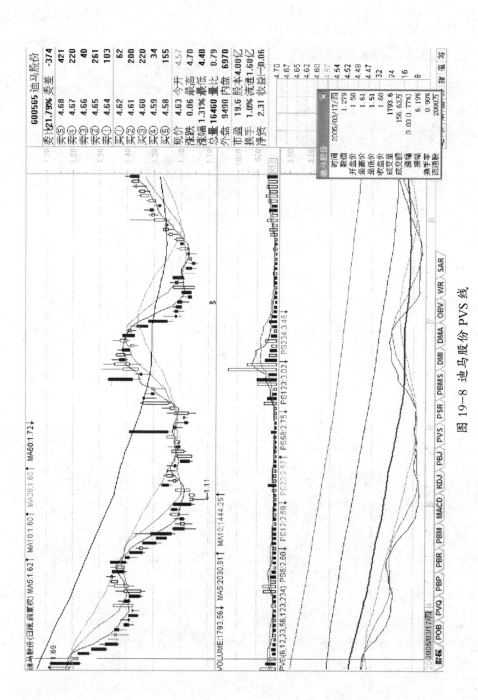

图 19-8 迪马股份 PVS 线

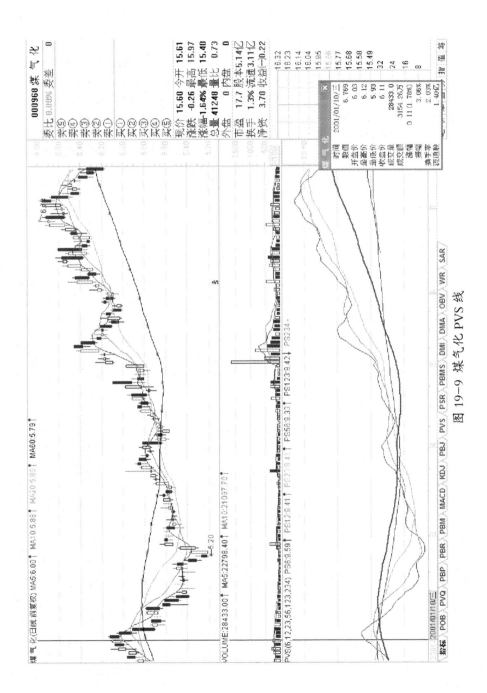

图 19—9 煤气化 PVS 线

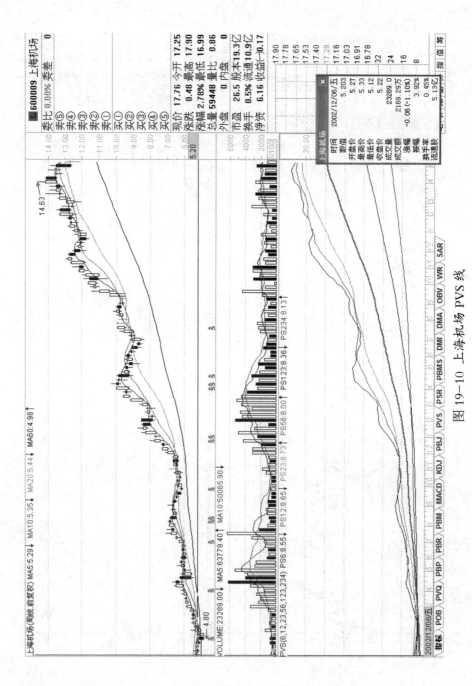

图 19-10 上海机场 PVS 线

十、山腰观景

股票价格作一段时间的大幅度向上拉升后，会在一定高度作窄幅震荡，只要成交量不放大，PVS6日线、PVS12日线与PVS23日线在PVS56日线之上运行，给人以山腰观景的感觉，如图19-11所示。人在爬山时会选择一块平地小歇一会儿，同样，庄家也会将股票价格拉到一定高度后作一段时间的调整。一方面可能是筹备更多的资金再次向上拉升，也可能是让不坚定者自行出局。所以，散户投资者只要没发现异常放量，就可继续持股，下步将会进入飞龙区间，一般还会有较大拉升。

十一、虚惊一场

当股票价格拉升到一定高度后，某一天突然向下低走，但在午后又拉升到昨日收盘价之上，让人虚惊一场。此种走形是庄家在吓唬胆小的散户投资者，如果量大，更值得警惕，说明庄家有反手做多的嫌疑，后市看好，但也不能掉以轻心，如图19-12所示。

十二、红道迎宾

所谓红道迎宾，就是当股票价格中继向上运行到一定高度时，操盘手会提前告诉自己的一些没有介入个股的相关客户，让其逢低入场，操盘手会极力把股票价格打压到当天的最低价,让相关客户可以低价买入。这时，股票价格自然抬升，成交量也会放大。迎宾进场后，成交量会自然回落，价格也会自然上涨一阶段，随之几天的盘口行为都是散户所为。体现在PVS线上，PVS6日线会陡然下探，甚至会在短期内下穿或迫近PVS56日线，在PVS56日线上方形成8字形，但PVS56日线不改整体向上的方向，如图19-13所示。

再如图 19-14 所示，中国船舶（600150）在某一时段连续收出几根涨停板的大阳线后，某一天突然以跌停板形式开盘，不久又收到涨停板价位，并一改往日的无量涨停，放出巨量，显然是庄家在红道迎宾。这迎接的宾客既可是自己的亲朋，也可能是民间所带的老鼠仓……总之，所迎之宾非同小可。这一开盘的最低价，也将形成量橡胶坝。以后，股票价格很难突破该最低价。如果某一天股票价格穿过量橡胶坝，庄家也会迅速拉起。经过一段时间盘整后，股票价格会重回升势，所迎之宾必获重利。

再如图 19-15 所示，杭萧钢构（600477）在前期拉出十多个涨停板后，突然某一天走出红道迎宾的形态。而后一次貌似红道迎宾，却是庄家在乘机出货，给人以红道迎宾的感觉。股票价格高开，拉出涨停，后又拉出跌停，最后以带长下影线的阴线报收，显然是庄家出货所为。高开（甚至以涨停开盘）就是为了吸引散户，低走就是大量卖出盘涌出所致。

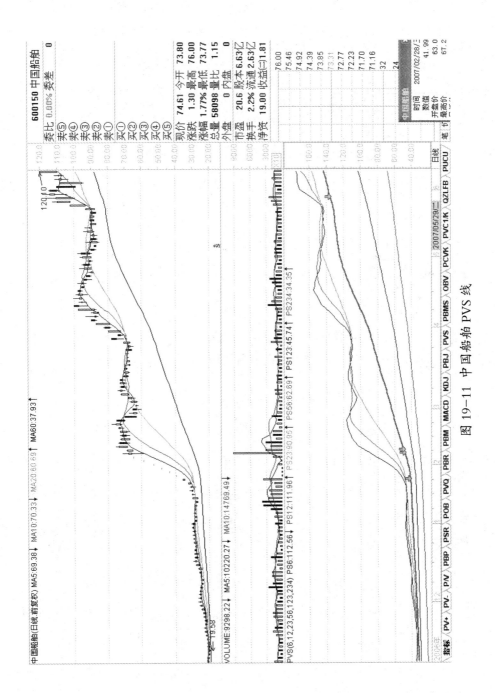

图 19-11　中国船舶 PVS 线

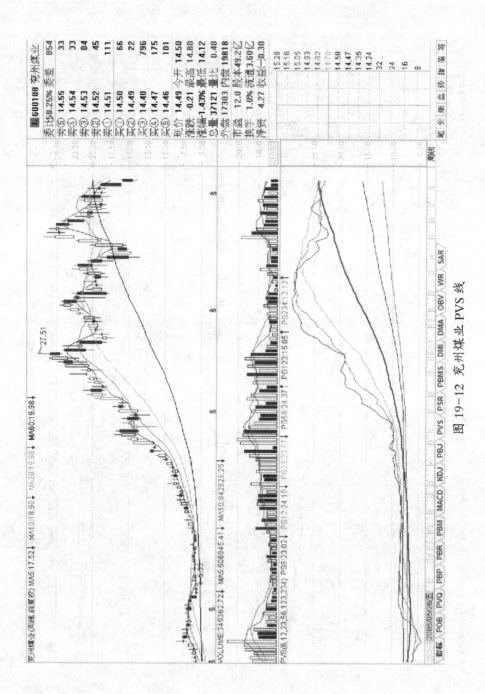

图 19—12 兖州煤业 PVS 线

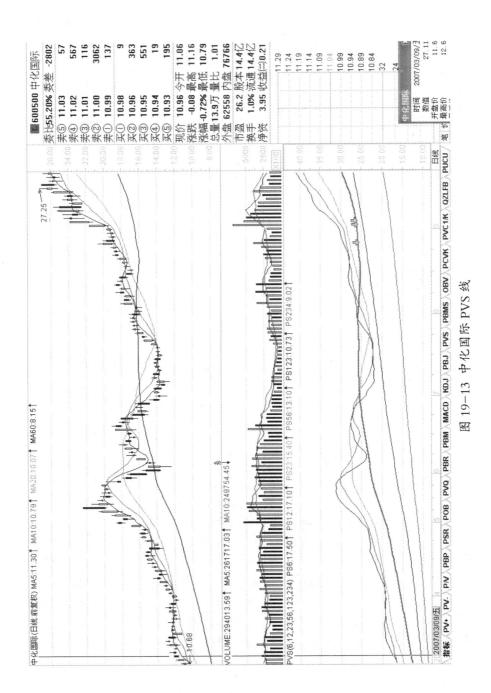

图 19-13　中化国际 PVS 线

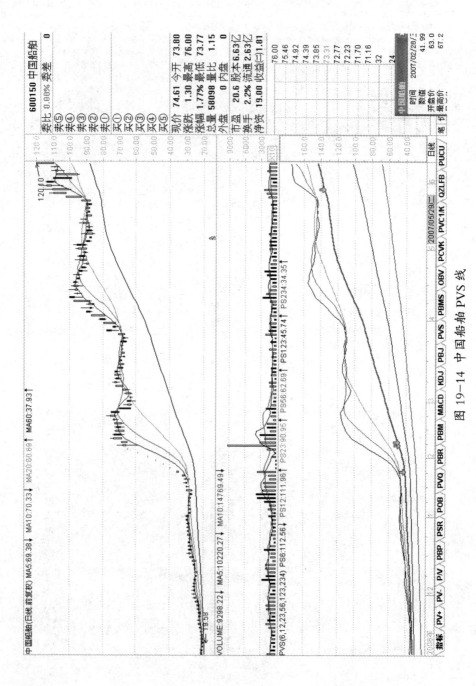

图 19-14 中国船舶 PVS 线

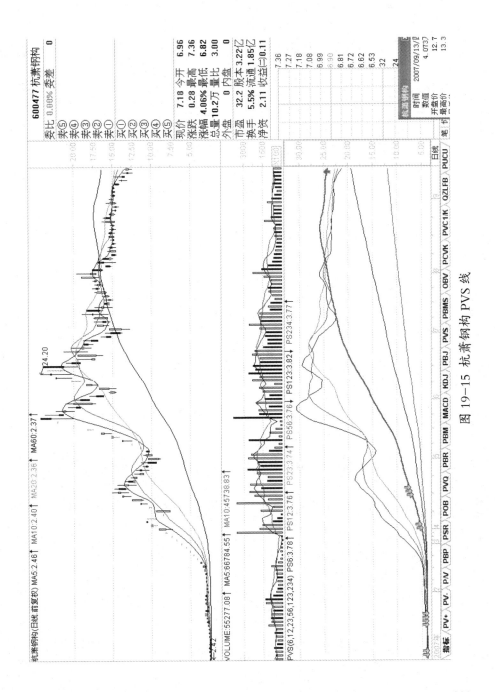

图 19-15 杭萧钢构 PVS 线

第二十章

顶部解盘：PVS
技术否道典型图解

俗话说得好："散户最难的是卖出，因为散户总认为股票价格还会涨，根本不知道价格总会有到顶的时候。即使明白了股票价格终会回落的道理，也心存侥幸——也许还会上涨。"实质上，无论是散户，还是庄家，把握卖点比买点更重要。因为买点即使是高点，也会因上涨带来利润；而高位没有卖出将后悔莫及。作为散户，就要有逃顶的技巧。

本章导读

第一节
顶部局势判断：是否是退出的最佳时机

一般来讲，飞龙向亢龙、亢龙向龙亢转变过程中，具有以下信息可供散户参考，以此把握逃顶的时机。

1.顶部一般形成在股票价格出现过较大上涨后，也就是出现过跃龙、飞龙之后，其持续的时间越长，在亢龙与龙亢时期顶部反转的可能性越大。

2.顶部一般为股票价格没有创新高，但量却创了新高，出现了明显的价缓量增的形段，这主要是庄家通过对倒来吸引更多散户接货的美人计（或称作诱多计）。

3.利好消息接连而来，特别是媒体多唱多而不唱空，股评机构更是叫喊着大盘指数将达到一个让股民不可思议的新高。但是，股票价格不大幅抬升，相反，还在逐渐下移，因为一切利好都是庄家精心策划与预谋的。庄家在借助利好大量派发手中的筹码。

4.无论散户，还是庄家，都在一轮上涨行情中有所收获，就连很少关注股市的人也被股市所吸引，无钱的人也想通过股市来赚点小钱，甚至有的散户开始筹划以炒股为职业。此时，大多数人失去了理智，没有风险意思，只是偶有相关部门呼吁股民保持理智，但又有谁能听得进去呢。

5. 这时候已没有绩优股与垃圾股之分，板块轮动，可谓鸡犬升天。

6. 在个股上，个股价格新高频出，百元大股已不是神话。

7. 由于受股票价格虹吸效应的影响，其他行业的流动资金受到了影响，物价开始上涨，通货膨胀系数明显增大，相关部门开始出台采取抑制通货膨胀的强硬手段。这时，相关部门还通过"高印花税率、高存款利率、高存款准备金率"来打压股市。

第二节
顶部形段区间：是否是退出的最佳区间

股市顶部区域就是"飞龙后期—亢龙—龙亢—龙飞前期"区间。从形段上来讲，主要有以下几点要值得关注。

1.前期有较大的上涨过程，如从跃龙区间向飞龙区间的转变，有较长时期的整理后的向上突破。否则，就不是顶部。因为厉龙区间、见龙区间不可能直接过渡到亢龙或龙亢区间。

2.顶部最显著的特征是成交量成极度放大状态，在日K线图上，量柱状成了高入云端的烟囱。偶有较小的成交量，也是庄家稍作休息的结果，即成交量的减少并没有实质性地拉低股票价格，反之成加速的股票价格探顶征兆。

3.股民信心得到了前所未有的恢复，银行的居民存款出现了少有的负增长。

4.技术指标上，大多数个股处于超买状态，有个别的超级股开始选择向下的趋势。实质上，任何一次牛市中的超级股都是多数庄家联动的结果，以此来吸引股民，以此成为股市的示范，让更多的股民相信其手中所持有股票就是下一只超级股。

5. 多数个股开始出现较长的上影线，股票价格略有上涨，就会出现疯狂的抛盘，庄家也无力拉升股票价格，其具有示范作用的超级股也开始出现上影线。

6. 市场上没有什么垃圾股可言，也没有什么绩优股之分，从板块轮动效应上讲，似乎不可能没有不涨的板块了。整个市场处于一片叫好声之中，似有"高处不胜寒"的意味。

散户理解到顶部形成时，应采取果断斩仓的手法让庄家措手不及，或者采取分步清仓的策略渐出股市，起码要在龙跃之前或龙飞之前清仓。

第三节
顶部典型图解：选择退出的最佳良机

下面，我通过通俗语言解读典型图谱，用 PVS 合成技术分析，帮助读者判断与确认顶部。

一、亢龙望天

当股票价格运行到某一相对高位时，会发生量价背离现象，这说明庄家高度控盘，散户接盘力度不够，庄家更不可能在此处收集筹码，后续资金明显乏力。显然，股票价格达到顶部了，散户还不获利减仓，待到何时？

亢龙望天形段，庄家以出货为减持策略，PVS6 日线、PVS12 日线、PVS23 日线会纠缠平缓而行，后向上猛抬后速与 PVS56 日线相交。一旦突破向下，说明进入熊市中继龙亢、龙飞形段，如图 20-1 所示。

在亢龙望天区间，一般会出现股票价格背离现象。与厉龙区间最大的不同点是，前者股票价格会作宽幅震荡，后者一般作窄幅震荡；前者成交量一般很大，后者成交量一般很小。

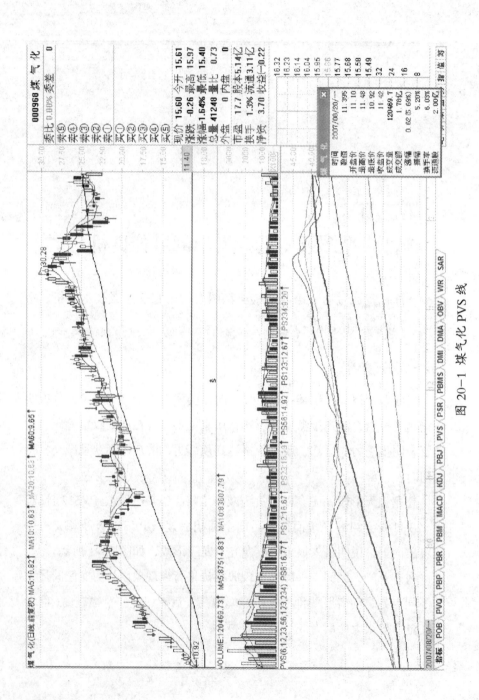

图 20-1 煤气化 PVS 线

二、姑嫂相视

股票价格达到某一高点时，会收出一根带上影线的阴线或阳线，随之价格开始回落。当反弹到一定高度且突破前期高点无望时，又会收带上影线的阳线或阴线，如一对姑嫂相视而互相指责，这是典型的庄家从占据牛市中继向占据熊市中继反转。可以说："姑嫂相视，大势已去"。体现在 PVS 线上，PVS6 日线、PVS12 日线、PVS23 日线正向下向 PVS56 日线逼近；同时，在姑嫂相视两点之间，后期 PVS6 日线、PVS12 日线、PVS23 日线低于前期，说明股市没有根本好转迹象，如图20-2 所示。

三、群蜂蛰天

当股票价格运行到一个相对高部时，在短时间内，股票价格会形成无数带上影线的阳线或阴线，且伴有较大的成交量，说明相对顶部形成，是为群蜂蛰天。反映在 PVS 线上，PVS6 日线、PVS12 日线达到一个相对高度，形成量橡胶坝，一般要比最大成交量形成的日期延后几天，以后很难突破 PVS6 日线、PVS12 日线这一短期量价空间，如图20-3 所示。

四、天堂路断

股票价格形成头部后突然缩量下跌，某一天如果收出一根大阴线，且价格破 MA60 日均线，说明股市进入熊市中继，一波急跌行情在所难免，是为天堂路断。PVS6 日线与 PVS12 日线、PVS23 日线形成死叉，天堂路断形态验证了大势向坏。PVS6 日线、PVS12 日线、PVS23 日线如果加速下穿 PVS56 日线，则基本可确认熊市来临，如图 20-4 所示。散户应以减仓为操盘主方向。

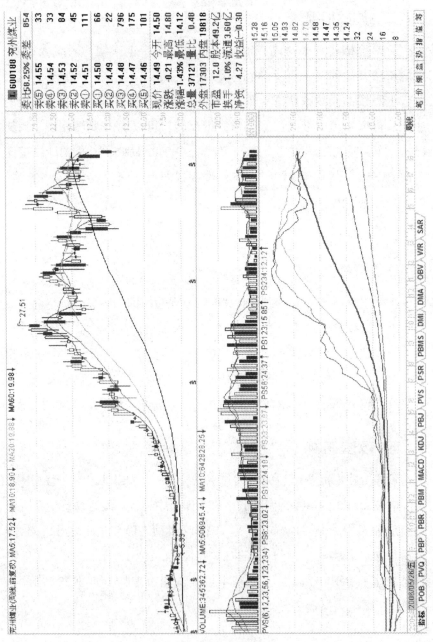

图 20-2 兖州煤业 PVS 线

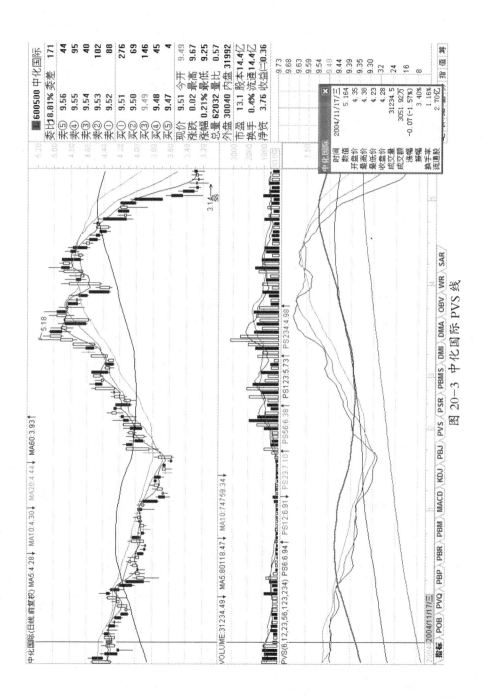

图 20-3 中化国际 PVS 线

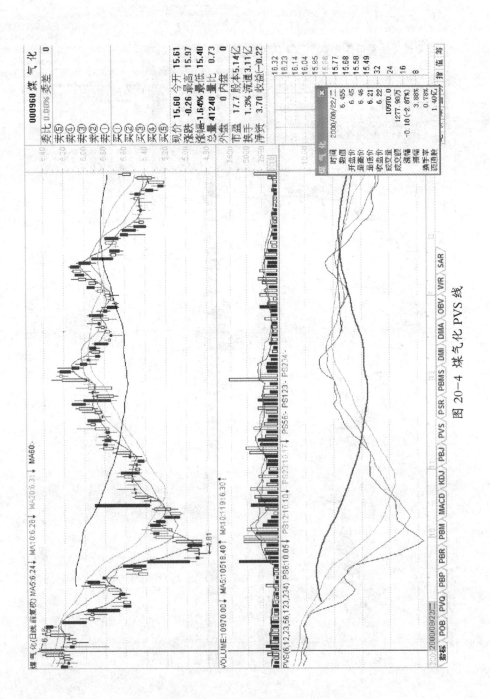

图 20—4 煤气化 PVS 线

404

五、绝地反击

股票价格达到一个相对高点后，突然向下运行，且股票价格会突破 MA30 日价均线，股票价格某一天突然从 MA60 日均线附近绝地反击，收出一根大于昨日收盘价的大阳线，这是庄家不想让股票价格在短期内掉下去而实施的救市行为。只要庄家还没有完全出逃，以后股票价格不会低于此"价橡胶坝"，即使某日低于这个价格，也会在短期内被拉回。体现在 PVS 线上，在 PVS6 日线会调头向上，但很难超过前期高点，大多数情况是一头比一头低。PVS6 日线会与 PVS12 日线形成 8 字形，8 字后半部越向下，说明大势越差。如果 PVS6 日线、PVS12 日线、PVS23 日线形成死叉后，呈三角向下穿过 PVS56 日线，说明大势完全走坏，散户应以减仓为主，如图 20-5 所示。

六、量倍释能

当股票价格运行到一定高度时——一般为前期低点的 1.5 倍以上，突然放量（起码是 6 日均线的倍量）收出一根带上影线的阳线，说明是量倍释能，散户投资者短期应离场观望。如果 PVS56 日线还呈向下趋缓状态，说明是庄家在打压股票价格。如果 PVS6 日线、PVS12 日线、PVS23 日线黏合平缓运行状态，PVS56 日线呈向下圆弧状，说明顶部确立，散户应以离场为主，如图 20-6 所示。

七、独立寒秋

当股票价格从高位以小阴线、小阳线维持在某一相对区间运行一定时期后，某一天突然收出大阴线；接着，PVS6 日线、PVS12 日线、PVS23 日线相继突破 PVS56 日线，大阴线给人以"独立寒秋，湘江北去"的感觉，说明严冬即将来临，散户应以空仓为主。

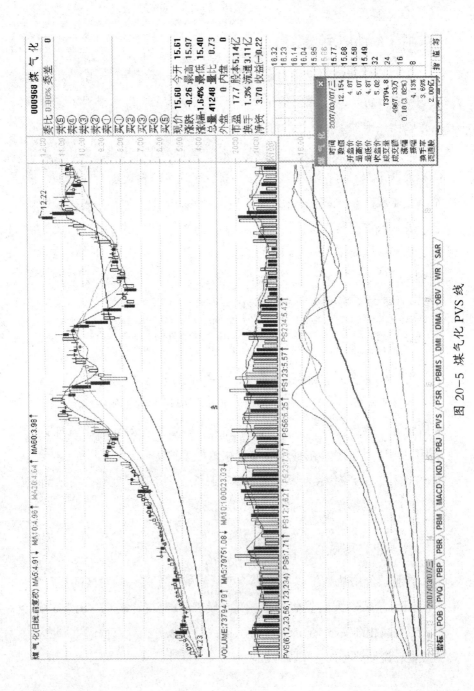

图 20-5 煤气化 PVS 线

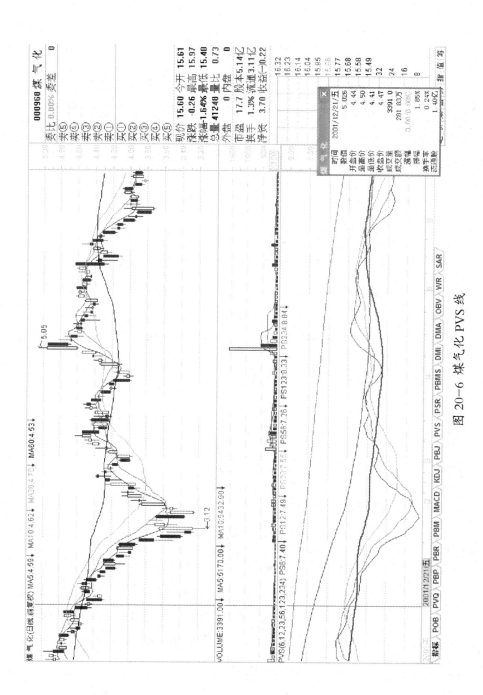

图 20-6　煤气化 PVS 线

八、当头一棒

股票价格于高涨时，在一根大阳线后突然跳空高开，随之股票价格在大量卖出盘涌出的情形下迅速下跌，成交量异常放大，且收盘价低于头天阳线的开盘价或略低，这是庄家筑顶所为，预示个股将向熊市中继转换，散户应提高警惕，以离场观望为上策，如图 20-7 所示。

九、教子无方

教子无方指股票价格反弹运行到一相对高点时会拉出一根中阳线或大阳线，接着收出一根带上影线的小阴线或小阳线，再接着收出一根中阴线或大阴线，且中间线的量明显放大，一般会高于两边，说明相对高点确立，散户应以出仓为主。教子无方与老妇弃子的区别是中间小阳线的位置不同，一般在顶部易出现教子无方，在熊市中继易出现老妇弃子。

十、天针释能

股票价格运行到一定高度后，如果某一天高开低走，收出一根带长上影线的阴线，且成交量较大，说明庄家开始加大出仓力度，散户投资者应离场观望，切莫恋战，如图 20-8 所示。

十一、溜肩而下

股票价格形成 W 顶部后，如果股票价格右肩难以突破左肩中的最高收盘价，且出现一根下穿 MA60 的日 K 线，形如溜肩而下，说明大势转坏，散户投资者应离场观望，如图 20-9 所示。从 PVS 线上看，PVS6 日线、PVS12 日线与 PVS23 日线会在 PVS56 日线上方作黏合平缓运动，并有向 PVS56 日线靠近的趋势。一旦向下突破，则可确认庄家占据熊市中继。

十二、顶后量缩

股票价格达到一定高度后，会形成价升量缩的形段，特别是达到一个相对高度后，股票价格会选择向下，但成交量萎缩，是为顶后量缩，如图 20-10 所示。

从 PVS 线上看，PVS6 日线、PVS12 日线、PVS23 日线会在 PVS56 日线上方作平行向上运行，预示庄家在顶部作震荡，股票价格不会有较大涨幅，也不会较快跌下去，散户投资者应清仓观望。

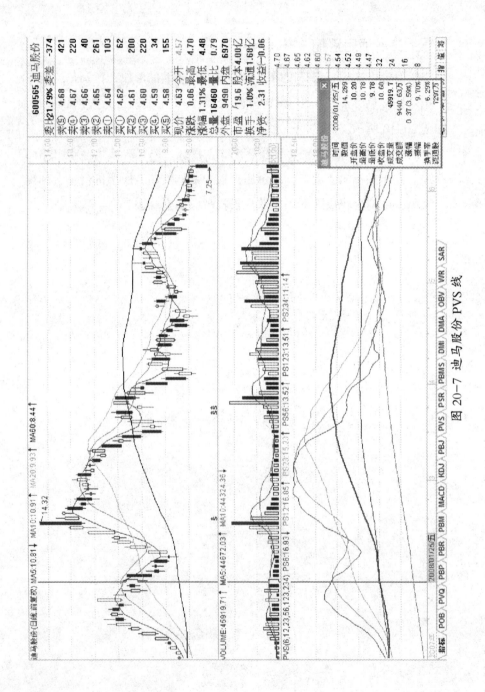

图 20-7 迪马股份 PVS 线

410

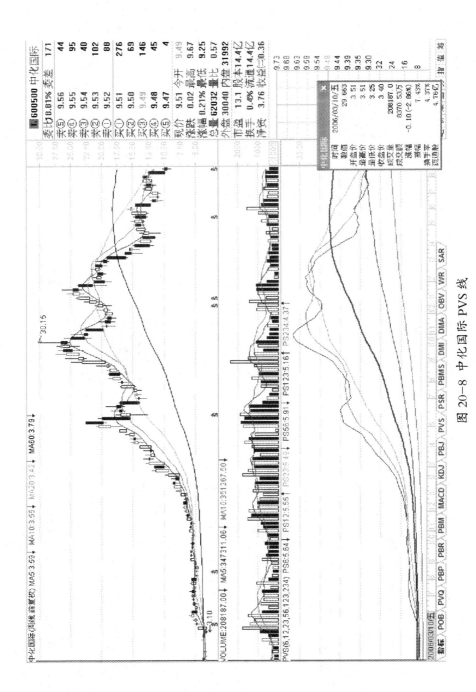

图 20-8 中化国际 PVS 线

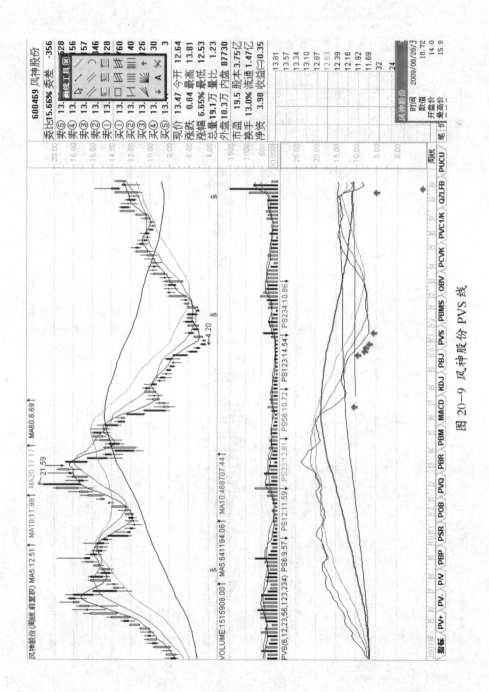

图 20—9 凤神股份 PVS 线

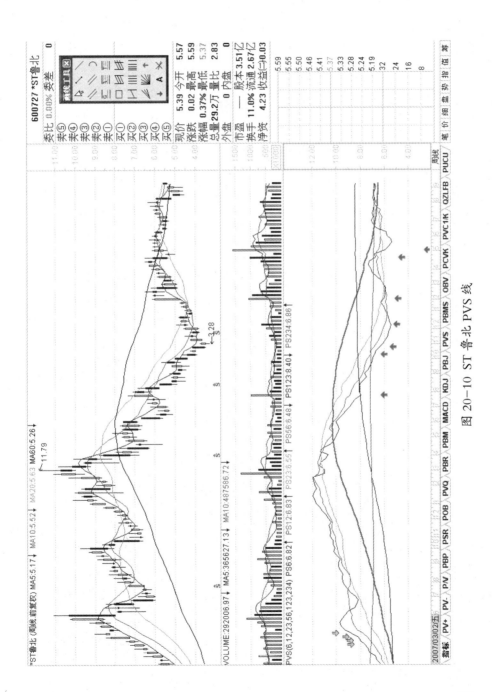

图 20-10 ST 鲁北 PVS 线

第二十一章
熊市中继：PVS
技术坤道典型图谱解盘

　　熊市中继前期，从股票价格与成交量的不稳定期情形看，人们大多信赖庄家还没有完全退守，认为庄家只是局部打压或震荡。但是，顶部特征已十分明显，PVS56 日线开始低头。庄家从顶部转向占据坤道(熊市中继)的迹象十分明显。以后，股票价格将以收阴线为主。PVS6 日线、PVS12 日线、PVS23 日线会下穿 PVS56 日线，PVS6 日线相对 PVS56 日线的乖离率时大时小，但以负乖离为主。

本章导读

第一节
熊市中继局势判断：是否是继续持币
的最佳时机

作为散户，要学会分析庄家从顶部转入熊市中继的重要时机，要懂得熊市中继的局市研判。

一般来讲，龙亢在向龙飞、龙跃的转化过程中，会有以下信息供散户参考，以此把握熊市中继的到来。

1.宏观政策面趋向于支持社会资金向银行流转或采取有力措施支持非股市实体。

2.大盘成交量逐渐萎缩，但还没有达到历史的低点，地量也不可能过早地出现。相反，会在一定时机出现量堆，多、空双方会在"龙飞—龙跃"形段、"龙跃—龙厉"形段拉开战场。

3.绝大多数的个股日K线处于较大幅度的波动，大阴线会在一到两周内出现一次，使得前期的小阴线、小阳线的奋力向上化为泡影，特别是星期一、星期四这些敏感日。每次向下的突破都会有资金量反向操作，向下突破就会有接盘者。总有人喜欢刀口舔血，使得成交量异常放大，构成大阴急跌而成交量急升的异常情形，总有技艺高超之人选择在此时补仓或抢反弹，也总会有人认为底部到来了，庄家也会放风说新的底部即将确立。

4.很多媒体开始报道上市公司或基金经理的违规行为被查处的新闻。被查就意味着个股的利坏消息，庄家会借机打压股市，从中低吸，从反弹中获利。

5.人气指数还会在短时间内聚集起来，有个别股（尤其是小盘股）会逆市而行，成交量会异常放大，整个市场都在等待新的政策出台。股民的耐心开始丧失，出现烦躁不安的情绪，操作失误明显增多。

6.庄家不是不愿股票价格再次抬升，但每反弹到一个新的高点时，卖方盘涌出，庄家难以招架，也不得不加入到减仓的行列，大阴线就是这么生成的。空方占据绝对主动，多方难以为继。散户不如以静观动，或者远离股市。

7.上市公司的报表开始报亏不报盈，以前的利好消息也得到澄清，很多利好消息经查证纯属子虚乌有。例如，过去预测有升值空间的地产被澄清没有实质兑现，很多大额的合同也被澄清属于误传。

第二节
熊市中继形段区间：是否是继续持币
的最佳区间

股市熊市中继，庄家占据坤道，就是在"龙飞后期—龙跃—龙厉—龙见前期"区间以打压股票价格为主，偶尔会借利好政策做一轮反弹行情，如图21-1所示。从形段上来讲，主要有以下几点值得关注。

1.前期有筑顶的横盘过程，如从亢龙形段到龙亢形段的过渡，有密集的成交量放大区间或某一天因收出带上影线的K线出现过天量，否则，就难以判断股市过渡到熊市中继。因为龙飞、龙跃是庄家打压股票价格赚取差价或刻意做反弹所为，要么就是庄家因为资金链断裂急于卖出股票所为。否则，就没有任何其他理由可解释股票价格的急速下跌。

2.熊市中继（坤道）最显著的特征是成交量偶有放大，但基本都是阴线所为，而极度萎缩往往会收出阳线。收阳线是庄家少量的买盘带动股票价格上涨所致，但没有散户接盘，所以成交量始终上不去。空方占据绝对优势。成交量之所以小，要么是没有人接盘，要么是没有人出货。前期成交量的异常放大，说明庄家出货动机明显，显然是没有人接盘。否则，在拉阳线的过程中，成交量总会放大的。

3. 股民信心还没有受到彻底打击，还有人在持股观望或持币观望。

4. 股民所熟悉的技术指标都处于超卖状态，技术上都看不出向上反转的信号，偶尔的活跃状态也会被 PVS56 日均线所压，人气指数处于较为低迷的形态。基金开始下跌，基金的赎盘压力增大。

5. 前期市场上所谓的绩优股开始连连收阴，有的以跌停板报收，活跃的只是极个别的中小盘股。极度低迷时，大盘股会有所表现，把大盘指数又向上抬升，让人气有所恢复，但还是很难聚集到顶部时的极度高昂。

6. 熊市中继（坤道）还有一个特征就是庄家将股票价格反弹到一定高度后，会维持股票价格在一个相当窄的范围和时间窗口，以小阴线、小阳线或带上下影线的小阴线、小阳线为明显特征。成交量在维持中缩量，一旦放大，股票价格必然选择向下。

散户认识到熊市中继（坤道）即将来临时，要冷静地采取清仓策略，或者等待龙飞形段时迅速斩仓，从而将主动权掌握在自己手中。从技术上来讲，PVS6 日线、PVS12 日线、PVS23 日线开始受限于 PVS56 日线，它们难以向上穿越，只能俯首称臣，甘愿在其下方运行。

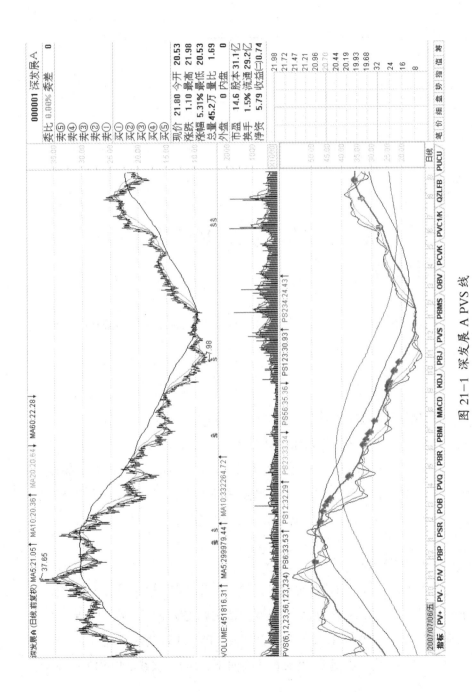

图 21-1　深发展 A PVS 线

第三节
熊市中继典型图解：是否是继续持币的
最佳良机

下面，我通过通俗形段语言，用 PVS 合成技术帮助大家判断与确认熊市中继（坤道）。

一、龙飞纵崖

股票价格经过一段时间反弹盘整后，由于成交量不能很好地配合，股票价格会急速下跌，犹如龙飞纵崖之形。表现在 PVS 线上，PVS6 日线、PVS12 日线、PVS23 日线平缓运行一段时间后，会选择向下穿过 PVS56 日线，并远离 PVS56 日线，保持向下趋势。当 PVS6 日线选择靠近 PVS56 日线后又欲向下，说明龙飞行情即将展开，如图 21-2 所示。

二、龙跃下山

股票价格运行一阶段盘整数日，某一天突然在下跌中继过程中放量下跌，且成交量没有显著放大，股票价格犹如龙跃下山，势不可挡。体现在 PVS 线上，PVS6 日线、PVS12 日线、PVS23 日线纠缠逼近 PVS56 日线时，会突然选择远离 PVS56 日线向下，PVS6 日线、PVS12 日线、

PVS23 日线与 PVS56 日线之间形成向下的三角形，如图 21-3 所示。

三、教子无方

教子无方指股票价格反弹运行到一相对高点时会拉出一根中阳线或大阳线，接着收出一根带上影线的小阴线或小阳线，再接着收出一根中阴线或大阴线，且中间线的量明显放大，一般会高于两边，说明相对高点确立，散户应以出仓为主。

四、夫妻反目

股票价格在下降途中，某天偶拉一根中阳线，且成交量有较大放大；第二天突然收出一根阴线，且收盘价明显低于昨日开盘价，是为夫妻反目。说明庄家利用拉高吸引人气，第二天借机出货。头天的大量也不排除庄家通过反手做空形成，后部用量强行拉升，为第二天出货做准备。在"夫妻反目"前后，会有较大的量出现，但随之成交量萎缩，说明散户人气不济，如图 21-4 所示。因此，股票价格还处在下降途中。

五、老妇弃子

老妇弃子与教子无方同出一辙，只是教子无方形段第二天的收盘价与第一天的收盘价相差不大，而老妇弃子的第二根线收盘价与第一根线的开盘价相差不大，其他市场意义一致，如图 21-5 所示。

"教子无方"与"夫妻反目"都是庄家借第一根阳线的利好引诱散户接盘，第二天通过对倒出货。所以，第二天的量要明显高于第一天，收阴线说明庄家在抛盘，接盘无力，价格自然下跌。

"老妇弃子"一般都在"教子无方"与"夫妻反目"K 线组合的后面，且成交量放大迹象不如后两者明显。

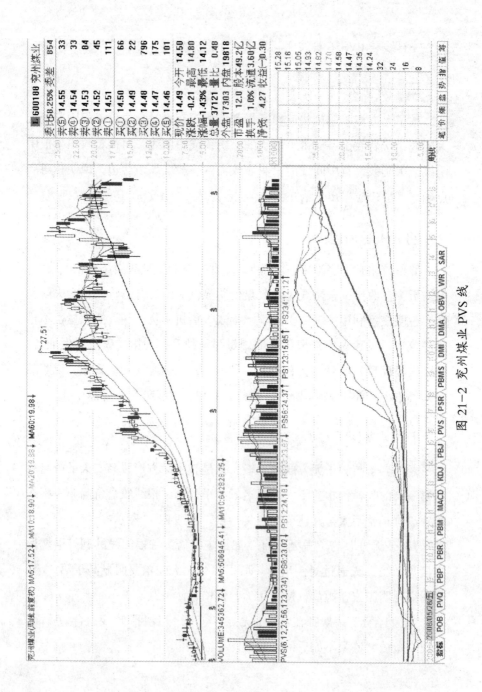

图 21-2 兖州煤业 PVS 线

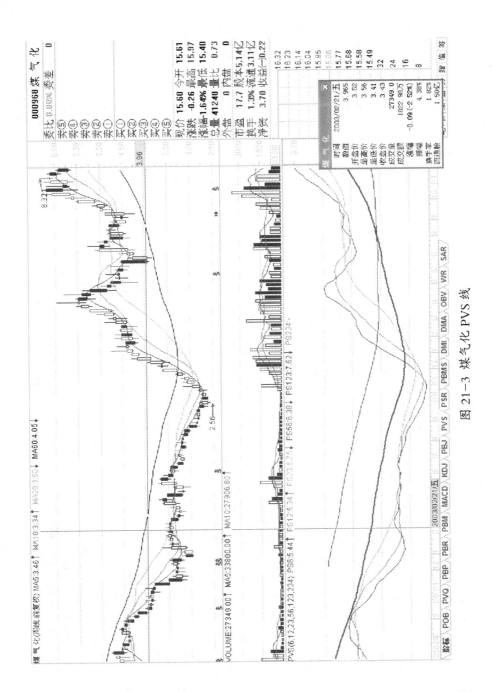

图 21-3 煤气化 PVS 线

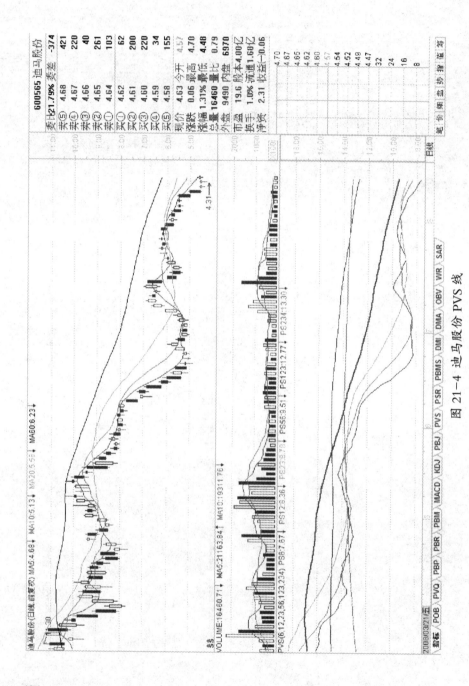

图 21-4 迪马股份 PVS 线

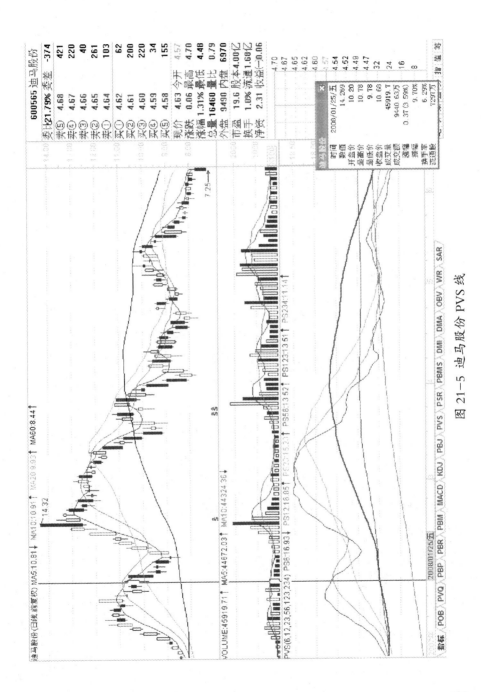

图 21-5 迪马股份 PVS 线

六、功亏一篑

股票价格在下跌过程中，突然某一天高开低走，收出一根大阴线，且收盘价明显低于昨日收盘价，同时成交量异常放大，说明个股维持熊市中继不变，且庄家加大了派发力度，是为功亏一篑，如图 21-6 所示。散户应继续观望为主，切莫上当。

一般而言，"功亏一篑"形段后都会有几天急跌的过程，技艺高超之人可抢反弹，但应随时做好离场准备，否则就有可能出现被套牢的遗憾。

七、放量力乏

股票价格在下跌途中，出现几次"夫妻反目"K 线组合后，经过几天阴线后，突然放量上攻，但收出一根带上影线的中阳线，且收盘价在第一次大幅下跌阴线开盘价附近，是为放量力乏，说明在庄家测试市场人气。随之，股票价格回归前期趋势。对于散户来讲，此时还不是大举建仓的时机。

如图 21-7 所示，PVS56 日线成为较大的向上突破的阻力线，PVS6 日线与 PVS12 日线形成下降过程中的反 8 字，后市看淡，以观望为主。放量乏力形态中，往往会留下庄家虚晃一枪的痕迹。虚晃一枪是指股票价格在下跌途中，突然高开，随后低走，其收盘价要低于头两天的开盘价，也有受压力回抽形成的感觉。

八、阳奉阴违

股票价格在下跌过程中，某一天突然低开高走，收出一根大阳线，且收盘价明显低于头一天的收盘价，而成交量却没有异常放大现象，是为阳奉阴违。说明庄家借大阳线在聚集市场人气，可初步确认熊市中继不改，散户应以观望为主。

从周 K 线来看，如果 PVS6 日线、PVS12 日线、PVS23 日线都突破了 PVS56 日线，且在 PVS56 日线下方时，说明庄家占据熊市中继，如图 21-8 所示。

"阳奉阴违"后一般会走出阴阳逃门。就是在"阳奉阴违线"后，股票价格会在阳线收盘价附近盘整若干天后收出一根大阴线，形似阴阳逃门。与牛市中继鱼跃龙门的市场意义正好相反。

如果阳奉阴违 K 线前期盘整的时间越长，后市收出大阴线后，下跌的概率就越大。这是对"熊市中继久盘必跌"这句话的最好注解。

九、双阴成患

股票价格在下降过程中，相隔一段时间后，前后一段时间收出两根较大的阴线，是为双阴成患，说明庄家有计划出货的决心较大。每一次都是在价跌量缩的途中，说明庄家只有通过不计成本的方式才能达到让散户投降的目的。

双阴成患在 PVS 线上表现为 PVS6 日线、PVS12 日线、PVS23 日线在 PVS56 日线下方，且 PVS6 日线、PVS12 日线、PVS23 日线会相互纠缠，呈向下的台阶形，如图 21-9 所示。

再如图 21-10 所示，煤气化（000968）某一天突然放量，且只收出一根上下影线的小阳线，而这根小阳线在如此大成交量的情况下并没有突破前期的价橡胶坝，后期股票价格将会在相当长一段时间被其打压。

股市K线博弈论

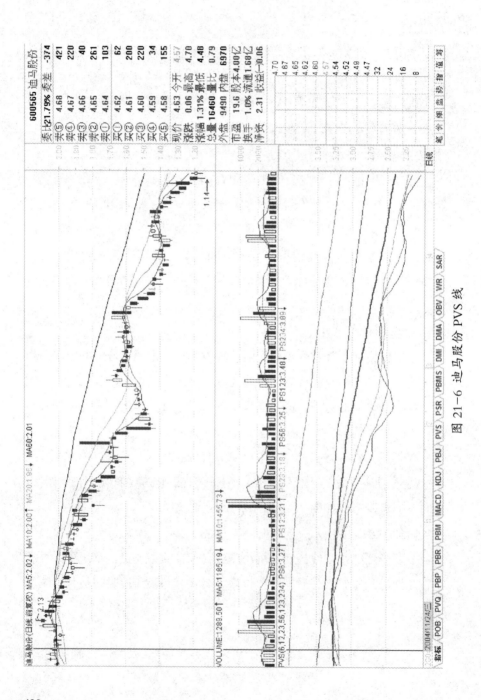

图21-6 迪马股份PVS线

430

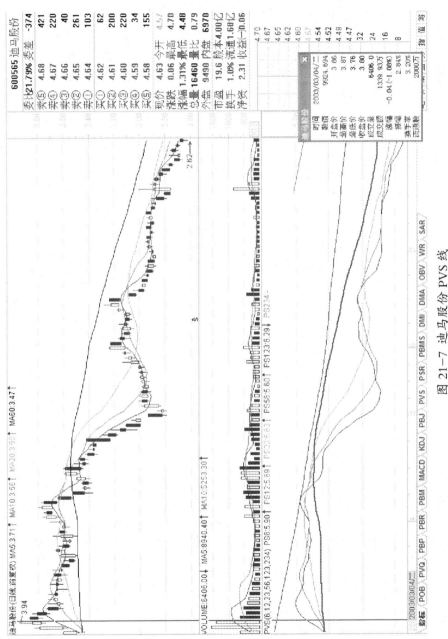

图 21-7　迪马股份 PVS 线

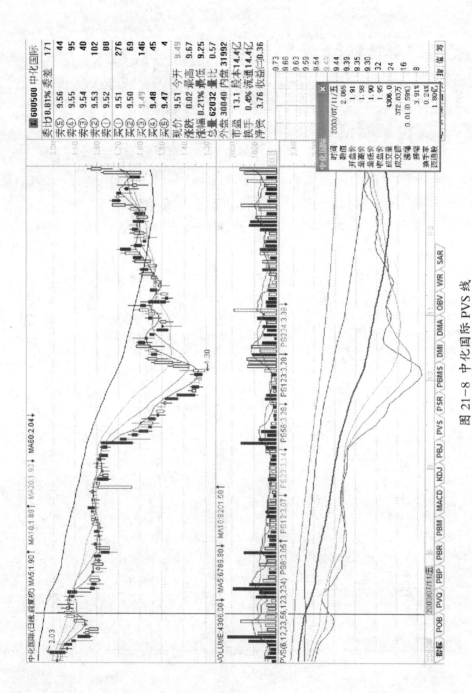

图 21-8 中化国际 PVS 线

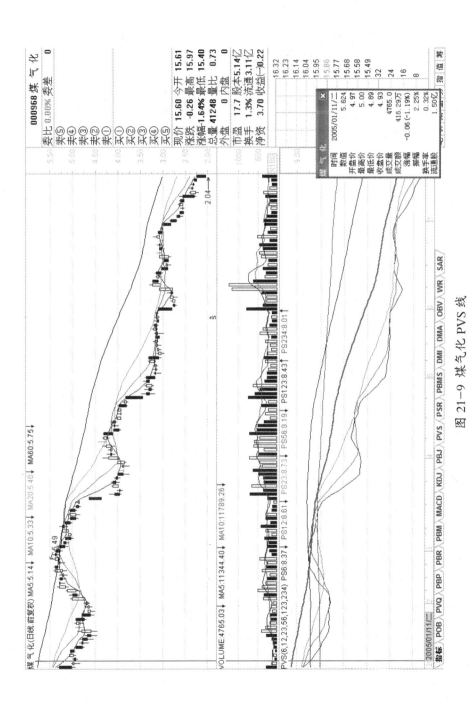

图 21-9　煤气化 PVS 线

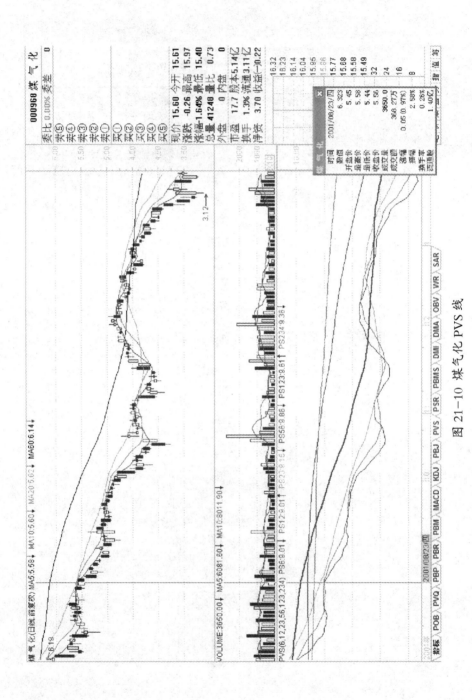

图 21-10 煤气化 PVS 线

十、老夫携子

如图 21-11 所示，贵州茅台（600519）的股票价格运行到一定相对高度时，突然放量向下，接着收出齐头带下影线的一阴线、一小阳线，随后收出一根阳线，且收盘价大于阴线的开盘价，形成老夫携子形态。股票价格运行一段时间后，又以同样形式收成一根单针探底形态（成交量明显小于前期，说明空方力量不够，有利于多方），相对底部确立，后市看涨。体现在 PVS 线上，从量橡胶坝开始，PVS6 日线、PVS12 日线、PVS23 日线在 PVS56 日线上方纠缠平缓运行，当某一日穿过 PVS56 日线后不久又向上突破，且 PVS6 日线、PVS12 日线、PVS23 日线在 PVS56 日线下方形成的面积明显接近前期或略大，说明后市向好，只要突破，必然有较大的行情。

十一、下山索道

PVS56 日线呈 150 度以下角度向右下角延伸，宛如下山索道。PVS6 日线、PVS12 日线、PVS23 日线在 PVS56 日线下，犹如被索道运下山的吊篮线，如图 21-12 所示。散户投资者见此形态，应以持币为主，切不可无事生非。

十二、山腰小歇

山腰小歇指股票价格经过一段时间的加速下跌后，会走出一波反弹行情，但会在 PVS56 日线附近小歇一会儿，然后还会选择向下探底，如图 21-13 所示。这也是坝下徘徊时的组合区间，一般是飞龙下山使股票价格有较大跌幅后，庄家抢反弹以维持股票价格在相对高度出货留下的痕迹。

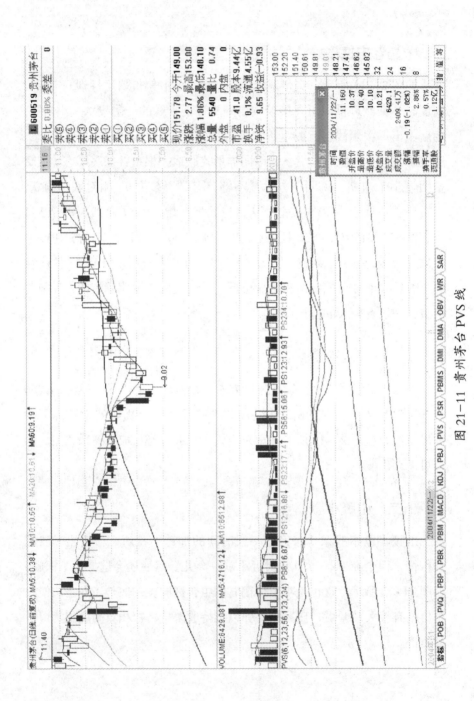

图 21-11 贵州茅台 PVS 线

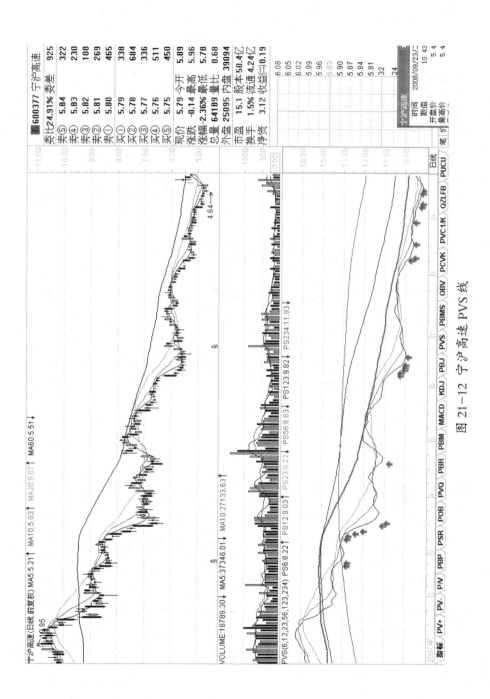

图 21-12　宁沪高速 PVS 线

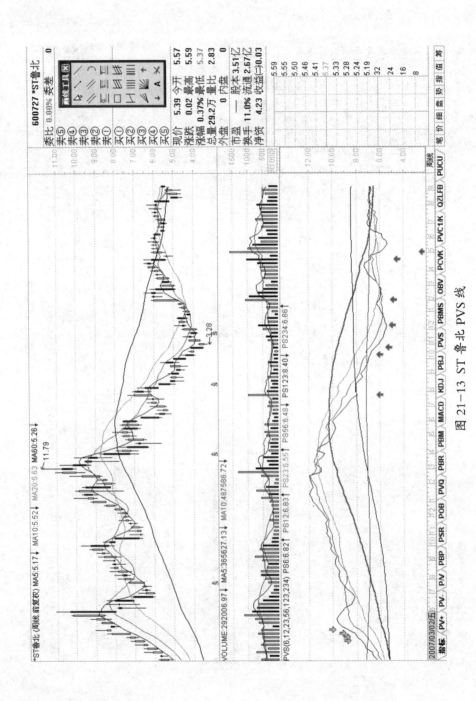

图 21-13 ST 鲁北 PVS 线

十三、黑道送客

黑道送客指股票价格反弹到一定高度时，操盘手会提前告诉自己的一些相关客户，让其逢高减持，操盘手会极力把股票价格拉到当天的最高价，让相关客户可以卖一个好价钱。由于大量卖出盘的涌出，股票价格自然回落，成交量也会放大。客送走后，成交量会自然回落，价格也自然下跌，随之几天的盘口行为都是散户所为。这一开盘的最高价也将形成量橡胶坝，以后，股票价格很难突破该最高价。如果某一天股票价格穿过量橡胶坝，庄家也会迅速打压。经过一段时间盘整后，股票价格会重回跌势，所迎之宾必幸灾乐祸。从 PVS 线上看，PVS6 日线会陡然上探，甚至会在短期内上穿 PVS56 日线。随后，PVS6 日线、PVS12 日线、PVS23 日线以下山瀑布状开始呈现，如图 21-14 所示。

再如图 21-15 所示，大唐电信（600198）的股票价格运行到某一相对高价时，选择向下做空。庄家在下跌过程中，几次将股票价格拉高后回落，让自己的贵客都在理想价位出货。

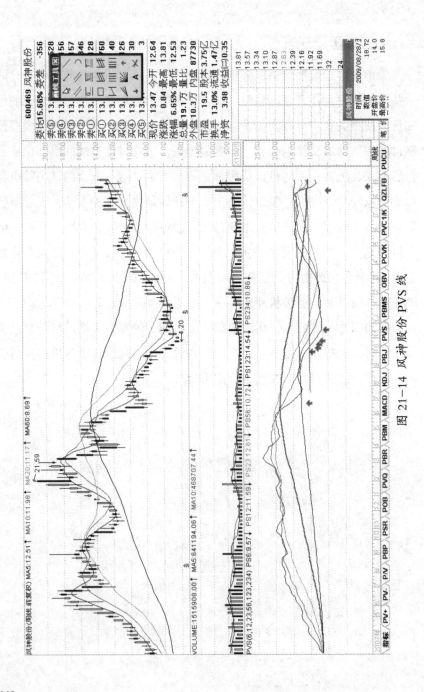

图 21-14　风神股份 PVS 线

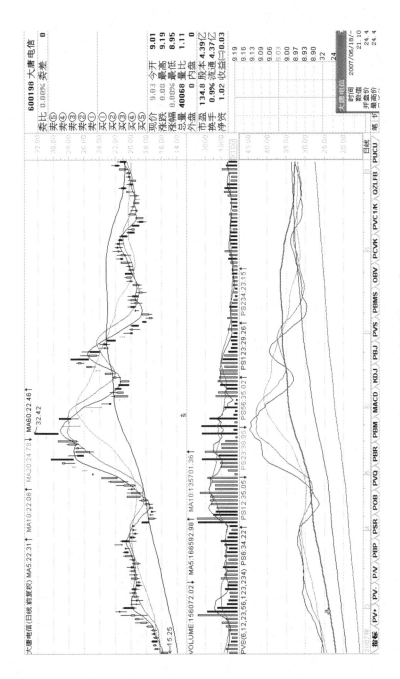

图 21-15　大唐电信 PVS 线

第二十二章
散户投资者失败的根源剖析

散户投资者之所以失败，最根本的原因就是不注意分析庄家的操盘思维和操盘习惯，也不注意与庄家的操盘思维保持一致，没有与狼共舞的胆略。下面，我专门剖析散户投资者在牛市、熊市中常犯的错误，以告诫散户投资者做到"牛市持股不持币，熊市持币不持股"。最终，散户总会有所收获。

本章导读

第一节
牛市中继失败的根源所在

对于庄家来讲，牛市中继（乾道）前期以吸筹增仓为主要操作手法，其目的就是要将股票价格尽量打压到一个相对低点，让散户交出筹码。在庄家抢筹的过程中，又要绞尽脑汁地维持股票价格在一定的范围内，以便买到一个相对低的价位，从而达到成本最小化。

散户在牛市中继（乾道）最好的手法就是持仓为主，做到少动多看，或采取逐步加仓的战略，但很多散户都会犯一些非常低级的错误，主要表现在以下几个方面。

一、低位被吓傻

股票价格运行到低位时，散户最容易被庄家的突然打压探底行为吓傻。这时，常伴有大量的利坏消息出现，有极个别的三元以下绩差股的跌势好像还没有尽头，三元以下的股票阵容也越来越庞大，股评家也在告诫散户下一个低点的到来。为了配合庄家的打压，上市公司财务报表等也在精心地编制着亏损的预期。经验较少的散户投资者几乎绝望，而看淡后市的散户继续空仓，就算他们发现大势向好时，也不是选择立即建仓，而是继续等待着股票价格的下跌。

一般来讲，经过长期的潜伏后，底部特征是十分明显的，主要有大括雄起、鱼跳龙门、丛井探花、隔山增量等日 K 线图形，如图 22-1 所示。

对于散户投资者来讲，最大的失误就是在低位不作试探性建仓，更有被吓傻者以地板价割肉，正中庄家的苦肉计。

二、冲破压力位发呆

散户投资者在低位割肉或空仓后，总是希望庄家再打压一次。而此时，庄家已将股票价格拉到一个相对高的位置，也就是从潜龙向见龙区间过渡。大多数散户逢高减仓，而少数散户投资者开始意识到一轮新行情即将展开。庄家在牛市中继初期只是维持股票价格不出现急涨行情，而没有再次将股票价格打压到更低点的计划。但是，散户地板割肉后也承认确实被吓傻了，就是没有信心冲进去，而不会采取搭车的措施，只是一味地等待，发呆地看着股票价格冲破压力位。

作为散户，此时明智的选择是：一旦发现股票价格上行突破前期高点压力线，或者下跌不穿过谷顶支撑线，就应当选择及时跟进。如果还心存犹豫，那么空仓看涨将无法避免。

如图 22-2 所示，当 PVS6 日线、PVS12 日线、PVS23 日线相继形成银叉而向上突破 PVS56 日线时，说明牛市中继行情基本确立，散户应以持股待涨为主。

庄家在抢筹过程中，为了维持股票价格，会通过对倒手法第二次打压股票价格，从而吸筹。在打压中，成交量明显减少。在图形上，PVS 线出现前低后高的躺 8 字，散户一定要引起重视。

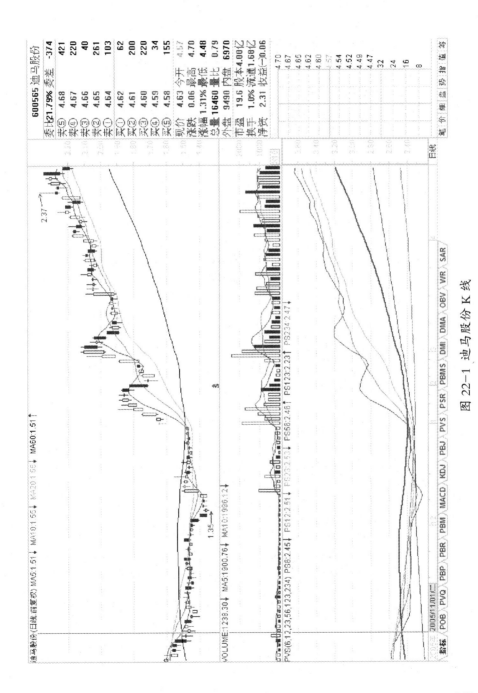

图 22-1　迪马股份 K 线

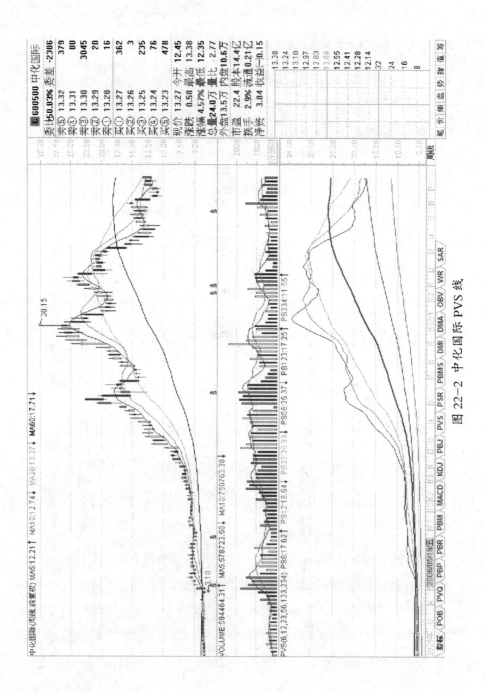

图 22-2 中化国际 PVS 线

三、中位震荡就躁动

作为庄家，当股票价格运行到前期熊市中继（坤道）低位 30% 或 50% 左右时（如图 22-3 所示），就会作盘整，甚至实施大幅打压手法，吓跑一些不坚定的持仓者。此时，正是前期踏空的散户补仓的绝好时机，大盘向空反转的假象十分明显，而震荡幅度也是牛市中继寻求突破较长时期盘整的范围。殊不知，急涨的时期正在酝酿，此时不加仓，更待何时？对于散户来讲，最可怕的是在舆论的忽悠下，卖出了持有的股票，也就是所谓的"飞身换马，不料跌下马来"。

一般来讲，一只股票的价格如果是直线上涨（有点近乎垂直角度向上前进）时，往往会拉升出一个阶段顶部。特别是股票价格快上涨一倍时，甚至超过 100% 涨幅时，散户的心理不再冷静，几乎快到疯狂的地步，感觉顶部就要来临，不假思索地开始斩仓出局，结果股票价格犹如登山一样，在山腰凉亭稍作休息后，又展开一轮新的行情。这个时候，作为散户应该保持冷静，作逆向思考，果断地出手一部分，等待强烈的技术打压后再果断地加仓，从而达到获利的目的。当然，补仓决不要肆意妄为，要恰到好处，一般不要超过已有仓位的一倍。可是，很多散户心魔作怪，鬼使神差地不但不补仓，反而杀跌出局，结果到手的利润从自己手中流失。

四、缩量低点犯糊涂

无论股票价格如何运行，庄家为了让更多意志不坚定者出局，在强力拉升前，总是要将股票价格打压到一个相对低点的，急跌或者跌到让散户投资者不能接受的低位（如图 22-4 所示）。庄家常常通过倒仓等形式将股票价格打压到一个较低的位置，这时候，散户不要认为股票价格还会出现新低，应当在股票价格接近前期低点时果断增仓，而不能让庄家认为你就是不相信股票价格会被拉升到一个不可想象的高度。你要相信庄家是有实力与信心的，不要轻易改变自己的持仓计划。

股票价格在拉升中，如果是价增量缩，就要一路持股，只要没有放量，庄家就不会出货。

五、顶部放量不离场

股票价格维持一定的震荡时期后，庄家的仓位一般来说就十分重了，为了寻求其他的机会，或者说为维持其资金链的正常，就会采取派发个股的手段来筹措资金或者空出部分仓位继续拉升股票价格，有选择性的维持具有潜在坐庄的个股来强力拉升，引发散户的激情性接盘，如图 22-5 所示。

在缩量拉升后期，由于接盘的力度不够，庄家就会选择在强力拉升中反手做空，而一些散户还会接盘。对于散户投资者来讲，如果股票价格已涨到一倍以上，且在缩量拉升后某一天突然放出天量，但股票价格却没有大的涨幅，反而收出带上影线的阴线或者大阴线，就要引起散户的高度重视，这说明庄家开始借拉升派筹。散户投资者最大的教训就是顶部放量不离场。

散户投资者要牢记失败的教训，就要懂得庄家在占据牛市中继时常常会通过打压股票价格让散户投资者交出筹码。这就是所谓的震仓与洗盘的操盘行为，散户投资者要清醒地认识到几个问题。

第一，股市并没有出现新的危机，因为大盘没有走坏的丝毫迹象，盘中上涨、急涨甚至涨停的股票数量有增无减，市场做多动力依然存在。

第二，不是绝大多数个股都具有洗盘的动能。也就是说并非所有个股都有强烈拉升的要求，主要大盘指数的日 K 线还是红多绿少；同时，量能开始明显放大。

第三，宏观调控政策并没有大的改变。一般来讲，经过较长牛市中继的运行，没有实质性的利坏政策或者说是针对股市的专门打压措施出台，是很难将已经进场的股民清洗出局的。

第四，难以判断有足够的市场资金开始出市。如果场内资金不离场砸盘，市场是不可能出现混沌的。而随着新基金的发行，大盘必将面临继续输血的局面，更壮观的日子即将来临。

第五，大盘日 K 线整体向上的趋势并没有实质性的改变，散户又有什么能力来扭转乾坤。

总而言之，"惊恐、惊慌、惊动"是散户投资者的人性弱点，也是其牛市中继错误思维的根源所在。散户要想在庄家占据牛市中继时取得胜利，就要注意思考，把握股市运行的大方向不变，以便指导自己的操盘行为，尤其是要读懂庄家震仓与洗盘的操盘盘口行为。

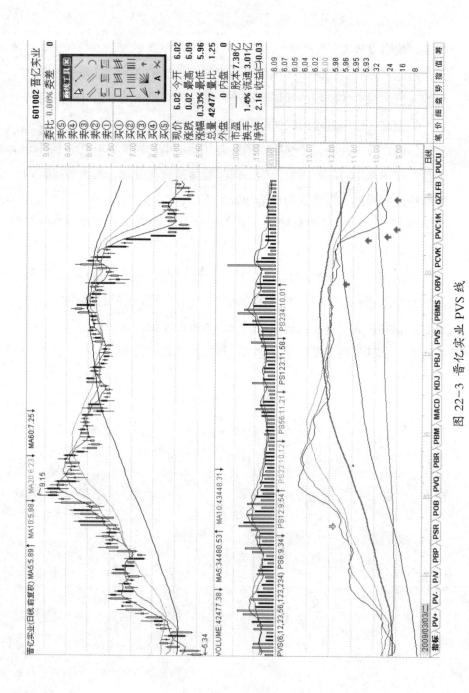

图 22-3 晋亿实业 PVS 线

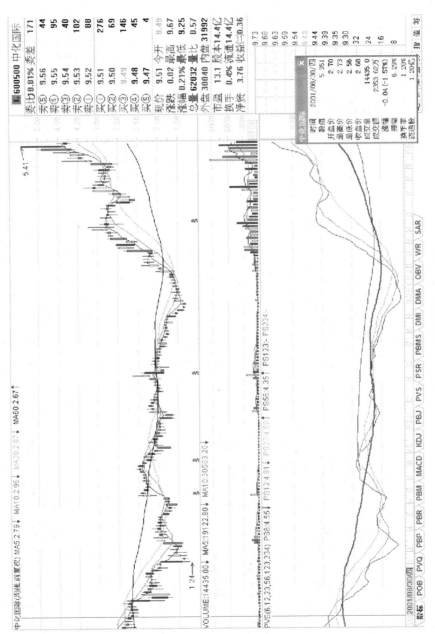

图 22-4 中化国际 PVS 线

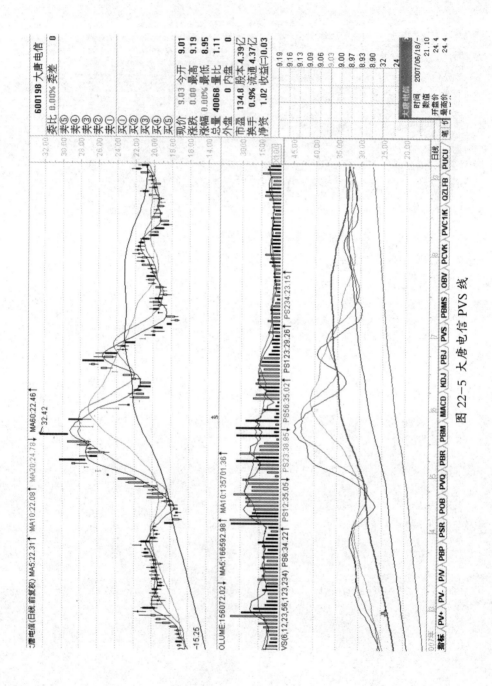

图 22-5 大唐电信 PVS 线

第二节
熊市中继失败的根源所在

庄家在熊市中继（坤道）以出货为主要操作手法，其目的就是要将股票卖给散户。在卖的过程中，庄家又要绞尽脑汁地维持股票价格在一定范围内，以便卖出的均价最高，从而达到利润最大化。

散户在熊市中继（坤道）最好是清仓，以观望为主，但很多人都会犯一些十分低级的错误，主要表现在以下几个方面。

一、高位被忽悠

股票价格运行到高位时，散户最容易被庄家忽悠。这时，有大量的利好消息，股民的热情高涨，有极个别的百元以上大股的涨幅好像没有尽头，股评家也在极力吹捧着下一高点的到来。为了配合庄家的忽悠，上市公司的财务报表等也在精心编制着高额回报的远景。散户不幸追高被套，当发现大势不好时，也不是选择立即止损和平仓，而是继续心存侥幸地奢望其所持股票的价格上涨。

一般来讲，高位特征是十分明显的，主要有隔山相望、雾里避雷、高价高量等日 K 线图形。如图 22-6 所示，反弹放量比高位放量略低，说明庄家在高位出货比在反弹高点出货力度大。

二、跌破支撑位不逃

散户在高位被套后，总是希望庄家再拉一把，而此时的庄家绝对不会让大多数散户得以脱逃。骗人只能一次，至多两次，绝不可能三次。庄家在熊市中继只是维持股票价格不出现急跌情形，而没有再次拉升股票价格的计划。就连散户被套后也承认确实被忽悠了，但就是没有决心逃出来，不采取自救措施，只是一味地等待，等待体力的耗尽。

作为散户，明智的选择是当高位被套后，一旦发现股票价格下行突破谷底支撑线，或者反弹不超过峰顶下降趋势线，就应当选择及时止损。如果还心存侥幸，那么被套将无法避免。

如图 22-7 所示，当价格向下突破颈线后，PVS6 日线、PVS12 日线、PVS23 日线形成死叉而向下突破 PVS56 日线时，说明熊市中继行情基本确立，散户应以离场观望为主。

三、中位震荡不清仓

作为庄家，当股票价格向下运行到前期牛市中继高位 30% 或 50% 左右时，就会作盘整，让散户认为是补仓的绝好时机，大盘会反转的假象十分明显，而震荡幅度也是牛市中继寻求突破较长时期盘整的范围。殊不知，急跌的时期正在酝酿，此时不清仓，更待何时？作为散户，最可怕的是在舆论的忽悠下，买进了其他的股票，也就是所谓的"下山换马，谁知换了匹病马"，如图 22-8 所示。更可悲的是：前期刚刚买进的股票的价格却再也涨不到前期买进时的价位了。

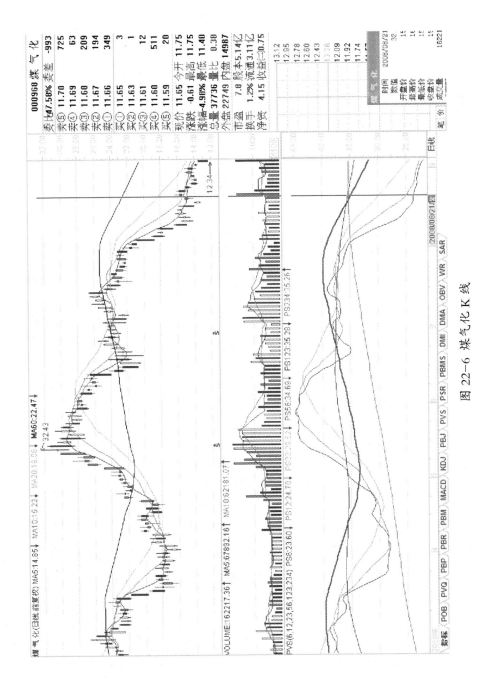

图 22-6　煤气化 K 线

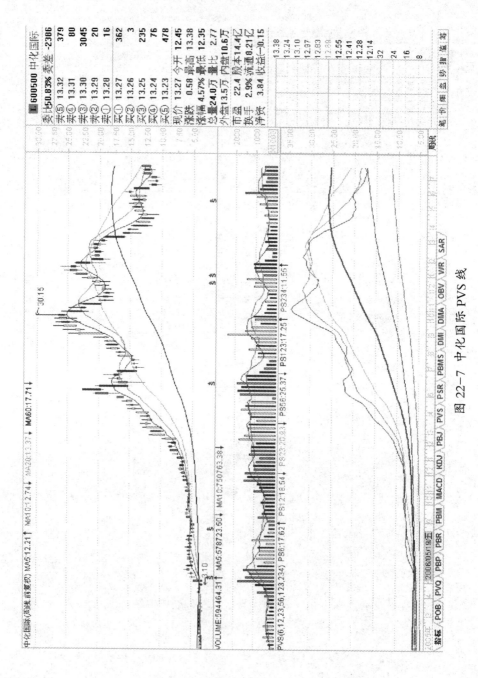

图 22-7 中化国际 PVS 线

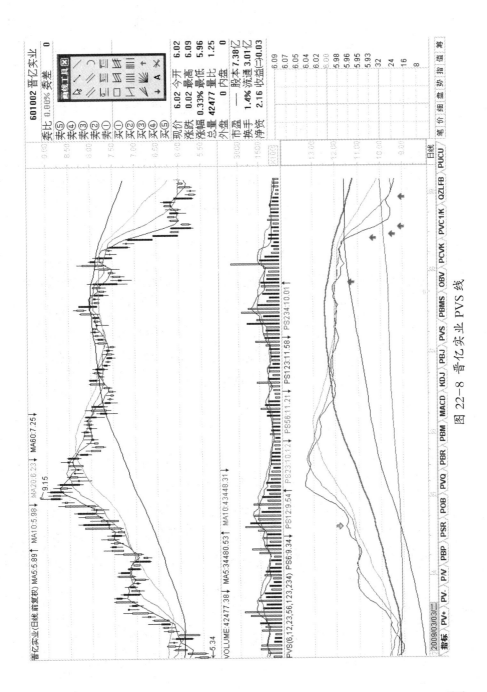

图 22—8 晋亿实业 PVS 线

四、急跌中斩仓

股票价格维持一定的震荡时期后,庄家的仓位一般来说就十分轻了,为了寻求其他的机会,或者说为维持其资金链的正常,就会采取派发个股的手段来筹措资金,有选择性的维持具有潜在坐庄的个股来杀跌,引发散户的恐慌性抛盘,如图 22-9 所示。

一般来讲,一只股票的价格如果是直线下跌(有点近乎垂直角度杀跌),往往会砸出一个阶段底部。特别是股票价格快腰斩,超过 50% 跌幅时,散户的心理承受能力到了极限,几乎快到崩溃的边缘,感觉世界末日就要来临,不加思索地开始斩仓割肉,结果把肉割到地板上,鲜血淋淋地贱卖给了庄家。这个时候,作为散户应该战胜一切恐慌,逆向操作,果断地补仓进去,等待强烈的技术反弹后再果断地出局,从而达到减亏的目的。当然,补仓决不要肆意妄为,要补得恰到好处,一般不要超过已有仓位的一半。可是,很多散户心魔作怪,鬼使神差地不但不补仓,反而杀跌出局。结果,亏损成定局。

五、反弹高点不出局

无论股票价格如何运行,庄家为了吸引更多散户接盘,总要维持股票价格在一定范围运行。急跌或者跌到不能接受的低位后,庄家会通过倒仓等形式将股票价格拉到一较高的位置,如图 22-10 所示。这时候,散户不要侥幸股票价格会出现反转,应当在股票价格接近触及下降趋势线时果断出仓,卖一个相对好价,而不能指望庄家改变出仓的计划。

散户投资者要牢记在熊市中的教训,尤其是在股票价格反弹时,要清醒地认识到以下几个问题。

第一,股市并没有出现新的转机,因为大盘没有转抛的丝毫迹象,盘中下跌、急跌甚至跌停的股票数量有增无减，市场做空动力依然存在。

第二，不是绝大多数个股都具有反弹的动能。也就是说，并非所有个股都有结束调整的要求，主要指数的日 K 线还是绿多红少；同时，量能也没有明显放大。

第三，宏观调控政策并没有大的改变。一般来讲，经过较长熊市中继的运行，没有实质性的利好政策或者说是针对股市的专门改善措施出台，是很难将已经离场的股民拉回到股市中的。

第四，难以判断有足够的市场资金入市。如果说场外资金不进场救市，市场是不可能出现奇迹的。随着新股的发行，大盘必将面临继续失血的局面，更悲惨的末日即将来临。

第五，大盘日 K 线整体向下的趋势并没有实质性的改变，散户又有什么能力来扭转乾坤？

总而言之，"盲目、盲从、盲动"是散户的人性弱点，也是其熊市中继错误思维的根源所在。

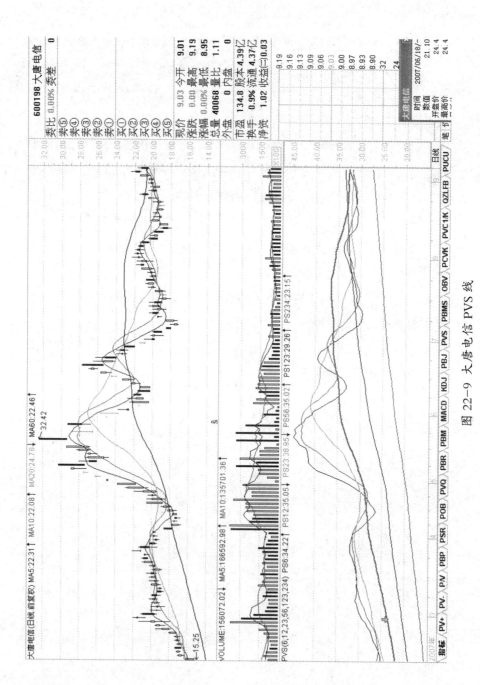

图 22-9 大唐电信 PVS 线

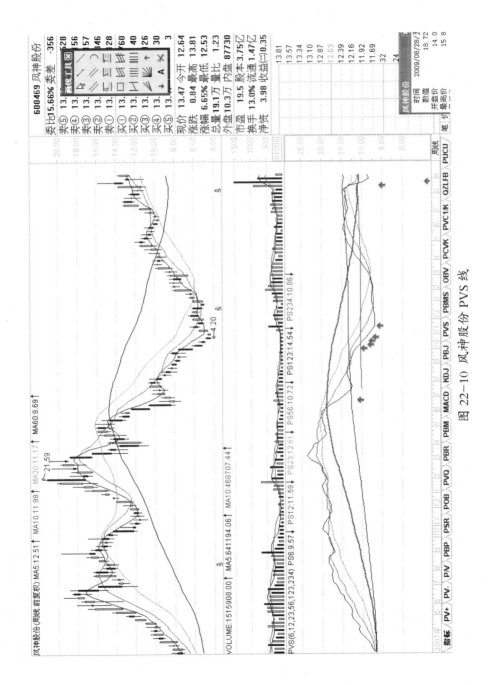

图 22-10 风神股份 PVS 线